After Musicking

アフターミュージッキング

──実践する音楽──

毛利嘉孝［編著］
中村美亜　北條知子　高橋聡太　日高良祐　中野哲　浅野裕貴　アルニ・クリスチャンソン　平松絹子

東京藝術大学出版会

目次

アフターミュージッキング　――実践する音楽――

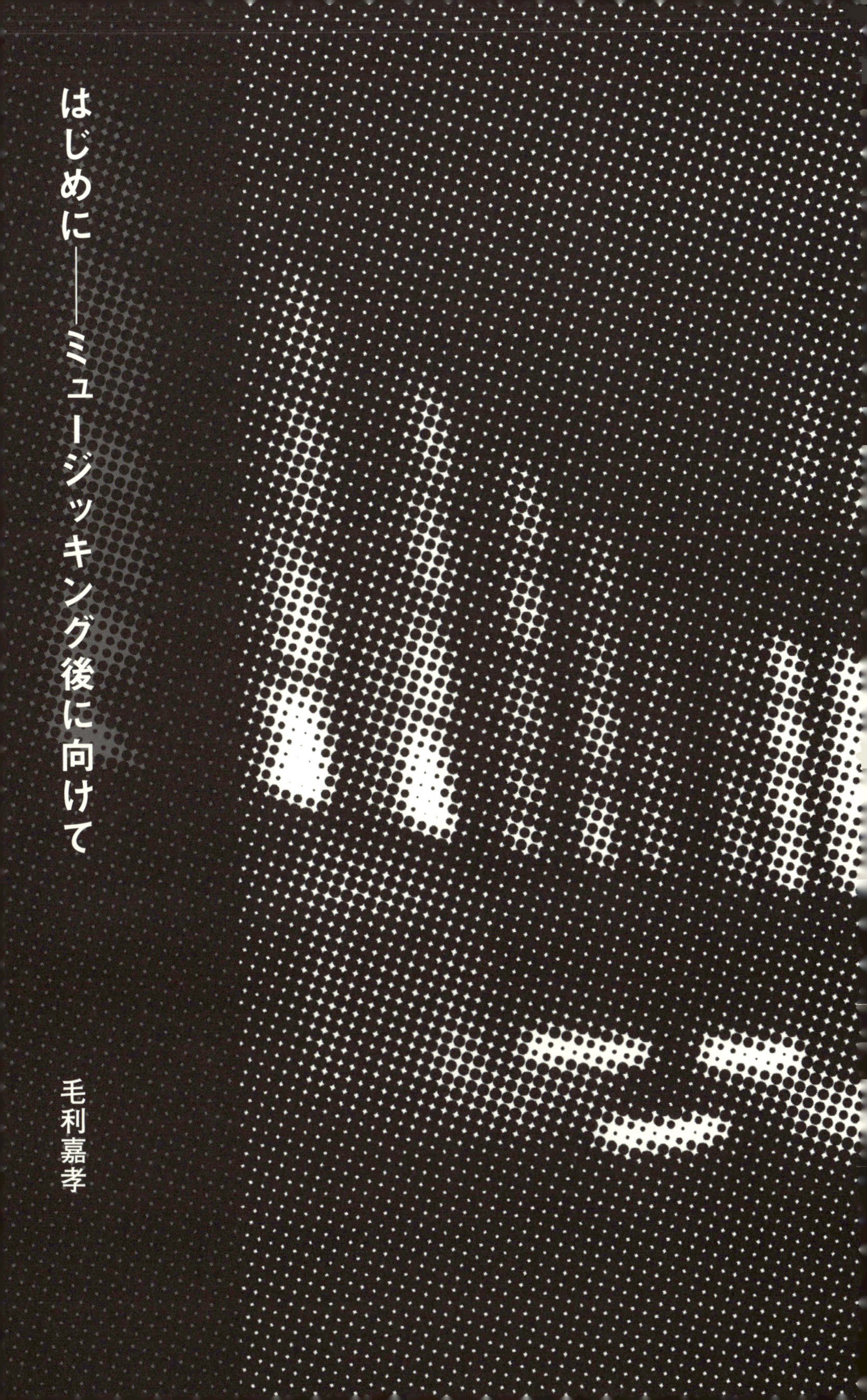

はじめに——ミュージッキング後に向けて

毛利嘉孝

1　ミュージッキングとは何か？

クリストファー・スモールの提案する「ミュージッキング」は、今日音楽とは何かを考える際に有効な出発点となる概念である。英語の名詞である音楽＝ミュージックにingを付けて「Musicking」と綴ることによって、スモールは名詞である音楽を動詞に変え、音楽を実践として、そして変容のプロセスとして捉えようとした。[1]

スモールは、動詞としての音楽を以下のように定義している。

「音楽をする《トゥ・ミュージック》」とは、どんな立場であれ音楽的なパフォーマンスに参加することであり、これには演奏することも、リハーサルや練習も、パフォーマンスのための素材を提供すること（つまり作曲）も、ダンスも含まれる。私たちはこれに、チケットのもぎりや、ピアノやドラムのような重たい楽器を動かすたくましい男たち、はたまた楽器をセットアップしたりサウンドチェックをするローディーたち、それからパフォーマンスの場から人がはけた後で活躍する掃除夫を含めることすらできる。なぜなら、かれらも音楽パフォーマンスという出来事に、本来、貢献しているからだ。[2]

ミュージッキングという動詞を使うことによって、スモールは音楽とミュージシャンの概念を徹底的に拡大している。スモールがここで注目するのは、シンフォニーという形式である。ここで彼がシンフォニーを取り上げるのは、シンフォニーを聴くという行為が先進国の多くの人の共通の経験であり、同時にそれが独得の儀礼――「聖なる出来事」――だからであると言うが、この議論にはそれ以上のものが含まれている。シンフォニーは、作曲家、指揮者、演奏家、聴衆、そしてそれを支える人々が複雑に絡まった生産物である。とりわけホールのような演奏空間は、その儀礼性に特徴的な意味を与えている。スモールは、ホールという儀礼空間とそれに関わる人々が生み出す複雑な

1　スモール、クリストファー『ミュージッキング―音楽は〈行為〉である』野澤豊一、西沢千尋訳、水声社、2011年

2　スモール、前掲書、30-31頁

文化生産物としてシンフォニーを描き出そうとしたのである。

　スモールの批判の相手は、楽曲や作曲家を特権化しがちなクラシック音楽の既存の音楽研究である。それは、演奏家やパフォーマーはもちろん、さまざまな形で音楽に関わる全てのひとの音楽的営為を再評価して、あらためて位置づける民主的な政治プロジェクトとして、まずは理解すべきだろう。ミュージッキングを考えるということは、端的に「いったいここで何が起っているのか？」を問うことだとスモールは言う。この問いが重要なのは、音楽と作曲者、演奏家、聴衆、それをとりまく関係が決定的に変化しつつあるからだ。ミュージッキングという概念は、狭義の意味で捉えられている音楽を社会の中で文脈化するためのさまざまな手がかりを私たちに与えてくれる。

　現在、音楽をめぐる環境は急速に変化しつつある。アナログレコードからコンパクトディスク、そしてＭＰ３に代表される音楽データへというメディアの変化は、音楽産業の構造を一変させるだけなく、音楽の聴き方を変化させた。そして、社会における音楽の位置や役割をも変容させつつある。音楽はこれまでにもまして聴かれているが、最初から最後まで完結した楽曲として聴かれることは少なくなっており、日常生活の中にすみずみまで浸透する一方で断片的な聴取が一般化している。ライブやコンサートの鑑賞も、聴覚に特化した経験ではなく、映像を中心とする演出テクノロジーによって視覚的な経験の比重が高まっている。さらには、観光や飲食などほかのサービス産業と結びつきながらより重層的で社会的な経験となっている。そして、なによりもコンピュータをはじめとするテクノロジーの発展やカラオケなど音楽文化の拡大、余暇時間の増大によるアマチュア活動の活性化は、多くの人々を単なる音楽の受動的な消費者から能動的な生産者へ変容させた。こうした動向は、主としてポピュラー音楽で見られたものだが、今では伝統的なクラシック音楽から実験的な音楽まで一般的に広く見られる傾向である。

音楽を固定した対象ではなく、実践であり、変容するプロセスとして捉えるミュージッキングという魅力的な概念は、こうした新しい状況に対応した一つの枠組みを理論的にも提供するだろう。それは、そもそも「音楽とは何か」という根本的な問題を私たちに突きつけるからだ。

しかし、その一方で伝統的なクラシック音楽を離れ、今日のポピュラー音楽を検討する視点から見ると、スモールのミュージッキングにはいくつかの問題点が含まれている。そこで、ミュージッキングという概念がもたらした理論的な可能性には一定の評価を示しつつも、同時にその問題点をあらためて検証し、批判的に乗り越えることを通じて、さらに新しい「アフターミュージッキング」という概念を提案したい。

この「アフターミュージッキング」という概念は、ミュージッキングと同様に、音楽をこれまでとは異なったかたちで理解しようというものである。音楽は、単なる聴取の対象ではない。さまざまな社会や政治、経済やテクノロジーの実践をも含んだものである。その一方で、ミュージッキングの枠組みに留まるものでもない。というのは、それはミュージッキングとして音楽の実践を踏まえた上でこれから生まれてくる未来の音楽の実践を予兆しようというものであるからだ。「〜の後で」を意味する「アフター」という前置詞は、未来に向けて投げ出された一種の仮説、可能性を示す語である。21世紀の音楽は、私たちが音楽と呼んでいたものとは全く異なる形を取るかもしれない。その具体的な像すべてを描くことは本書の目的を越えているが、少なくとも現在の実験的な音楽やポピュラー音楽の実践を描くことでその可能性を素描するためにあえて挑発的な用語を用いたい。

2 西洋クラシック音楽を相対化する

先に述べたように、スモールの『ミュージッキング』という書物は主として西洋クラシック音楽の分析にあてられ、これまでの伝統的な音楽学の批判に重点が置かれている。とはいえ、スモールはポピュラー音楽に対して関心がないわけではない。たとえば、その序文に相当する「プレリュード」において、「なぜ人びとは《赤鼻のトナカイ》や《キミのガムは味がなくなったかい？》を歌ったり聞いたりするのを好むのか、とか、どうして酔っぱらった年寄り連中はピアノの周りに集まって卑猥な歌を粗野なハーモニーで歌いたがるのか、という問いにもとどまらない」と言い、続けて次のように問う。

なぜインドネシア人はガムラン音楽のパフォーマンスへの参加を喜ぶのか？ どうしてガーナのエウェ人は、伝統的なアヂタ・ダンスはもちろんのこと、アフロ＝キューバン音楽に合わせて歌い踊ることも好むのか？……(中略)……どうしてアメリカの人種の壁の両側のミュージッキングでラップがこれほどまでに重要で影響力があるのか？どうして日本でレゲエが大人気なのか？[3]

これらはどれも魅力的な問いであり、答えるためにはおそらくそれぞれに一冊の書物を必要とするだろう。しかしその一方で、スモールがこうした重要な問いを発するだけで、結局何一つ答えていないのは残念である。いささか皮肉な書き方をすれば、こうした問い自体は、スモールがミュージッキングの概念を提唱するはるか昔からポピュラー音楽の実践者やジャーナリスト、そして、ポピュラー音楽研究者たちによって何度も立てられてきた問いだった。むしろ、アカデミックな音楽学の中で問われてなかったとすれば、そちらの方に驚くべきだろう。

ポピュラー音楽の実践者や研究者にとって、20世紀の音楽の中心が作曲者ではなく演奏家に移行してしまったことは、確認するまでもない歴史の常識である。20世紀までの音楽史は、バッハやモーツァルト、ベートーベンといった主として西洋の男性の作曲家によって独占されてきたかもしれ

3　スモール、前掲書、36頁

ないが、20世紀の音楽を振り返る時に歴史に残るのは、チャーリー・パーカーやマイルス・デイヴィス、ビートルズやローリング・ストーンズ、マイケル・ジャクソンやマドンナといった演奏家や歌手、そしてバンドという形態をとったコラボレーションの実践であることは今でははっきりしている。[4]

それだけではない。ポピュラー音楽では、演奏家だけではなく、編曲者、作詞者、プロデューサー、録音エンジニアが重要な役割を果たしており、その中には作曲家やミュージシャン以上に音楽の発展に重要な役割を果たしたことで、有名になった人も少なくない。ジャズやソウル、パンクやハウスミュージックの歴史を紐解くと、人間だけでなくレコードレーベルやレコーディングスタジオもまた音楽史の主役である。さらにステージにおいては、PAはもちろん振り付けや舞台演出、衣装、照明は、重要な構成要素となっているし、1980年代のMTV普及以降は、映像もまた音楽と同様にミュージシャンにとって大事な表現メディアとなった。

端的に言えば、ポピュラー音楽とはすでに聴覚に限定される芸術の形式ではなく、視覚や、場合によっては嗅覚や味覚をはじめとするありとあらゆる身体感覚を刺激する総合芸術となっている。音楽を聴覚芸術に矮小化しようとする音楽の理解は、ポピュラー音楽の本質を理解することができない。

もちろん作曲家がいなくなったわけではない。クラシック音楽の延長線上にあるシェーンベルク以降のいわゆる現代音楽の流れの中でヤニス・クセナキスやジョン・ケージ、ピエール・ブーレーズといった作曲家の名前を挙げることはできなくはない。しかし、その影響力は19世紀までの作曲家や同時代のポピュラー音楽の実践者と比較するとはるかに限定的である。

西洋クラシックの音楽においても、20世紀は作曲家以上に演奏家が注目された時代である。先述のケージが重要なのは、単に音楽の作曲家であることを越えて視覚芸術とも深い関わりの強いパ

4 誤解のないように付け加えれば、私たちが現在クラシック音楽として認識している音楽も、同時代音楽として（しばしば作曲者自身によって）演奏されていた時代と比較すると質的に変容しており、演奏家と作曲家との関係が歴史的にも大きく変容してきたことはすでに多くの音楽学者や歴史学者が指摘しているとおりである。現在の作曲家中心史観は、古典作品を中心的なレパートリーとする近代的な専門的演奏家によるコンサート形式の成立とともに形成されたものなのだ。私たちがしつこく問い続ける必要があるのは、こうした理解が伝統的な音楽学の中でも共有されているにもかかわらず、なぜクラシック音楽において作曲家中心史観が専門家としての演奏家という概念とともに今なお生きながらえているのかということなのだ。

フォーマンスや隣接領域に影響を与えたことだ。またブーレーズにしても指揮者としての活動を見逃すわけにはいかない。ヴィルヘルム・フルトベングラー、ヘルベルト・フォン・カラヤン、レナード・バーンスタインといった指揮者、アルトゥール・ルービンシュタイン、ウラジミール・ホロヴィッツなどのピアニストが録音技術の発達、オーディオ装置の家庭の普及と音楽ビジネスの発展によってスターになっていく過程はポピュラー音楽の発展とパラレルである。今人気の高い、マルタ・アルゲリッチ、ダニエル・バレンボイム、ヨーヨー・マ、小澤征爾といった演奏家たちも本質的にはメディアの中のポップスターとして捉えるべきなのであって、必ずしもその音楽の演奏に全ての評価を還元することはできない。

スモールが伝統的な音楽を分析する際に導入したミュージッキングという概念は、20世紀の中心的な音楽であるポピュラー音楽を考えるための出発点である。むしろこのことが無意識のうちに実感されていたにもかかわらず、伝統的な西洋音楽のボキャブラリーの中ではっきりと分節化されてこなかったことが問題なのかもしれない。西洋クラシックの音楽におけるミュージッキング的な実践は、ポピュラー音楽との比較との中で発見されたのである。だとすれば、アフターミュージッキングが対象とすべきなのは、何よりも同時代的な音楽における実践である。西洋クラシック音楽を普遍的な正典と見なす代わりに、それを適切に現代サブカルチャーの一つの領域として相対化することによってミュージッキングの意義を理解することが可能になるのではないか——。

3　西洋音楽をひとつの民族音楽として〈地方化《パロキアライズ》〉する

西洋クラシック音楽が現在も多くの音楽教育の中で正典とみなされているのは、作曲家から演奏家へと音楽実践の中心が移行する中で、過去の作品がいまなお演奏すべき作品として〈再発見〉されたからであって、その逆ではない。そして、その歴史が事後的に形成されていく過程には、今なお残存している西洋中心主義がはっきりと横たわっている。非西洋の音楽、とりわけアフリカ／アメリカの黒人音楽にその起源を持つジャズやロック、ファンクやラップミュージックの歴史の考察とは、そうした西洋中心主義にどっぷりと毒された音楽史に対するはっきりとした政治的な介入として理解すべきなのである。スモールの『ミュージッキング』は、こうした問題を認識しているにもかかわらず、特に非西洋の音楽実践を語る時にこの関係性を再生産してしまっている。しかも、非西洋音楽を無視したり、軽視したりするのではなく、むしろ過剰に評価することによって図らずも西洋と非西洋という二分法を再生産してしまっているのである。

本書の中で最も印象深い部分は、スモール自身もその問題点を自覚している「孤独なフルート吹き」の章である。ここで取り上げられているのは、家畜の群れを見張りながらフルートを吹いているアフリカの一人の牧夫である。ここで、スモールが多種多様なアフリカの国名も民族名も、ましてや牧夫の名前も特定せずに「アフリカの牧夫」として描き出している無頓着さはいったん我慢しよう。「牧夫がフルートを通じて生み出す音同士の関係は、村や民族や国家などといった、彼が属する社会に共有されている理念や理想とされる関係によって決定づけられている」[5]にもかかわらず、スモールは牧夫が属する村や民族、国家の具体的な詳細には一切触れることはない。彼の議論によれば、西洋音楽とはまったく異なったミュージッキングの伝統に住むこのフルート吹きの牧夫は「文字の文化」に属していない、らしい。スモールの想像の中では、このフルート吹きは何千年もあるいは何万年も前から同じ環境の中で生活し、歴史から排除されて生きているのである。

スモールは、このアフリカの牧夫が奏でるフルートの音にミュージッキングの原型を見る。その描写は叙情的でうっとりとするほど素晴らしい。けれども、これが魅力的に感じられるのは、この

5　スモール、前掲書、379頁

牧夫があくまでも彼が頭の中だけで作り出した想像の人物にすぎないからである。それは、スモールが批判する西洋クラシック音楽の対極にある存在として鏡に映し出されたナルシスティックな存在にほかならない。

スモールはここにさまざまな問題が含まれていることを自ら認めている。この章の冒頭において、友人から「ここに登場するアフリカの牧夫が、エドワード・サイードが雄弁に批判した「他者」の表象――ヨーロッパ人の思考を支配し続けたステレオタイプとしての「他者」に酷似している」と批判されたことが紹介されている。スモールの弱々しい反論にもかかわらず、彼の友人と全く同じ印象しか私も受けなかったことを告白しよう。それどころか、こうした批判にもかかわらずこの空想の「アフリカのフルート吹き」を彼が捨て去ることができないことは些細な問題ではなく、実はスモールのミュージッキングの理論が抱える根本的な問題なのである。

スモールがアフリカのフルート吹きを「友人」と呼び、「ミュージシャン仲間としても尊敬できる」のは、彼があくまでも想像上の存在であり、スモールに対してそして西洋クラシック音楽に対して安全な場所にとどまっている限りにおいてである。万が一アフリカのフルート吹きが実在したと仮定したとして、彼の方にはスモールを「友人」にする理由はほとんどない。彼が笛で音楽らしきものを奏でるのは、自らの楽しみかもしれないが、なによりも動物たちを管理するために吹いているだけかもしれない。家に帰れば、テレビでMTVやアメリカのドラマを楽しみ、インターネットで日本のアニメを見たり、アダルトサイトを覗いたりしているかもしれない。こうした同時代的なグローバル文化から切り離された純粋な生活などというのは、現代においては幻想にすぎないのだ。アフリカのフルート吹きが、たとえばジェフ・ミルズのように交響楽団を従えて自作の曲を発表するようになると、スモールは「友人」ではいられなくなるだろう。[6] 逆に言えば、スモールの議論は、西洋と非西洋といった二分法を越えたダ

6
デトロイト・テクノの代表的なDJ、ミュージシャンであるジェフ・ミルズは、2005年からオーケストラとの共演を積極的に行っており、2016年3月には日本でも東京フィルハーモニー交響楽団（指揮・栗田博文）との共演を行った。

イナミックで流動的な音楽のネットワークを切り離したことによってはじめて見出されるのである。

その意味では、スモールの批判のために引用されているエドワード・サイードとダニエル・バレンボイムのウエスト＝イースタン・デヴィアン管弦楽団の方がむしろミュージッキングの試みとしては興味深い。パレスチナ系の代表的知識人として知られるサイードとユダヤ系の指揮者であるバレンボイムは、対立を続けるユダヤ系の演奏者とアラブ系の演奏者を集めてウエスト＝イースタン・デヴィアン管弦楽団を結成し、1999年にドイツ、ワイマールでベートーベンの交響曲第七番を演奏した。楽団はコンサートだけではなく、定期的にワークショップや合宿を行い、政治的分断が続くイスラエルとアラブとの間の貴重な対話の場を作り続けている。[7] サイードの死後も2005年に厳戒態勢の下、パレスチナ自治区で公演を成功させ大きな話題となった。

ここで私たちが必要なのは、西洋と非西洋という二分法を越えるパラダイムである。それは、非西洋を想像的なロマンティシズムの匿名性に閉じ込めるのではなく、その実践者に正しく名前を与え、西洋人と同じように現代を経験している同時代人として正しく描きなおすことである。それは、チャクラーバーティが「ヨーロッパを地方化する」と呼んだプロジェクトを徹底化することにほかならない。[8]

4「人間」を脱中心化する

この問題を、より一般的にスモールの議論の根底をなす人間中心主義的なロマンティシズムとそれに関連した普遍主義の問題として捉えることができるかもしれない。彼の議論の中心にあるのは「人間」という概念である。スモールは『ミュージッキング』という本について次のように言っている。

この本は音楽についてというよりは、人間——

7 バレンボイム、ダニエル＋サイード、エドワード、グゼミリアン、アナ編『バレンボイム／サイード　音楽と社会』中野真紀子訳、みすず書房、2004年

8 Chakrabaty, Dipesh (2000/2009) *Provincializing Europe: Postcolonial Thought and Historical Difference New Edition*, Princeton: Princeton University Press

つまり演奏したり、歌ったり、聴いたり、作曲をしたり、そして踊ったりする人間…（中略）…についての本である。そしてそういう人間（かれらや私たち）がどんな風に歌い、奏で、作曲し、聴くのかについての本である。この本はまた、私たちがまさにそうした音楽的な行為をしたくてたまらないと感じる理由や、それが首尾よくいった時の気持ちよさの理由についての本である。だからこの本は、「音楽」についてというよりは「音楽する人々」についての本なのだ。[9]

ここで私たちが今問わなければならないのは、ミュージッキングの主体は本当に人間だけなのかということである。たとえば、先述のアフリカのフルート吹きを考えてみよう。フルートを吹いているのは確かに人間かもしれない。けれども、フルート吹きは自ら作り出す音だけを聞いているわけではない。フルート吹きは、自分の周りを流れる空気、風や川の音、自分が飼っている家畜、牧場のまわりに棲む動物、虫、草木が揺れる音に聞き耳を立てながらフルートを吹いているはずだ。それは、常に彼を取り囲んでいるさまざまな音とのセッションである。

ミュージッキングの担い手である聴き手は誰なのか。実はすでにスモール自身も答えを見出している。「周囲に人の気配はないから、その音を聴いているのは彼と家畜しかいない」[10]。そう、少なくとも家畜が彼のフルートの音の演奏者を除けば唯一のオーディエンスであることにスモールは気がついている。さらに、スモールは続ける。「彼は演奏するとき、人間や動物や植物だけではなく、大地、祖先、未だ生まれていない者、霊的に生きる無限の存在などの、彼自身の宇宙に存在するすべてのものに囲まれている——そして、自らの作り出す音を通じて、それらとの関係を探求し、確認し、祝っている」[11]。

こうしたスモールの認識をすでに私たちが慣れ親しんでいる現代音楽、とりわけ環境音楽やアンビエント音楽のアプローチと結びつけることは難

9 スモール、前掲書、30頁
10 前掲書、376頁
11 前掲書、380頁

しくない。たとえば、ケージの有名な《4分33秒》（1952年）もその文脈におけるひとつの転回点として理解することができる。楽器（多くの場合はピアノ）を弾ける状態で準備をした演奏者が、実際には何も音を出さずに4分33秒沈黙をするというこの作品は、過去に行われていないものや新規なものを求めつづける前衛芸術の一つの到達点としてしばしば理解されている。しかし、ケージ自身が自ら著作で明らかにしているようにこの楽曲は、音楽のデッドエンドを示すものではなく、無音の不可能性を示すことによって新しい音楽の可能性を示そうとした楽曲である[12]。

私も講義などで《4分33秒》の「演奏」を映像で見せることがあるが、その度に異なった反応を受ける。ほとんどの学生はこの奇妙な楽曲を知ってはいるけれども、実際に「聴いた」ことはない。多くの場合は解説を読んだ段階でみんな理解したつもりになっているのである。したがって、講義の最初に今日は《4分33秒》の演奏映像を見るということを伝えると多くの学生は戸惑いを隠せない。演奏を見ている時もそわそわして落ち着かない様子である。けれども、見終わった後に感想を求めると「面白かった」という意見を多く聞くことになる。《4分33秒》は聴かないと理解できない曲なのだ。

実際に経験すればわかるのだが、《4分33秒》を聴くという行為によって耳に入って来るのは、部屋の中に充満する小さな音――咳払いやクーラーなど電気機器のノイズ音、風の音、椅子を動かす音――であり、自分自身の心臓の音や息づかいである。《4分33秒》の経験とは、世界がいかに音に溢れているかという発見であり、同時にこの事実をいかに私たちが日常生活で気がつかずに過ごしてきたのかという驚きなのだ。

名詞の「音楽」を動詞として、そして広く音楽をめぐる実践として捉え直したのはスモールの功績である。それは、高く評価されるべきだろう。しかし、その一方で、音楽の主体を人間に限定することによって、スモールの議論は再び主体／客

12　ケージ、ジョン『サイレンス』柿沼敏江訳、水声社、1996年

体という西洋近代的な枠組みに戻ってきてしまうのだ。ここでいう人間は、歴史からも空間からも切り離された自律した実体として把握されてしまっている——あたかも普遍的な存在として主体が存在しているかのように。このことは、スモールの西洋中心主義とも深く結びついている。

　近代的な主体と客体の二分法に対して、哲学や社会学などの領域では、さまざまな形で批判がなされてきた。すでに近代の転換期において、マルクスやフロイト、そしてソシュールといった思想家たちは人間の主体が非人間的な領域（マルクスの場合は経済、フロイトは無意識、ソシュールは言語）によって構造化されていることを示した。最近ではブルーノ・ラトゥールが科学人類学の立場から、伝統的な主体／客体、人間／非人間（環境／自然／技術）という近代的な二分法に基づいた思考を批判し、非人間的な存在を積極的にアクターとして位置づけた分析を提唱している。[13]

　ラトゥールのアクターネットワーク理論に照らし合わせれば、このような経験は、私たちを取り囲んでいる環境、動物や植物、そして非生物的なモノや情報、さらにはたとえば心臓など自分が制御できない自らの身体も音楽のアクターと捉え直すことを要請する。それは私たちを取り巻く音の環境を音楽と雑音、図と地と二つにわけていた境界線を曖昧にする。雑音もまた音楽の一部であり、地も図の一部であり、時にその関係は反転させられるのだ。

　私たちがしばしば前提としている「人間」なる概念は、多くの場合近代的な思考の過程の中で生み出されたものにすぎない。フルートを吹く牧人がミュージッキングの理念的な主体である「人間」に見えるとしても、それはさまざまな非人間的な存在を排斥した結果生み出された想像上の生産物にすぎないのである。むしろここで重要なのは、ミュージッキングの主体を人間と非人間、主体と客体のハイブリッドな生産物として捉え直すことである。繰り返しになるが、スモールは実際の議論の中でしばしばこうした認識論的転回の上に立っている。にもかかわらず、彼がそれを徹底

13 Latour, Bruno (2005), *Reassembling the Social: An Introduction to Actor-Network-Theory*, Oxford University Press.

化することができないのは、西洋と非西洋、主体と客体といった近代的な二分法から最終的に抜けだすことができないからである。

ここで重要なのは、近代的二分法を超えて、すべてのものを積極的な生産力として捉え直す一元論――そして同時に究極的な多元論の中で音楽を捉え直し、音楽を実践のダイナミズムに組み込むことなのだ。

5　肉体とテクノロジーのハイブリッドな身体へ

人間の脱中心化に関連して音楽におけるテクノロジーの問題を考えてみよう。

18世紀の産業革命とそれに続く工業化は、かつてない聴覚環境の変容をもたらした。工場はたえず駆動する機械の音に覆われる。街は自動車や鉄道の行き交う騒音に溢れる。そしてなによりもマイクやアンプ、スピーカーなど音響装置の発展、ラジオやテレビなどのメディアの発達は、私たちに新しい聴覚の経験をもたらした。近代音楽の歴史もまたこうした聴覚環境の変化に対応している。20世紀初頭に未来派の芸術家、ルイジ・ルッソロは「騒音芸術」を提唱し、当時都市生活に新しいリズムを与えていたインダストリアルな音を音楽の中に取り込もうとした。こうした試みは録音技術の発達とともにミュージックコンクレートなどの試みとして主に実験音楽の領域で発展を遂げ、1970年代のテクノミュージック[14]と合流し、さらに1980年代に入ってサンプリングマシンなど電子技術の発達によって一気にポピュラー音楽における一つの技法となった。新しい技術は新しいサウンドスケープをもたらす。最近のグリッチサウンド[15]は、情報技術時代の聴覚経験に対応したものだ。

ミュージッキングという観点から考えると、テクノロジーが重要なのは、単に新しいテクノロジーが新しい音色をもたらすということにとどまらない。新しいテクノロジーは、それまで人間の身体では不可能だった新しい音楽の形式をもたらす

14　ポピュラー音楽史において人間／機械の二分法を自覚的に越えようとした先駆者としてクラフトワーク（1970-）を挙げることができる。電子楽器とコンピュータを全面的に取り入れたテクノミュージックは、その後ニューヨークのヒップホップのオリジネーターであるアフリカ・バンバータたちによって黒人たちの身体へと委嘱されて独自のアフロフューチャリズムを生み出した。

15　PCなどの情報機器や音響機器のノイズ音やエラー音を音源として活用して作る音楽。ドイツのレコードレーベル、ミル・プラトーの一連の作品や池田亮司の作品などで聴くことができる。

のだ。巨大なサウンドを響かせるＰＡの存在なしにロックは存在しなかっただろう。多重録音に代表される１９６０年代に発展した録音技術は、ロックを単なるブルースの進化の形態であることを超えて、それ自体一つの芸術領域にまで拡大した。レコードという複製技術なしに、同じリズムを限りなく反復させるクラブミュージックは誕生しなかった。リズムマシンは、人間のドラムのシミュレーションであることをやめジャングル、ドラムンベース、ダブステップとテクノロジーしか生み出すことのできないリズムを生成し始めた。こうした例は限りなくあげることができる。

　こうしたテクノロジーは音楽を作るための単なる道具ではなく、それ自体新しいミュージッキングの積極的な生産力のアクターなのだ。このことはテクノロジーの能力がある部分において人間の身体能力を超える時代においてよりはっきりとしつつある。マーシャル・マクルーハンが指摘しているようにテクノロジーは身体を拡張する。マイクとスピーカーの発達は喉と口の拡張であり、ステージに設置された大型スクリーンとカメラは目の拡大である。ＤＴＭのテクノロジーは楽器を演奏していた手や足の延長であり、ボーカロイドは喉の機能の拡張である。そして、レコード棚に収められたアナログレコードのコレクション、ＰＣのハードディスクやＵＳＢ、さらにはインターネットに散逸している音源は、私たちの記憶を司る脳の機能の拡張である。私たちは、より明確な形で人間と機械のハイブリッドな存在になりつつあるのだ。

　このことを確認するために、ゼンフ・スタジオの一連のプロジェクトを概観するだけでも十分だろう。[16]なかでも『グレン・グールド／バッハ：ゴールドベルク変奏曲（１９５５年）の再創造〜Zenph Re-Performance』は、こうした動向の一例として見ることができる。ゼンフ・スタジオは、１９５５年にグレン・グールドが録音したバッハのゴールドベルク変奏曲を完璧にデジタルデータ化した上ＤＴＭによって打ち込み直し、自動演奏機能のついたヤマハのグランドピアノ（Disklavier

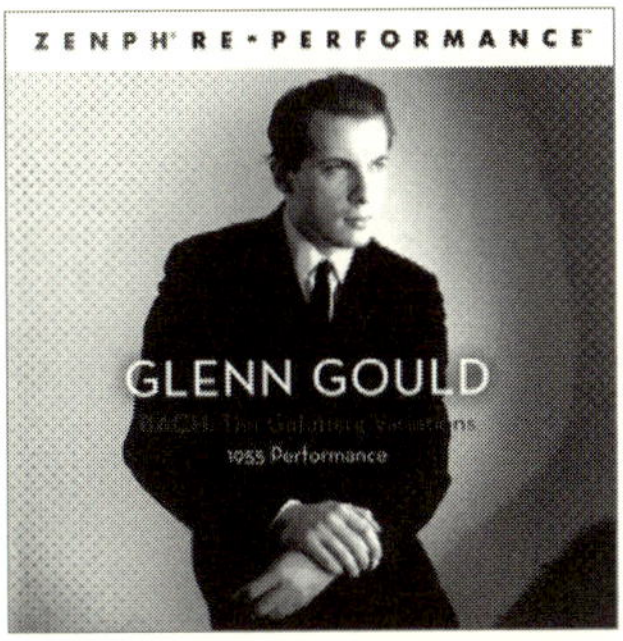

16
『グレン・グールド／バッハ：ゴールドベルク変奏曲（１９５５年）の再創造〜Zenph Re-Performance』ゼンフ・スタジオ、ソニー・ミュージック・ジャパン・インターナショナル、２００７年

Pro）で演奏会を行った。

　よく知られているとおり、グールドはある時期からコンサート活動を一切休止し、録音されたアルバムのリリースしか行わなかった。アルバム制作にあたっては、何度も同じ曲を録り直し、それを細かく断片化した上で一番いいと彼が思った部分を切り貼りして、一曲に仕上げた。グールドにとっては録音物が一次的な作品であり、それに対してライブ演奏は録音物の出来の悪い模倣だったのである。ポピュラー音楽の世界では当たり前の録音・編集方法だが、ライブ演奏に重きをおく当時のクラシック音楽においてはグールドの試みは十分に論争的だった。

　ゼンフ・スタジオの試みは、こうしたグールドの夢を今日のデジタル技術を利用して最大限現実化したプロジェクトと捉えることができる。ピアノのセッティングは、長年グールドのピアノを調律してきたトロントのピアノ技術者ヴァーン・エドクィストなど、グールド側の関係者の協力を得てグールド好みに調整された。この演奏はのちにＣＤとして発表されている。そこからはグールドの録音の特徴である彼の鼻歌などの雑音はすべて削除され、より純粋なグールドの再演となっていることが確認出来る。

　ここで興味深いのは、単にコンピュータと電子楽器を用いて「音源」としてグールドの演奏を再現したのではなく、最終的にグランドピアノという物質的な重みをもった楽器を演奏することを通じて音楽を再生し、いわば音楽を通じてグールドの身体を蘇らせたことである。ここには、演奏と録音、物質と非物質、身体と情報の関係の転倒を見出すことができる。そして、こうした試みに今後人工知能（ＡＩ）の技術が結びつく時に、作曲や演奏という概念が新しい地平を迎えることは容易に想像できるだろう。

　もちろん、ここで現代の最新のテクノロジーだけを過度に評価すべきではないのかもしれない。人間の身体とテクノロジーのハイブリッドな生産物としての音楽。これがはっきりと自覚されるようになるのは、現在のコンピュータや録音技術、そして電子楽器の発展によってであるが、ある意味では、現在のようなデジタル技術が登場する以前から音楽とは身体とテクノロジーの融合物だったのではなかったか。たとえば、17世紀から18世紀にかけて教会音楽がオペラへと発展する時期に、変声期前の声を維持するためにカステラートと呼ばれた男性歌手が去勢され、人体改造されたことはよく知られているが、これも人間とテクノロジーの一種のハイブリッドと見なすべきだろう。ピアノが18世紀に登場した時も、シンセサイザや最近のＤＴＭテクノロジーに匹敵する当時最新のテクノロジーとして急速に発展を遂げたのだ。なによりも楽譜とはその後レコードやハードディスクが登場するまで最も重要な記録テクノロジーだったのではないか。音楽をミュージッキングとして捉え直すということは、人間中心主義の音楽史を批判的に捉え直し、音楽を人間とその当時の最新のテクノロジーのハイブリッドな生産物として位置づけ直すことなのだ。

6　ミュージッキングという実践を政治化する

音楽をミュージッキングと言い換えることは、形式と内容、メディアとメッセージという二分法に閉じ込められている音楽言語をすべて実践の中に捉え直すことだ。このことは、音楽を単なる文化や芸術という領域から解放して、社会や政治、経済の領域との関係の中に再配置することを意味している。とりわけ、音楽の中で政治が果たす役割を再考することは急務だろう。

政治と音楽というテーマを考えるときにまっさきに思い浮かぶのは、歌詞の中に政治的メッセージが込められたプロテストソングに代表されるような音楽かもしれない。歴史的にもさまざまな抵抗の現場で「歌」はしばしば人々を団結させ、勇気と力を与え、未来に向けたビジョンを示すのに役立ってきた。多くの革命歌、民衆歌、反戦歌の中にその例を見出すことができる。特に自発的に広がったプロテストソングが、もともと正規の音楽教育を受けていない人々に歌い継がれるようすに伝統的な音楽に属さないミュージッキングの一つのあり方を見ることができるだろう。

しかし、私にとってより興味深いのは歌詞の中に政治的なメッセージが示された音楽ではなく、あからさまには政治的メッセージを見出すことがむずかしい、たとえばダンスミュージックにおけるミュージッキングの実践である。ダンスミュージックといえば若者文化の一部と捉えられがちだが、政治とダンスを歴史的に考えたときに必ずしもそれは若者に特権的な文化ではない。日本においても江戸末期の民衆の集団的踊り「ええじゃないか」が一種の抵抗の形式として現れたのはよく知られているし、かつて奴隷制度の中でダンスが、不服従のジェスチャーとして機能していたことはアンチオープを初め多くの研究者が明らかにしているとおりである。[17] 現代クラブカルチャーの原型となっている1970年代のハウスミュージックの黎明期において、ヒットチャートとは異なるダンスミュージックをかけるクラブは、社会から差別、排斥されてきた黒人のゲイやレズビアンのドラァグカルチャーと結びついて始まった。1990年代に世界中で広がることになるエコロジー運動、反自動車運動、反資本主義運動である「リクレイム・ザ・ストリーツ（ストリートを取り返せ）」は、1980年代のレイヴ文化を政治運動に応用したムーブメントだった。こうしたダンスを中心としたムーブメントにおける音楽は、あからさまに政治的なメッセージを含んでいるわけではない。

では、なぜこのような政治に音楽はダンスとともに召喚されるのだろうか。

歌詞をもたない音楽は、テクストである言語によって分節化されているわけではない。したがって、それがどれほど過激な音楽言語によって構成されているとしても、音楽それ自体イデオロギーとして機能するわけではない。政治的な前衛が芸術の形式的前衛をしばしば要請することはあるかもしれないが、ダンスミュージックの場合は芸術

17 アンチオープ、ガブリエル『ニグロ、ダンス、抵抗——17‐19世紀カリブ海域奴隷制史』石塚道子訳、人文書院、2001年

的形式として必ずしも実験的であるとは限らず、逆に時に大衆的ですらある。

　ダンスミュージックが働きかけるのは言語によって理解される意識ではなく、非言語的あるいは前言語的な無意識な領域であり、より直接的には身体の領域である。これは単にビートがあるということに還元することはできない。必ずしも一定のリズムをもたない音楽のすばらしさを表現するのに〈官能的な〉〈エロティックな〉という性的なメタファーがしばしば用いられること自体このことを端的に示している。ダンスミュージックが他の音楽にまして重要なのは、それが単に音楽の送り手から受け手へと一方向に流れているからではないからである。ダンスミュージックの特異性は、受け手同士の相互の非言語的なコミュニケーションを媒介することである。人々が踊っている現場に身を寄せる時に、その空間が何かが憑依したような熱狂の渦に巻き込まれていることを経験することは少なくない。

　20世紀初頭に、ガブリエル・タルドは群衆を目の前にして、人々のコミュニケーションの重要な形式として「模倣」を見出した。[18] ダンスは、身体的な「模倣」という組織化を通じて人々が空間と時間をシェアしていることを可視化する。群衆ははっきりと言語によって分節化されたイデオロギーや理論によって動員されるのではない。人々がともに行動するのは、個人に分割される以前の前-個人の集合的（無）意識に働きかけられるからである。このことは、情報技術の発達と資本主義の変容によって、今日では個人さえもデータベースの海の中でバラバラに断片化され、不可分な個人（individus）ならぬ分人（dividuels）として管理=制御の権力の対象とされている時代において特に重要になりつつある。[19] 音楽とダンスによる無数の匿名の人々の再組織化は、権力の側であれ対抗的権力の側であれ、重要な政治的なイシューとなっているのだ。

　今日ミュージッキングを考えるということは、音楽と身体、ダンス、権力、政治の現代の様態を再検討することである。それは、音楽を単なる聴

18　タルド、ガブリエル『模倣の法則』池田祥英、村澤真保呂訳、河出書房新社、2007年

19　ドゥルーズ、ジル「追伸——管理社会について」『記号と事件：1972-1990年の対話』所収、宮林寛訳、河出書房新社、2007年

取の対象である文化の一領域ではなく、私たちの生の根幹をなす生産的な活動として捉え直すことを通じて、文字テクスト的な領域とイデオロギーに完全に覆われているようにみえる現代の代議制政治を徹底的に問い直す試みでもある。「アフターミュージッキング」とは、このようなポストイデオロギー、ポストヒューマニズム、ポスト個人の時代における〈音楽〉を一度解体し、私たちの時代の困難な政治的な道具としてつなぎあわせる未来時制のプロジェクトなのだ。

本書について

スモールの『ミュージッキング』は、その翻訳直後から私たちの議論の枠組みに大きな議論を与えた。お互いの意見を交換し、議論する過程で『ミュージッキング』を踏まえた《後》の議論の続きをしようということになり、「アフターミュージッキング」という不定形のプロジェクトが生まれた。本書はそうした議論の成果である。本書に収められたそれぞれの論考は必ずしも『ミュージッキング』を直接参照していないかもしれないが、そこでの議論を踏まえた上で、音楽の新しいあり方を模索した試みとなっていると思う。なお私の「はじめに」の論考は、あくまでも私の「アフターミュージッキング」試論であり、すべての著者に考えが共有されているわけではない。

本書は、「越境する音楽」「変容する音楽」「都市と音楽」「旅する音楽」のⅣ部から構成されている。

第Ⅰ部の「越境する音楽」では、これまでの音楽実践が政治や経済、あるいはほかの芸術文化の実践と結びつき、どのように変容するのかが描かれている。

第1章の中村美亜「東日本大震災と『音楽の力』――音楽に何ができるのか？」は、2011年8月に福島で開かれた野外音楽フェスティバル「フェスティバルFUKUSHIMA！」と、震災後に数多く作られた「復興支援ソング」に焦点をあて、音楽がどのような形で力をもったのかを探っている。特にスモールが『ミュージッキング』で指摘した「実践」としての音楽と音楽の「メタナラティブ」という観点に着目し、認知科学や精神医学の知見も参照しながら、「音楽の力」が発揮されるプロセスや仕組みを詳らかにしている。

第2章の北條知子「日本サウンド・アート前史——１９５０年代から７０年代に発表された音を用いた展示作品」は、「サウンド・アート」という用語が登場する以前の50年代から70年代にかけて日本国内で画廊や美術館といった場でおこなわれた、音楽を出自とする作家による音を用いた展示作品もしくは展覧会の変遷を検証することでサウンド・アートの形成の過程を考察している。50年代から60年代にかけて展示形態を前提としない音楽の文脈において起こった「脱音楽化」の過程を追った上で、72年から76年に開催された日本最初期のプロト・サウンド・アートとでも呼ぶべき展覧会を取り上げて、一般に「サウンド・アート」として捉えられている領域横断的な芸術のオルタナティブな発展を再構成している。

第Ⅱ部「遍在する音楽」は、現在のポピュラー音楽の「音楽」というパッケージを音源やレコード、ＣＤ、そしてＭＰ３などのフォーマットとは別の形で音楽を構成してきたミュージッキングの要素に光をあてて、もう一つのポピュラー音楽史を描こうという試みである。

第3章の髙橋聡太「日本盤ライナーノーツの文化史」は、「音盤に付された解説書」を意味するライナーノーツに焦点をあて、日本盤としてローカル化された英米圏のロック・アルバムのライナーノーツにおいて、批評の役割がアルバムの客観的な解説という枠を超えて過剰な肯定性を特徴とする独自の文体が生まれる過程を、録音媒体の技術革新など外的な要因による影響と結びつけて論じている。

第4章の日高良祐『ネット文化』としてのＭＯＤの受容——１９９０年代における音楽ファ

イルフォーマットの伝送実践」は、デジタル音楽流通の制度化が急速に進められた１９９０年代末に目を向け、「ＭＯＤ」と呼ばれる音楽ファイルフォーマットの日本における受容過程を検証している。特に「ネット文化」の熱狂者たちによるＭＯＤ伝送の実践をメディア技術史的に論じることによって、今日的な「参照」の音楽実践が形成されてきた過程をレコード会社が中心とする音楽産業が描いてきた歴史と異なるミュージッキングの歴史として描き出している。

第Ⅲ部「都市空間と音楽」は、東京という都市における音楽生産の場所や空間の現在進行形の変容を詳細なフィールドワークと参与観察、そして聞き取り調査によって明らかにしている。

第５章の中野哲「東京ライブハウス文化の転換と再構築――中規模店舗のブッキングイベントを事例に」は、ライブハウスの中でも特にブッキングマネージャーというライブの企画担当者に焦点をあて、ライブハウスがどのように運営されているのか、その面白さと問題点はどこにあるのかを、聞き取り調査によって明らかにしようとした調査研究である。

第６章の浅野裕貴「アニソンクラブイベントの集団性――ＳＮＳ時代における〈界隈〉」は、一般にはオタク文化として理解されているアニメ文化、特にアニソンを用いて行われるクラブイベントに注目し、その参加者の中でどのようなコミュニケーションが行われ、音楽が生産されているのかをフィールドワークと参与観察によって検証した論考である。浅野は、特にその参加者が用いる〈界隈〉という空間概念に注目し、ソーシャルメディア時代の人々のネットワークのあり方を論じている。

最終章の第Ⅳ部「旅する音楽」ではグローバリゼーションの中で、かつてシーンやライブという言葉で語られていた音楽の共同体やネットワークがどのように変容しているのかをフィールドワーク、参与観察、聞き取りによって調査し、検討している。

第７章のアルニ・クリスチャンソン「日本にお

けるダブステップ――シーンとジャンルについて」は、ダブステップと呼ばれるダンスミュージックのジャンルがいかに日本においてローカル化していったのかを検討している。特に音楽活動の文化的な領域に着目しながら、「ローカルジャンル」と捉えられるダブステップがグローバルな人と情報、そして音楽のネットワークを通じてどのようにグローバルな「シーン」を形成しているのかが論じられている。

第8章の平松絹子「グローバル時代のインディー・ミュージック――アンダーグラウンド音楽文化のエスノグラフィーからみるアーティスト活動の実態」は「インディー」と呼ばれるポピュラー音楽についての参与観察を中心としたエスノグラフィーである。インターネット登場以降に急激に広がっていったグローバル化がもたらした音楽シーンの変容について、自らミュージシャンとしてグローバルに活動している筆者の参与観察と個別のライフヒストリーの聞き取り調査を通じて生き生きと描き出している。

本論集の特徴は、どれも過度に理論的な議論に耽溺することなく、最新の議論を踏まえた上で、具体的なフィールドワークや実証研究を通じて「今音楽と音楽のまわりに何が起こっているのか」を明らかにしようとしているということだろう。特に、こうした議論が「音楽」の本質や「音楽」を構成するさまざまな要素の変容を捉えており、固定的で変化のない実態として音楽を見るのではなく、むしろ実践の織りなす行為の網の目の中に音楽を位置づけ直しているという点に注目してほしい。とりわけ執筆者のほとんどが、ミュージシャンやDJ、パフォーマー、あるいはコンサートや音楽イベントの企画者として何らかの形で「ミュージッキング」に関わっているということが、本書に独特のグルーヴを与えている。調査者／研究者／フィールドワーカーとは、研究対象の外部者ではなく、しばしば研究対象に耽溺し、一体化し、時には介入し、変容させるような動的な存在なのだ。そこで生まれるヒリヒリとした、あるいはざらついた身体感覚が、本書の研究を特異なものにしている。この書物の出版自体が、なによりもミュージッキングの実践なのである。

第Ⅰ部　越境する音楽

第1章
東日本大震災と「音楽の力」
——音楽に何ができるのか？

中村美亜

1 「音楽の力」をめぐって

　東日本大震災後のしばらくの間、よく聞かれた言葉の一つに「音楽の力」がある。震災直後の混乱が一段落すると、仙台市の避難所では、八軒中学校吹奏楽合唱部の生徒たちが《あすという日が》を歌い、避難している人たちを勇気づけた（後述）。女川町の避難所では、自閉症の少年が音楽室にあったピアノを弾き、人々の心に癒しを与えた（橋本 2012）。被災地以外でも、チャリティ・コンサートが数多く開催され、犠牲者への追悼と被災地の復興に思いが込められた。これらの様子を伝えるメディアでは「音楽の力」という言葉が合言葉のように用いられ、インターネット上には「復興支援ソング」が次々とアップロードされた。

　図1・図2のグラフは、1985年から2013年の間、朝日・読売・毎日の新聞三紙に「音楽の力」や「復興支援ソング」（「復興ソング」も含む）という言葉が登場した頻度を年ごとに示したものである（詳細は中村 2014 参照）。図1の「音楽の力」は1994年頃から徐々に増え始め、2011年に突然増加している。阪神淡路大震災の頃から使われるようになり、東日本大震災をきっかけに急激に広まったことを示している。図2「復興支援ソング」も、東日本大震災後に急増している。

　しかしその一方で、メディアで繰り返される「音楽の力」に、専門家からは懐疑的な意見や批判が相次いだ。[1] 同年11月に刊行された季刊『アルテス』では、「3・11と音楽」という特集が組まれたが、そこでも音楽の効果には限りがあることや芸術の役立たなさを強調する意見が多く寄せられた。たとえば、作曲家の坂本龍一は、震災直後に被災した人たちを励ます音楽やチャリティのための音楽を書いて欲しいという依頼がいくつも舞い込んだが、そうした音楽をすぐに作る気になれなかったと述懐する（24頁）。批評家の佐々木敦は、音楽家でも誰でも震災後に「できることはすべき」と前置きしながら、「芸術と呼ばれるものは、別の何かのために何ごとかをする（べき）もの」ではなく、「芸術のかけがえのなさは、むしろ無根拠と

1　2011年11月10日に日本ポピュラー音楽学会が、メディア・アクティビストの津田大介をゲストに招いて「危機の音楽／音楽の危機？：『災後』社会の音楽とメディア」というシンポジウムを開催している（第23回年次大会、大阪市立大学）。2013年の同大会では、宮入恭平が「〈音楽の力〉言説を越えて―ポスト3・11のポピュラー音楽シーン」という発表をおこなっている（第25回年次大会、関西学院大学，2013年12月8日）。他にも増田（2012）、宮入（2012）。

ナンセンスにあるのだ」と論じる（102-103頁）。音楽学者の岡田暁生も、「頑張る」ことを前面に出したACジャパンのテレビCMへの抵抗感を述べる。ただし、その一方でサントリーのCMで流された《上を向いて歩こう》を聴いて、「上を向く」という言葉が「こんなにも優しく響く」ことがあることに驚いたとも語っている（40頁）。

たしかに音楽は無条件に人を慰め、励ます魔力をもっているわけではない。チャリティ・コンサートでお金を集め、それを寄付することでしか音楽は被災者の力になることはできない、というのも正論のように聞こえる。しかし、音楽が被災した人々に力を与えることはないと判断するのは早計だろう。それでは、どのようなプロセスや仕組みで音楽は人の気持ちを癒し、力を与えるのだろうか。

本章では、まず「音楽の力」をめぐる議論が水掛け論になりがちな理由を、音楽に対する研究のアプローチという観点から整理する。次に2011年8月15日に福島市の四季の里で開催された〈フェスティバルFUKUSHIMA！〉に焦点をあて、音楽がどんな機会を提供し、人々がそれをどのように活用したかをエスノグラフィックな方法で記述する。また、クリストファー・スモールのメタナラティヴに関する議論を参照しながら、イベントの分析も試みる。その後、「音楽の力」をめぐる議論でしばしば問題にされた「復興支援ソング」を取り上げる。ここでは特に《I love you & I need you ふくしま》、《あすという日が》、《花は咲く》に焦点をあてながら、音楽にできることとは何かを考えていきたい。筆者は、東日本大震災後の音楽状況について資料調査とフィールド調査を行い、認知科学的知見を動員しながら「音楽の力」に関する理解を深めてきた（中村2014, 2017; Nakamura 2017a, 2017b）。本章はその研究のいくつかの部分を抜粋し、一つにまとめたものである。

図１　「音楽の力」の年別出現回数

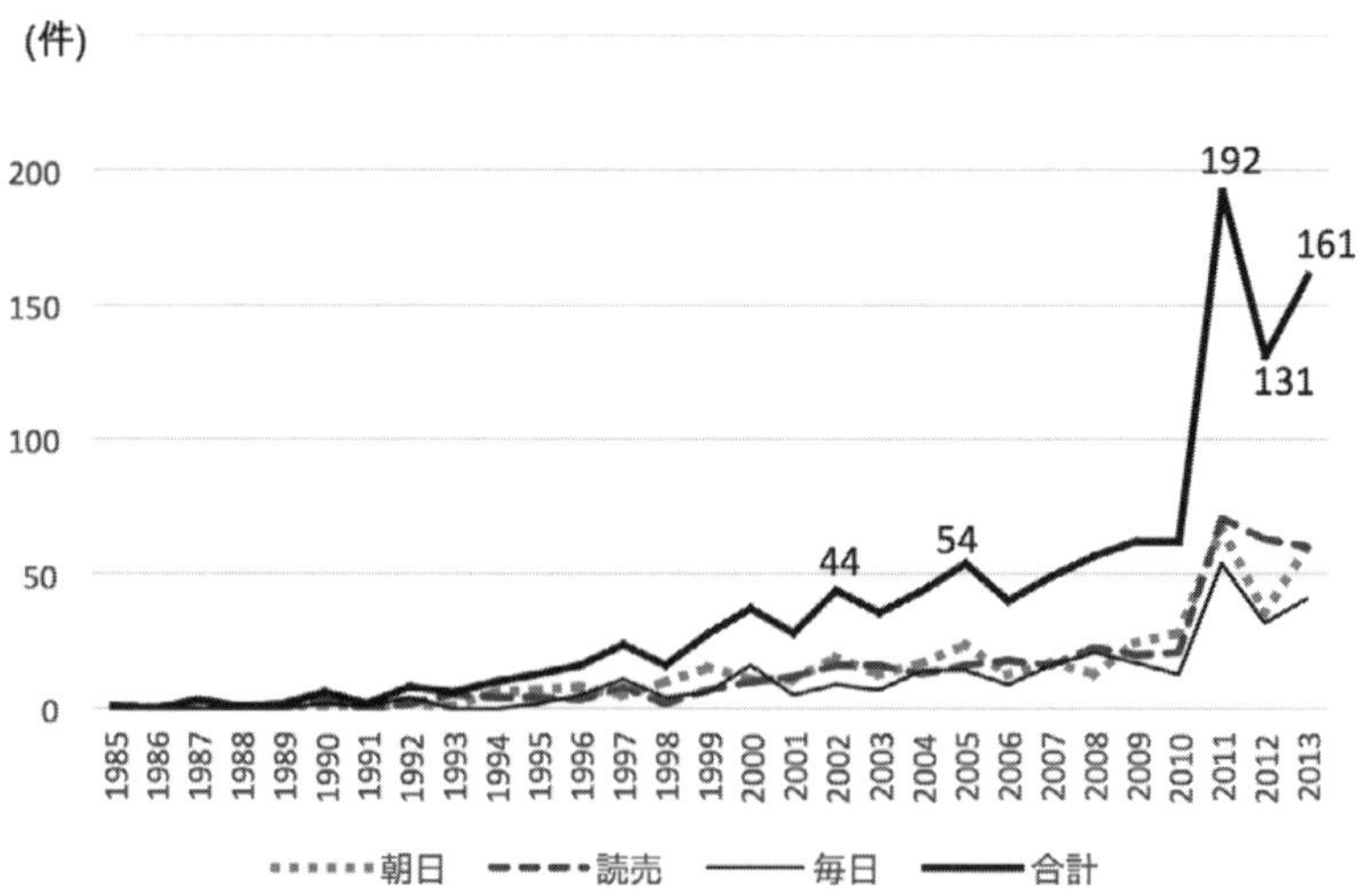

図２　「復興支援ソング」の年別出現回数

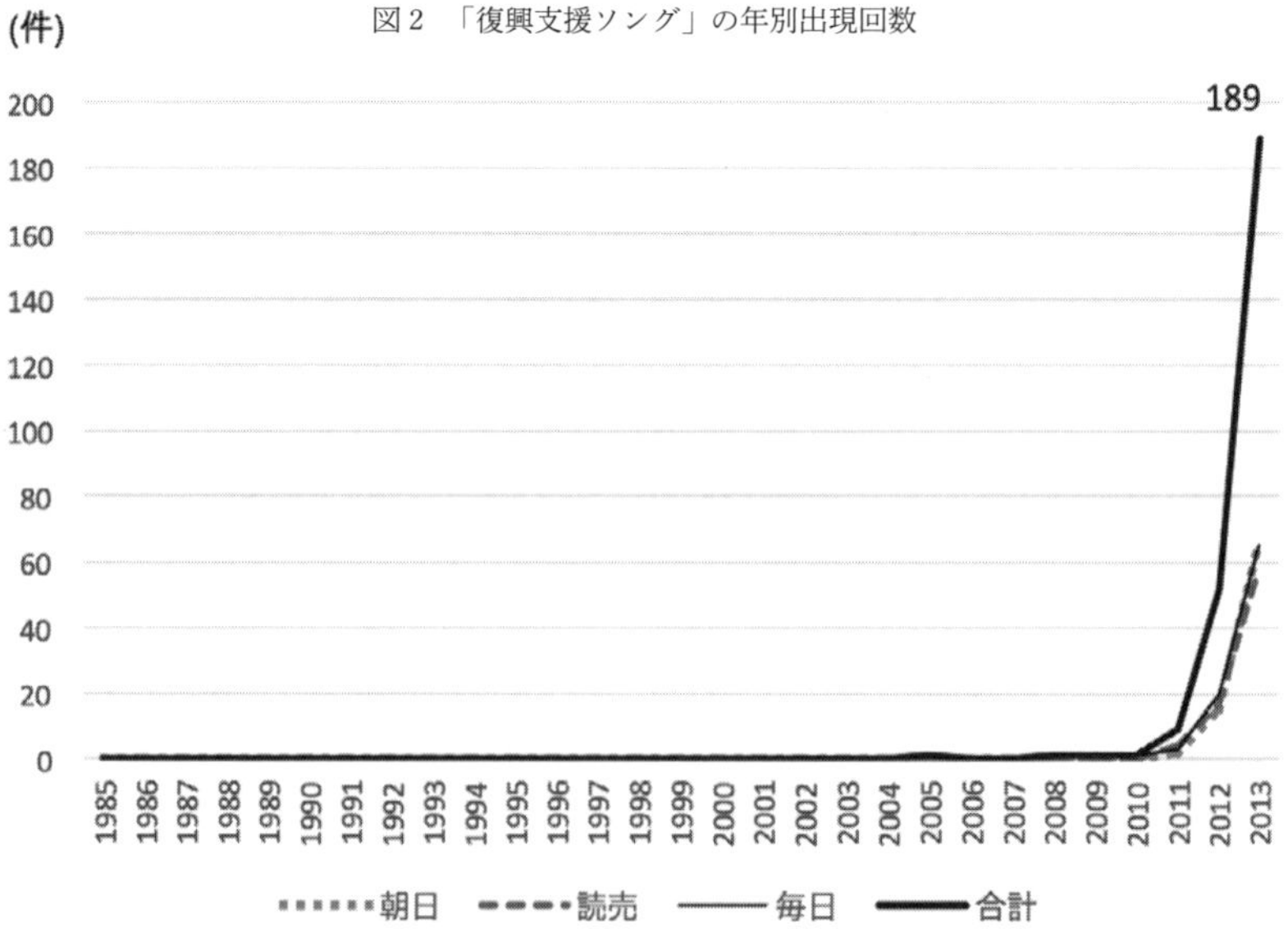

2 「音楽の力」と研究のアプローチ

先述したように「音楽の力」について見解が分かれるのは、なぜだろうか。一つの要因は、音楽をモノと捉えるか、コトと捉えるかという点が整理されていないからだろう。ここでいうモノとは、音楽的コンテンツとその意味は分かち難く結びついており、その意味は不変とする本質主義の立場を、コトというのは、コンテンツの意味はつねに出来事として決定されるという構築主義の立場を指す（中村 2013）。ただし、後述するように、構築主義にはコンテンツをどう扱うかによって機能主義的な見方ともう一つの見方が存在する。

クリストファー・スモールが『ミュージッキング』で指摘するように、古代ギリシア以来、人々は一般に音楽をモノと捉えてきた（スモール 2011）。音楽が人を感動させるとすれば、それは音楽に人を感動させる何かがあるからという前提で、音楽学は伝統的に音楽の旋律、リズム、ハーモニー、形式構造等の分析に重点を置いてきた。歴史的社会状況も研究の対象にはなったが、音楽と社会の結びつきを実証的に検証することはなかった（DeNora 2000, 2003）。それとは反対に、社会学は音楽と社会構造の関係や、音楽の及ぼす社会的影響に関する研究に注力した。しかし、音楽はコミュニケーションのための媒体（media）とされたため、どんなジャンルのどんな音楽も、中身が空っぽの器のように同一のものとして扱われる傾向にあった（DeNora 2003; Shepherd & Devine 2015）。そのため、音楽の社会的機能は明らかにされても、音楽がどのように人に作用するかという点は不明のままだった。結局、本質主義的な立場をとった音楽学も、機能主義的な立場をとった社会学も、「音楽の力」を解明するには無力だった。

つけ加えるなら、音楽の人間への作用を実証的に明らかにしようとした心理学も、「音楽の力」を解明することはできなかった。音楽は空気の振動による音を人間がなんらかの秩序を与えることで構成された「音響体」である（ブラッキング 1978）。しかし、それが社会生活の中で人間にもたらす意味や効果は、実験室の中で人間が物理的な音に生理的に反応することとは異なる。どのようなコンテクストで、どのように実践されるかによって違いが生まれてくるからである（ハーグリーヴ 2012；寺澤 2013）。正確に言うなら、実験室の中ですら、個々人がそれまで無意識のうちに培ってきた音に対する知覚や認識の方法、また、その時の被験者の心身の状態によって反応は異なってくる。心理学も（一部の社会心理学を除き）長い間、本質主義的アプローチの限界から脱することはできなかったのである。

「音楽の力」について理解を深めようとするなら、これまでとは違ったアプローチが必要である。そこで重要になるのが、「媒介性」あるいは「アフォーダンス」という社会学的概念と、音の刺激に関する認知科学的見解である。両者は、人間が音を聞いて反応するプロセスを身体の外から描き出そうとするか、身体の中から描き出そうとするかという違いがあるものの、音楽に関する基本的な捉え方は同一である。

まず「媒介性」（mediation）とは、それがメッセージを伝える媒体でありながら、その媒体そのものもメッセージであることを意味する（Hennion 2015, DeNora 2000, 2003）。メディア研究やアクターネットワーク理論で発展したこの概念は、媒体そのものがコンテンツとして機能しながらも、その意味はそれを媒介するものとの関係性において変化し、しかも、その媒体は、媒介するものの変質をも誘発すると捉える。つまり、音楽は「美的対象と聴衆の双方を同時に生み出すと同時に、それらに変化を与え、変質を促すプロセス」ということになる（Acord & DeNora 2008, 226）。

別の言い方をするなら、⑴音楽の意味は、音楽のコンテンツが許す（アフォードする）範囲において、状況によって変化する。⑵人は音楽を用いる過程において、その意味を見出す方法を獲得する、ということである。「アフォーダンス」とは、もともと心理学者のジェームズ・ギブソンが提起した概念で、対象物が知覚や行為のためにどのような機会を提供しているかということを表す。音楽の場合であれば、音楽が提供する解釈や活用の可能性を表す。社会学者のティア・デノーラが音楽を理解するための方法として応用し、広く知られるようになった（DeNora 2000, 2003; スティーゲ 2008）。

　これらのことを認知科学的に捉えなおすなら、音楽の作用は、①音による刺激、②外的環境、③内的状態の3つの変数によって決まるということになる（ハーグリーヴ 2012；寺澤 2013; Nakamura 2017b）。「音による刺激」とは、物理的な意味でどのような音（もしくは音の連続体）であるかということ、「外的環境」とは、音の刺激がどのようなコンテクストで（どのような情報とともに）受容されるかということ、「内的状態」とは、個々人の身体内の器官がどのように反応するようセットされているかということを意味する[2]（中村 2017）。「アフォーダンス」との対応関係を示すと、「音による刺激」は、「音楽の意味は、音楽のコンテンツが許す（アフォードする）範囲において」の部分に、「外的環境」は「状況によって変化する」の部分に、「内的状態」は「人は音楽を用いる過程において、その意味を見出す方法を獲得する」の部分に相当する。

　たとえば《ふるさと》は、以前に何度も聞いたことのある曲かもしれないが、震災で自分が帰る場所を失った時に聞くと、これまでにはなかった反応が引き起こされる。同じ刺激（曲）であっても、外的環境（コンテクスト）が変わると反応も変化するからである。また、何年後かに《ふるさと》を耳にすると、震災直後に茫然自失になりながらこの曲を聴いたことを思い出すかもしれない。それは、内的状態（過去の経験）によって反応が左右されるからである。このように音楽に対する反応は、音の刺激（コンテンツ）、外的環境（コンテクスト）、内的状態（過去の経験）によって変化する。

　以上を踏まえるなら、震災後の被災者の置かれた状況は、通常とは大きく異なっており、音楽に対する反応も通常とは大きく異なっていたことが理解される。実際、避難所ではつねに他人の目に

2 内的状態は通常、その瞬間の心身の状態と、過去の経験による感覚器官の発達状態（意識的・無意識的な記憶）に依存する。しかし、前者は現実にはそれまでに提示されたコンテクスト（外的環境）によって決まることが多いため、内的状態の変数は後者（過去の経験に基づくフィルタリング作用）に特化して考えてもあまり支障はない。

晒され、プライベートな時間や空間を持つことはできなかった。被災者たちは、自分の感情を表現することができないまま、過緊張の状態であり続けた。また、しばらくは停電が続き、人の声や物音以外は無音の状態だった。これまでの生活では、テレビやコンピュータからの音楽、街のバックグランド・ミュージック、（あまり意識されていなかったが）電気製品のモーター音など、音があちこちに溢れていた。しかし、そうした音が一切なくなった。さらに、被災者たちは、人を傷つけないようにと思いやるあまり、言葉をうまく発することもできなくなっていた。身内の人を亡くしたり、家を失ったりする人たちが周りにいる状況で、安易な慰めの言葉は禁句だった。

こうした状況において、音楽を聴くことで、目の前の現実から一旦逃れ、喚起された過去の記憶に触れながら、自分の気持ちに素直になることは貴重だった。震災後の特異な心身状態や外的環境において、ある種の音楽は、他の手段では達成することができない、特別な役割を演じる（アフォードする）ことがあったようである（中村 2017）。

それでは、いつ、どんな時に、どんな音楽が効果的だったのだろうか。本章では、音楽の「媒介性」を意識しながら、二つの事例において、どんなアフォーダンスをもつ音楽が、人々にどのように活用されたかを検討し、「音楽の力」の謎に迫っていきたい。

3 〈フェスティバルFUKUSHIMA！〉

東日本大震災は、未曾有の津波被害に加え、福島第一原子力発電所の爆発事故によって甚大な放射能被害を引き起こした。近隣の人々は避難を余儀なくされ、住み慣れた土地を後にした。それまでメディアで取り上げられることの少なかった「ＦＵＫＵＳＨＩＭＡ」という名前がスティグマ化され、一躍世界に知れ渡ることとなった。福島産のものは、農作物であれ工業製品であれ、一時県外や国外へ持ち出すこともできなくなった。

「FUKUSHIMA」という言葉になんとかポジティブな意味を付与したい――ちょうど原爆が投下された「HIROSHIMA」という言葉が、平和のシンボルとして有名になったように。そう考えた福島出身のミュージシャン大友良英は、福島から詩を発信し続けた和合亮一らと共同で、大規模な音楽フェスティバルを開催することを決意した（大友2011）。「プロジェクトFUKUSHIMA！宣言」には、次のように記されている。

2011年8月15日、福島で、音楽を中心としたフェスティバルを開催します。また、これをきっかけに様々なプロジェクトを長期的に展開していきます。

タイトルは「FUKUSHIMA！」。「ノーモアフクシマ」でも「立ち上がれフクシマ」でもなく、なんの形容詞もつかない「FUKUSHIMA」。現在の、ありのままの福島を見つめることから始めたい。そんな思いで、福島で生まれ育ったゆかりの音楽家や詩人らの有志が集まりました。地震や津波の被害のみならず、解決の見通しの立たない原子力発電所を抱える現在の福島では、フェスティバルどころではない、という意見もあるかもしれません。それでも、いやそんな時だからこそ、現実とどう向き合うかという視点と方向性を人々に示唆する力を秘めている音楽や詩やアートが必要だと、わたしたちは信じています。

不名誉な地として世界に知られたFUKUSHIMA。しかし、わたしたちは福島をあきらめません。故郷を失ってしまうかもしれない危機の中でも、福島が外とつながりを持ち、福島で生きていく希望を持って、福島の未来の姿を考えてみたい。そのためにも、祭りが必要です。人々が集い、語らう場が必要です。

フェスティバルを通して、いまの福島を、そしてこれからの福島の姿を、全世界へ向けて発信していきます。ＦＵＫＵＳＨＩＭＡをポジティブな言葉に変えていく決意を持って。[3]

この趣旨に賛同した坂本龍一、七尾旅人、遠藤賢司、向井秀徳など50組以上のミュージシャンが集結し、〈フェスティバルＦＵＫＵＳＨＩＭＡ！〉は２０１１年8月15日、福島市郊外にある四季の里で開催された。地元福島はもとより、全国から人が集まり、フェスティバルの参加者は千人を優に超えた。会場では「福島大風呂敷」、「オーケストラＦＵＫＵＳＨＩＭＡ！」、「福島群読団２０１１」、放射線被爆に関する講演など、原発事故後の福島ならではの企画がくり広げられた。

「福島大風呂敷」というのは、全国の人たちから思いを託された風呂敷を集め、それを会場いっぱいに視覚化する、壮大なアート・プロジェクトである。ボランティアが2週間かけてつなぎ合わせ、総面積は6千平方メートルに及んだ。放射能が一定量存在する地域での大規模イベント開催については、その是非をめぐって事前にさまざまな議論が交わされた（磯部 2011）。主催者は何度も放射線量を測定し、その都度、開催の是非や開催方法について検討を重ねた。その結果、イベント開催は可能だが、放射能が付着している芝生や地面は覆っておいた方がよいということになり、シートを敷くことが提案された。これが最終的に「福島大風呂敷」というアート・プロジェクトになった。

「オーケストラＦＵＫＵＳＨＩＭＡ！」は、約二百人からなる即興音楽集団。直前のリハーサルに参加しさえすれば、誰でも参加できる。通常のオーケストラ楽器だけでなく、ピアニカやリコーダー、民族楽器、楽器以外のモノを持った人も、声での参加者もいた。坂本龍一ら有名ミュージシャンたちも加わった。「指揮者」の大友良英がジェスチャーで指示を出すと、団員たちはそれに反応して音を出した。一つの音を一斉に鳴らす、大きな音を鳴らし続ける、音を小さくする、大きくする、ソロ演奏、セクション演奏などの指示があらかじめ決められていた。聞きようによっては「騒音」でしかない音の乱舞であるが、繰り出される

3　プロジェクトＦＵＫＵＳＨＩＭＡ！(http://www.pj-fukushima.jp/about/2011.php)。

指示に間違えずに即興で反応しなくてはならないため、会場には緊張感が漂った。ノイズとメロディー、緊張と弛緩が繰り返されながらクライマックスに達すると、大友は観客にも手拍子で参加するようジェスチャーで促した。見よう見まねで観客も演奏に参加すると、会場全体が不思議な一体感に包まれた。

これらの催しは、東日本大震災後の福島でしかあり得ない催しである。しかし、そうした意識は、いったん通常のコンサートが始まると忘れ去られる。会場中央にある野外ステージの最後を任された七尾旅人+原田郁子スペシャルバンドのコンサートが始まった時もそうだった。ところが、波音のようなギターの弾き語りが始まると状況は一変した。福島の友人との語らいを通じて作ったという七尾のオリジナル曲、《圏内の歌》だった。「圏内」というのは、福島第一原子力発電所から20キロ圏内、30キロ圏内という「圏内」を意味する。

盆を迎えた月が静かにたたずむ下、青いライティングが照らす野外ステージから七尾のかすかな声が響いてくる。

離れられない　小さな町
私たちが育った　この町
（中略）
子どもたちだけでも　どこか遠くへ
逃がしたい
（中略）
離れられない小さな町

目に見えない放射能に戸惑いながら、この地を離れられない気持ちと、子どもたちだけでも遠くへ逃がしたいという気持ちの間の苦悩が、この歌を通じて表現された。声になるかならないかほどの歌声の主は、七尾ではなく、七尾の福島の友人、そして福島の多くの人達のような錯覚にも囚われる。「子どもたちだけでも　どこか遠くへ」という葛藤も、繰り返される「離れられない小さな町」というやるせない気持ちも、七尾のアーティスティックな発声を通じて直接響いてくるようだった。

後日、七尾は《圏内の歌》について次のように述べている。

原発のある福島の人々は悲しみや痛みだけでなく、加害者意識さえ抱いている。福島に行ってそう感じた。そんな複雑な感情、心の襞は政治や科学の言葉では伝わらない。だから歌にして残すしかない。[4]

ギターソロの弾き語り《圏内の歌》は、メロディックな歌とも、語りとも呼べる間の表現をおこないながら、聴衆の想像力をかき立てていく。その歌／語りは、七尾の友人の話を直接聞いたわけではない人にも、その時に七尾が受け取った体感を聴き手に体感させる高度な表現力をもつものだった。目の前でやさしくギターを奏でる七尾の姿と、誰か別人の叫びが乗り移ったかのように震える七尾の声に、人々はそれぞれの思いを重ねていった。四季の里は暗く静まり返った。ステージの周りにある森の黒い影が目に映る。

続いたのは、美空ひばりの《愛燦燦》だった。このフェスティバルに出演予定であったにもかかわらず、一月前に突然死したレイハラカミが、生前に福島で歌いたいと言っていたものだと、司会の大友が告げた。七尾のギター、原田郁子のピアノ、勝井祐二のエレクトリック・ヴァイオリン、U-zhaan のタブラが、センスのいいアレンジでこの曲を聴かせる。

東日本大震災とも、福島の原発事故とも無関係なこの歌が、なぜだか今、ここに集まった人達の気持ちを代弁しているかのように聞こえてくる。「雨潸々と」から始まる一番では、運の悪さを恨みながら生きていく人間は哀しい存在ではあるけれど、過去は自分を支えるものなのだと語られる。続いて「風散々と」から始まる二番では、思い通りに夢がかなわないことを憂いながらも、未来には希望があると、また「愛燦々」から始まる三番では、小さな喜びに涙する人間はかわいいと、人生の不思議さが歌われる。歌が進むにつれ、過去のどこかにいた人達と気持ちが通じ合っていくよ

4 『日本経済新聞』２０１２年９月３日（夕刊）14面。

うな気持ちになっていく。人間はこうしていつも、大きな苦難、小さな苦難を乗り越えてきたのだと…。《愛燦燦》で会場の高揚感は絶頂に達した。

続く最終パフォーマンスでは、故レイハラカミによって作られたサウンドが再生される中、U-zhaanがタブラでそれと対話しながら祈りを捧げた。会場の人たちも、そのパフォーマンスにそれぞれの祈りを重ね合わせた。会場の長い沈黙とそれに続く熱狂の中、〈フェスティバル FUKUSHIMA！〉は終演した。

このように音楽のもつ「媒介性」に着目しながら音楽イベントを記述すると、どんなアフォーダンスをもつ音楽が、どのように人々に活用されたのかが見えてくる。

＊

スモールは『ミュージッキング』で、グレゴリー・ベイトソンやクリフォード・ギアツの理論を参考にしながら、音楽パフォーマンスを、ある価値観を探求し、確認し、祝い合う儀式だという理論を展開し、「語り」（ナラティヴ）の観点から分析を行なった（スモール 2011）。音楽には、瞬間瞬間の音楽的身振りが示唆するナラティヴィティ（語り）、楽曲によるナラティヴ（物語）、実践される場の前後関係によって生み出される楽曲のメタナラティヴ（メタ物語）、社会的な文脈の中に現れるマスターナラティヴ（大きな物語）という複数のレベルの「語り」が存在する（中村 2013; Nakamura 2014）。もちろん、聴き手はこれらのナラティヴを分別しているわけではないが、無意識のうちにメタレベルの語りを体感し、それに感化される。ちょうど私たちが日常、儀礼的な振る舞いを繰り返していると、知らず知らずのうちに、それが象徴する価値観を身につけ、感化されるのと同じである。

以下では、この分析方法を用いて先述の〈フェスティバル FUKUSHIMA！〉を再考してみたい。

《圏内の歌》は、ナラティヴ（楽曲単位）のレベルで捉えるなら、福島で生きる人たちが放射線被爆に戸惑う様子を語っている。ナラティヴィティ（よりミクロなレベル）で見るなら、言葉と歌との間にある表現が用いられることで、誰かのむせび泣きのような身振りを表していると言えるだろう。だが、メタナラティヴ（当日のイベントのコンテクスト）に目を向けると、《圏内の歌》からは別の語りが見えてくる。それは、それまで音楽に集中していたステージから、再び福島の現状に目を向けようという語りである。つまり、《圏内の歌》は、フェスティバルで音楽を楽しむことと、福島の人たちに思いをめぐらすことをつなぎ合わせる（スモールの言葉を使うなら「探究する」）機能をもっている。また、続く《愛燦燦》は、《圏内の歌》で探究された価値観が、人間なら誰もが共有しているものであるという普遍化のための語りとして機能する。福島の人たちの苦しみは、それ以外の人たちと簡単に共有できるものではないかもしれないが、たとえそうだとしても、人間はいつも苦しみの中を生き抜いてきたという点では、私たちはつながっているという「確認」である。

このように音楽は楽曲の単位を超えて、メタなレベルで語りをもち、人々の意識に作用する。

さらに重要なのは、《圏内の歌》から《愛燦燦》にかけてのメタナラティヴでは、「語りなおし」というケアの効果を生んでいる点である。語りなおしというのは、トラウマからの回復や困難状況からの脱出を望む際にケアの現場で重視される概念である。自分がどういう人間であるかというアイデンティティは、自分に起こったさまざまな出来事の中からいくつかを選択し、解釈し、編集した一つの物語である。そうだとすれば、語りを変えることで、自分と世界の関係は再組織化される。たとえ、どれほど「生きにくさ」と「自分」は分ちがたく結びついているように見えていたとしても、その「生きにくさ」を「自分」からいったん切り離し、両者を結びつけている語りを変えることで、生きる力を得ることが可能になる。〈フェスティバルＦＵＫＵＳＨＩＭＡ！〉では、こうした語りなおしが《圏内の歌》と《愛燦燦》にかけてのメタナラティヴのレベルで生まれた。

ところで、追悼のイベントでもある〈フェスティバルFUKUSHIMA!〉には、スモールの挙げた「祝う」という晴れやかな行為は存在しない。しかし、死者を悼み、故人の生を讃えるという意味では、祝いとも似た行為が存在する。言うまでもなく、最後のレイハラカミの残した音に、U-zhaanがタブラで祈りを捧げるというパフォーマンスである。レイハラカミの残した音は、このミュージシャンの生を象徴するものであると同時に、大震災で命を亡くした人たちの象徴としても機能した。

だが、祝いに関しては、もう一つ別の観点から考えることもできる。このステージが、福島の人たちやフェスティバルに参加した人たち自身の生を「祝う」という機能を果たしたという見方である。サラ・ソーントンのクラブカルチャーにおける「本物」(authenticity)の議論を参照すると、この日の朝から会場でさまざまな体験をした後に、その延長線上として提示される音楽は、福島の人たちの生、そして、このフェスティバルに関わった人たちの生を象徴するものとなる(Thornton 1996)。当然、ここでの音楽が賞賛されるなら、その音楽が象徴する人々の生も賞賛されることとなる。このように、〈フェスティバルFUKUSHIMA!〉では、音楽がその実践に参加する人たちの生と密接に関わり合うものとして提示されることで、音楽だけでなく、そこにいる人たちの生も価値あるものとして承認されるようになる。そして、それがこのイベントのマスターナラティヴとして参加した人たちの潜在意識の中に刻印されるのである。

このように、〈フェスティバルFUKUSHIMA!〉では、音楽がパフォーマティヴに意味を生成することを通じて、メタナラティヴのレベルでの語りが生まれ、「語りなおし」がおこなわれる。さらには、人々の生と結びついた音楽を聴衆が受容し、拍手とともに承認することで、そこにいる人々の生を讃えるメタナラティヴが複層的に生み出される。

もちろん、このような「演出」は、すべてが計画的に実行されたものではない。しかし、有能なアーティストは、音楽の潜在的な効果を体験的に自覚しており、それを実現していくための即興的ノウハウを持っている。重要なのは、「ＦＵＫＵＳＨＩＭＡ」という言葉をポジティブな意味に変えていこうという宣言のもと、それに同意したアーティストたちが、それぞれの方法でその気持ちを表現し、その意志に賛同した多くの人たちがその音楽を積極的に受容することによって、音楽パフォーマンスのメタナラティヴが生み出されたという事実である。音楽パフォーマンスは、こうした語りを理知的なものとしてではなく、快として感覚に直接訴えかける点において力を発揮する。

4　復興支援ソング

東日本大震災後には、おびただしい数の復興支援ソングが作られた。「アーティスト達からの復興支援応援ソング・まとめ」と題されたウェブサイトには、53の楽曲と7つのＣＤアルバムがリストアップされている（中村 2014）。被災地のアーティスト、被災地出身のアーティスト、被災地の人たち（ボランティアも含む）によるものも含まれているが、大半は有名アーティストやタレントによるものである。被災地のファンを元気づけるという意味では、これらの音楽が復興に何らかの貢献をしたことは事実だが、それ以外の効果については疑問が残る（小塩 2013）。

実際、善意によって作られた曲でも、それが社会の中でうまく機能するとは限らない。たとえば猪苗代湖ズの《I love you & I need you ふくしま》に関する次のケースは、そうした難しさを示している。福島出身の4人のアーティストによるロックグループ猪苗代湖ズは、原発事故後にも変わらぬ福島への愛情を表現する歌として《I love you & I need you ふくしま》を作った。福島への愛を、英語を用いながら直接歌い上げるこの曲は、福島を元気づける曲として地元でも繰り返し取り上げられた。全国各地の人たちが次々に登場し、猪苗代湖ズの歌に声を合わせる動画は、地元放送局でコマーシャル代わりに（スポンサーが募れない場合に）連日放送された。しかし、福島出身のある学生は、「地元にいる父はこの曲が大嫌いだ」と語っていた。[5] 彼の父親は、福島の現実を知らない県外の人から、福島への愛を強要されるようで「実に腹立たしい」と感じていた。テレビをつけていると必ず出てくるので、耳にしない日はなく、嫌悪感は募るばかりだったという。《I love you & I need you ふくしま》は、福島への愛を敢えて直接語ることで福島を元気づけようと意図されたものだったが、上記のような形で反復された結果、それとは全く異なる意味を纏うようになってしまった。

その一方で、全国に広がった歌もある。その一つが、冒頭に取り上げた《あすという日が》である。阪神淡路大震災後も《しあわせ運べるように》というオリジナル合唱曲が作られ、広く歌い継がれたが、それに対応する合唱曲と言えるだろう。[6]

仙台の八軒中学校吹奏楽合唱部は、3月19日の合唱コンクールを目指して練習に励んでいる最中に震災にあった。震災で予定されていたコンクールは中止となったが、その代わりに避難所となっている学校で小さなコンサートを開こうということになった。どんな歌がよいかと皆で相談して決めた曲の一つが、地元の作詞家・作曲家によって作られた《あすという日が》だった。すでにレパートリーになっている曲であり、すぐに歌うこともできた。リフレインにつながる歌詞は次のようなものだ。

いま　生きて　いること
いっしょうけんめい　生きること
なんて　すばらしい

あすと　いう日が　ある限り
しあわせを　信じて
あすと　いう日が　ある限り
しあわせを　信じて

5　2014年8月6日に中京大学で行われた、筆者の「震災と音楽」に関する授業における学生のコメント。

6　阪神大震災後、神戸のFM局では、震災直後には、意味の生じるボーカル入りを避け、ピアノやサックス演奏だけのジャズなどを流し、二週間後からサイモン&ガーファンクルの「明日に架ける橋」など歌詞入り洋楽を加え、一か月後からはZARDの「負けないで」KANの「愛は勝つ」など激励を込めた邦楽も流すようにした、という記録がある（読売新聞1995年11月17日の日本ポピュラー音楽学会シンポジウムに関する記事）。

コンサート当日、中学生たちの一途な歌声は、避難所でこの歌を聞いていた人たちの心を大きく揺さぶった。聞いていた人たちの多くが涙を流した。

この光景はＮＨＫの全国ニュースでも取り上げられ、多くの視聴者の心も揺さぶった。これを機会に、八軒中学校に様々なところからコンサートへの出演依頼が舞い込み、歌を通じて被災地とその他の地域を結ぶという、八軒中学校の活動が始まった。成功はより大きな成功を生み、「SING ALL JAPAN」という企業と提携した大規模チャリティー・プロジェクトも発足した。[7]八軒中学校吹奏楽合唱部の《あすという日が》を収録したＣＤが発売され、その収益が震災復興のために寄付された。

思春期の若者にエールを送る《あすという日が》は、八軒中学校の生徒たちの率直で一途な表現と一体となって、復興を後押しするためのメタナラティヴを獲得した。こうしたメタナラティヴとともに《あすという日が》は、被災地と非被災地を精神的にも、経済的にも結ぶ役割を担うようになったのだった。

＊

復興支援ソングのもう一つの成功事例は、全国的に有名なＮＨＫの《花は咲く》である。

２０１２年に震災特集番組のテーマ曲として登場すると、ただちに話題となった。歌は、被災地出身の有名作詞家・作曲家によって作られ、映像では、被災地とゆかりの深い有名人たちによってリレー形式で歌われる。歌っている一人一人の思いが強く伝わってくる映像である。

リレー形式の映像は、震災後にブームとなった。火付け役となったのは、サントリーのＣＭ《上を向いて歩こう》である。震災後の数日間、企業のＣＭは自粛され、ＡＣジャパンの映像が繰り返し流された。ポリティカリー・コレクトではあるものの、「がんばる」ことを前面にだした空虚な映像は、視聴者に嫌悪感を与え始めていた。そうした中、有名人が次々に登場し、さりげなく《上を向いて歩こう》を歌うサントリーのＣＭは、先に岡田も述べていたように、新鮮な印象を与え

7 SING ALL JAPAN プロジェクト「仙台市立八軒中学校吹奏楽&合唱部《あすという日が》」(http://tower.jp/article/feature_item/2011/06/30/79855)。

た。実は、《I love you & I need you ふくしま》の映像もリレー形式だった。ただし、画面に出てきた一般人の人たちの多くは、猪苗代湖ズの声にかぶる形で恥ずかしそうに声を出したり、ノリで歌ったりして、実直な印象を与えるものが少なかった。それに比べ、《花は咲く》の出演者たちは、それぞれが個性的で真剣だった。声はからだの深いところから発され、出演者たちの思いを強く伝えた。

NHKは、《花は咲く》を合唱コンクールの課題曲に指定するなど、様々な方法を使ってこの曲の浸透をはかった。インターネット上で展開された「百万人の《花は咲く》プロジェクト」もその一つである。歌をさまざまなアレンジで、独自に演奏した動画を投稿してもらうという企画で、国内はもとより、世界各地から個性的な動画が多数寄せられた。NHKは、先ほどの有名人の動画とともに、アマチュアの人たちによる《花は咲く》も長期にわたりテレビで放送し続けた。《花は咲く》は、非被災地の人たちに、震災はまだ終わっていないというリマインダーとして機能するようになり、支援の輪を広げ続けることに貢献した。

興味深いことに、《花は咲く》は、被災地や避難所でも人気の曲となり、機会があるごとに歌われた。仙台では2013年に〈みやぎの「花は咲く」合唱団〉が結成された。住むところを失った高齢の人たちによるこの合唱団は、《花は咲く》を仙台フィルハーモニー管弦楽団といっしょ歌うことを目的に結成された。[8] 合唱団を組織した主催者の一人、伊藤みやは、《花は咲く》が好まれる理由について「お年寄りとNHKの相性がよかった」ことを一番にあげながらも、《花は咲く》は自分の人生を振り返り、次の世代に思いを引き渡す曲であるという点を強調する。

一説によると死者の視線で書いた歌詞だという話もあるんですけど…。[9] 彼らお年寄りの中には、生き残ってしまってすいませんという思いを抱えている人も多いので…。そういう意味ではあの歌詞が随分ぐっと来る方も居るんだろうなあ、

8 第2回のコンサートでは他の曲もレパートリーに加わった。

9 作詞を担当した岩井俊二は、NHKの《花は咲く》広報サイトで、創作の経緯について語りながら、最終的に「亡くなった人たち、生き残った人たち、あの震災を遠くから心配していた人たち、3・11から今に至るまで、それぞれが一体どんな想いをしているのか、数行では到底描きようもない想いの、せめて僅かな片鱗でも書き留めることができたら、という想いで書きました。」と記している(http://www.nhk.or.jp/ashita/themesong)。

10 2014年9月26日に仙台市高砂市民センターで行われた〈みやぎの「花は咲く」合唱団〉の練習後のインタビュー。

と思います。[10]

《花は咲く》では、過去を思い出す内容で始まり、「悲しみの向こう側に」未来が見えると歌われ、次のリフレインが登場する。

花は　花は　花は咲く
いつか生まれる君に
花は　花は　花は咲く
わたしは何を残したのだろう

もちろん、被災者に《花は咲く》が好まれる理由を、歌詞という観点からのみ捉えるのは一面的だろう。実際、合唱団で歌っているお年寄りからは、歌うこと自体が心身によい、気分をリフレッシュさせる、難しい歌をうまく歌えるようになることが生きがいにつながる、といった声が聞かれた。[11]また、《花は咲く》が多くの人に歌われたもう一つの要因は、特定のアーティストに紐付けられることを回避し、「みんなの歌」となるよう仕掛け続けたNHKの戦略にもあったように思われる。楽曲としてもつ輪廻転生的なナラティヴに、みんなの想いというまさに共同主観的なメタナラティヴを纏わせることにより、《花は咲く》は復興支援に大きく貢献することとなったのだ。

5　「音楽の力」を語ること

本章では、音楽の「媒介性」を考慮し、アフォーダンスに焦点をあてながら、震災後人々が音楽をどのように活用したかを、〈フェスティバルＦＵＫＵＳＨＩＭＡ！〉や復興支援ソングを例に検討してきた。これまでの考察で示されたのは、「音楽の力」と言われる際の「力」は、音楽そのものの力というよりも、音楽に潜む力を引き出すことができる「人の力」だということである。特定の状況に対してどんな音楽を作る／演奏するのか、また、その音楽をどのように聴く／活用するのかという点が重要なのである。

11　２０１４年9月26日に仙台市高砂市民センターで行われた〈みやぎの「花は咲く」合唱団〉の練習時のインタビュー。

冒頭に紹介した『アルテス』の特集で、作曲家の高橋悠治が興味深いことを述べている。高橋独自の「音楽の力」に関する見解を引き出そうとするインタビューワーに対して、高橋ははぐらかすようにこう応える。

> それは（音楽の）力といえば力なんだけど、あんまり「力」と言いたくない。逆なんですよ。脱力。ほっとする。ここには権力もない。限られた場所だけど息がつける。そういう場所が増えていけば、もうちょっと生きやすい。それはちょっとしたことで誰にでもできるはずなんですよ。（中略）自分が生きやすくて、人と一緒になにかができる、人と繋がっていけるようなある空間なり時間なりを作っていくということでしかないんですよね。（117頁）

この発言を聞いたインタビューワーが思わず、「その過程で音楽が力となる……。あ、力という言葉を使ってはいけなければ、その過程で音楽が利するということありますか」と尋ねると、高橋は「だからね、われわれの言葉はすでに資本主義化しているんですよ。（中略）〝役に立つ／役に立たない〟、この二項対立そのものが啓蒙主義なんです」と応じる（117－118頁）。そして、これからの音楽のあり方について、次のように語り始める。

> 明日も知れないような世界にいる場合には違うやり方もある。まず、ひとりではなりたたない。友達がいて、仲間がいてということを考えて、そこで何ができるかということのひとつとして例として、「座」というものがあるんですよね。
> たとえば連句の座。誰かが「五・七・五」と付けるでしょ、その次に誰かが「七・七」を付けるでしょ、その次に誰かが「五・七・五」。（中略）
> もうひとつ挙げれば「本歌取り」というものがある。前にあった誰かの歌の二句くらいを取って、ぜんぜん違う文脈にはめこむんです。ある種の引用ではあるし、それが表しているものをそのままもっていくのだけれど、それが違う

風景のなかに入れられて、違うニュアンスをもちはじめる。主体というものがなくて、ある種の人の繋がりのなかで開かれる空間のひとつの例。（121頁）

高橋はこれらの発言を、二十世紀まで支配的であった「構成主義みたいな」音楽に代わる音楽のあり方として提案している。

しかし、こうした未来志向の音楽のあり方は、〈フェスティバルFUKUSHIMA！〉のように即興的要素の強いイベントでは、既に実践されていると考えることもできるだろう。というのは、〈フェスティバルFUKUSHIMA！〉では、福島群読団2011など一部を除き、パフォーマンスは、つねに「連句」のように、前に起きたイベントや同じステージに出演したミュージシャンのパフォーマンスに呼応する形で即興的に展開されたからである。つまり、前に起きたことを受けて、次の語りが生み出される。また、美空ひばりの《愛燦燦》や、最後のレイハラカミのサウンドなどは、「本歌取り」のように、もとの意味に新たな意味が加わることで、別のニュアンスをもったものとして表現される。

音楽は、《花は咲く》の例で顕著だったように、一定の方向性を示しつつも、その意味するところを敢えて曖昧にすることによって、歌い手や聞き手が自分自身の語りを重ね合わせることを可能に（アフォード）する。それは、他者の語りであると同時に、自分の語りともなる。もちろん他者の語りと自分の語りは、ナラティヴとしては別物である。にもかかわらず、メタナラティヴのレベルで両者が結びつき、それらが社会の中での新しい価値観を表すマスターナラティヴを生み出していく。こうして「語りなおし」を通じて共有のものとなった音楽は、人々にエンパワメントの機会を与え、コミュニティのケアとして機能するようになる。

音楽はつねに引用によって成り立つ。人は音楽というツールを用いて、これまで築かれてきた文化資源に自分の経験を新たな重ね合わせ、その資源をより豊かなものにしていく。それによって自分が生きる意味を確認し、他者との共存、ひいては人類の存続の可能性を開いていくのである。こうした点から見れば、音楽の正統性を過剰に主張することや、著作権を振りかざすことは、我々人間がもっている生きるための叡智としての文化財産を自ら死物とするのに等しい。

優れたアーティストやプロデューサーは、言葉で語ったり、理論によって説明することはできないとしても、音楽が人間の生を豊かにするための術を身につけている。残念ながら、言葉で勝負するはずの評論家や研究者は、これまでそれをうまく掬い上げることができなかった。[12] しかし、音楽が単なる消費の対象としてしか思い描かれなくなりつつある今こそ、そうではない、音楽やアート(あるいは「祭り」と言ってもいいかもしれない)のもつ「力」の可能性を、人間が生きるための叡智として訴えていく必要がある。

[謝辞]
本研究はＪＳＰＳ科研費ＪＰ２５５８００２３の助成を受けて実施された。この場を借りて感謝の意を表したい。

12 本章でも「音楽の力」のメカニズムについては、詳しく論じることはできなかった。今後は、近年目覚ましい展開を見せている生理人類学や脳神経科学との学際的な探求において大きな進展があるのではないかと期待される(McGuiness & Overy 2011; Chanda & Levitin 2014; Tarr et al. 2014; Nakamura 2017b)。

参考文献

『アルテス』２０１１第1巻、アルテスパブリッシング、２０１１年

磯部涼『プロジェクトFUKUSHIMA!：2011/3.11-8.15 いま文化に何ができるか』K&B パブリッシャーズ、２０１１年

大友良英編『クロニクルFUKUSHIMA』青土社、２０１１年

小塩さとみ編『東日本大震災後の音楽活動に関する調査（その２）：震災から1年5ヶ月間の活動を考える』宮城教育大学小塩研究室、２０１３年

スティーゲ、ブリュンユルフ『文化中心音楽療法』坂上正巳監修、井上勢津他訳、音楽之友社、２００８年

スモール、クリストファー『ミュージッキング：音楽は〝行為〟である』、野澤豊一・西島千尋訳、水声社、２０１１年

寺澤洋子、星・柴玲子、柴山拓郎、大村英史、古川聖、牧野昭二、岡ノ谷一夫「身体機能の統合による音楽情動コミュニケーションモデル」、『認知科学』20(1): 112-129、２０１３年

中村美亜『音楽をひらく―アート・ケア・文化のトリロジー』水声社、２０１３年

中村美亜「東日本大震災をめぐる『音楽の力』の諸相：未来の文化政策とアートマネジメントのための研究1」、『芸術工学研究』21: 13-29、２０１４年

中村美亜「〝文化力〟とは何か？：東日本大震災後の〝音楽の力〟に関する学際研究が示唆すること」、『文化政策研究』10: 30-48、２０１７年

橋本安代『まさき君のピアノ：ある自閉症の少年が避難所で起こした小さな奇跡』ブックマン社、２０１２年

ハーグリーヴ、デーヴィッド、レイモンド・マクドナルド、ドロシィ・ミール２０１２「人は音楽を用いてどのようにコミュニケーションするのか」、ドロシィ・ミール、レイモンド・マクドナルド、デーヴィッド・J・ハーグリーヴズ編『音楽的コミュニケーション』星野悦子監訳、誠心書房、1-29

ブラッキング、ジョン『人間の音楽性』徳丸吉彦訳、岩波書店、１９７８年

増田聡「今、音楽に何ができるか」という修辞に答える―震災時代の芸術作品、10＋1ウェブサイト（http://10plus1.jp/monthly/2012/06/post-49.php）、２０１２年

宮入恭平「３・11が日本のポピュラー音楽シーンに与えた影響」、『国立音楽大学紀要』46: 115-126、２０１２年

Acord, Sophia Krzys and DeNora, Tia. 2008. "Culture and the Arts: From Art Worlds to Arts-in-Action." *The Annals of the American Academy of Political and Social Science, 619(1)*: 223-237.

Chanda, Mona Lisa and Daniel J. Levitin. 2014. "The Neurochemistry of Music." *Trends in Cognitive Sciences 17 (4)*: 179-193.

DeNora, Tia. 2000. *Music in Everyday Life*. Cambridge: Cambridge University Press.

DeNora, Tia. 2003. *After Adorno: Rethinking Music Sociology*. Cambridge: Cambridge University Press.

Hennion, Antoine. 2015. *The Passion for Music: A Sociology of Mediation*. Farnham, UK: Ashgate.

McGuiness, Andie and Katie Overy. 2011. "Music, Consciousness and the Brain: Music as Shared Experience of an Embodied Present." In *Music and Consciousness: Philosophical, Psychological and Cultural Perspectives*. Edited by David Clarke and Erik Clarke, 245–262. New York: Oxford University Press.

Nakamura, Mia. 2014. "Retelling, Memory-Work, and Metanarrative: Two Musical-Artistic Mediations for Sexual Minorities and Majorities in Tokyo." *Music and Arts in Action 4(2)*:

3-23.
Nakamura, Mia. 2017a. "The 2011 Japan Earthquake and Music: Recovery Concerts, Recovery Songs, and 'the Power of Music.'" *Music and Minorities (tentative title)*. Edited by Ursula Hemetek, Inna Naroditskaya, and Yoshitaka Terada, Osaka: The National Museum of Ethnology (forthcoming).
Nakamura, Mia. 2017b. "Music Sociology meets Neuroscience." *Handbook on Music and the Body*. Edited by Youn Kim and Sander Gilman. Oxford: Oxford University Press (forthcoming).
Tarr, Bronwyn, Jacques Launay and Robin I. M. Dunbar. 2014. "Music and Social Bonding: "Self-other" Merging and Neurohormonal Mechanisms." *Frontiers in Psychology 5* (Article 1096). https://www.frontiersin.org/articles/10.3389/fpsyg.2014.01096/full
Thornton, Sarah. 1996. *Club Cultures: Music, Media and Subcultural Capital*. (Originally published in 1995 by Polity Press in Cambridge and Blackwell in Oxford.) Middle Town, CT: Wesleyan University Press.

第2章
日本サウンド・アート前史
——1950年代から70年代に発表された音を用いた展示作品

北條知子

1　はじめに

「サウンド・アート」という言葉から何を思い浮かべるだろうか。フィールド・レコーディング、ポスト・テクノ的な音響パフォーマンス、音を用いた美術館で展示される作品など、それぞれ全く異なるものをイメージするかもしれない。これらはすべて「サウンド・アート」と呼ばれる。一体サウンド・アートとは何なのか。

実のところ、サウンド・アートは特定のジャンルやムーブメントを指すものではない。ニューグローブ世界音楽大事典のオンライン版であるグローブ・ミュージック・オンラインにおいても、「サウンド・アートは多数の拡散する実践に適応する比較的新しい言葉であるため、固定された、取り決められた定義はない[1]」とある。つまり、サウンド・アートという言葉そのものは何か特定の思想や表現方法を表したものではなく、音を主要な表現媒体として使用する作品の総称にすぎないのである。一方で、サウンド・アートは音楽、特に実験音楽と区別される。ここでいう実験音楽は、1960年代にアメリカの作曲家、ジョン・ケージを中心に世界的に興隆した、それまでの西洋近代音楽の慣習を根本的に問い直すような音楽を指す。90年に刊行されたサウンド・アートのアンソロジー『サウンド・バイ・アーティスツ』において、編者のダン・ランダーは、音を表現媒体とする芸術すべてを「音楽」とすることで、西洋近代音楽において慣例的な作曲や聴取から自律する「音のアート」の可能性を制限してしまうと主張した[2]。音楽とは異なる、音を用いた芸術表現という新たなフィールドが必要とされたのである。

ここで、先にあげたグローブ・ミュージック・オンラインから、多様なサウンド・アートの特徴として考えられる点をいくつか挙げておこう。

一　コンサートホール以外の場所で展示されることが多く、野外でおこなわれることもある。

二　単なる受容の形態としてではなく、自覚を

1　Wongf, Mandy-Suzanne. "Sound art." *Grove Music Online. Oxford Music Online.* Oxford University Press. http://www.oxfordmusiconline.com/subscriber/article/grove/music/A2219538. [Accessed October 17, 2014]

2　Lander, Dan. 2013. "Introduction" in *Sound by Artists*, edited by Dan Lander, Micah Lexier. Ontario: Blackwood gallery and Charivari Press. pp.10-11.

もった創造的な過程としての集中的な聴取を必要とする。

三　音と空間の関係性を重視し、演奏空間の建築的および音響的性質も作品の一部に含む。

四　アーティストと聴衆の関係は平等で、聴取者が何を聞くかを決定する際、両者は創造の過程を共有する。

五　社会的関係の強調や、人間の生態学的な関係への意識を高めることを目的とする作品もある。[3]

これらの特徴はすべてに合致するものではなく、作品によって該当する箇所は変化する。だが、サウンド・アートという言葉が含みうる範囲に反して、これまでに実際にサウンド・アートという言葉で語られてきた作品はごく一部にすぎない。日本でサウンド・アートという言葉が一般化した90年代において、サウンド・アートは主に海外の作家による音を用いた新しいタイプの作品を指すものとして用いられ、それ以前の日本の現代音楽や実験音楽の文脈と結びつけて語られることはほとんどなかった。これは、当時のサウンド・アートが１９９０年代中頃から２０００年頃にかけて興隆した「音響派」と呼ばれるジャンルから影響を受けていたことに由来する。たとえば、２０００年にインターコミュニケーション・センターで開催された「サウンド・アート――音というメディア」展では、「音」への徹底的なこだわりをもつ、「『音響嗜好症』とでもいうべき」作品が展示された。[4] この音に対するフェティシズムはまさに音響派の特徴である。実際、キュレーションを担当した畠中実によると、「サウンド・アート」展は90年代後半の新しい潮流を紹介するという意図があったため、当時積極的に紹介されていた音響派の作品を中心に構成したという。[5]

しかし歴史を紐解いてみると、日本では50年代から70年代にかけて、音響派的なアプローチとは全く異なる音を用いた芸術作品が、現代音楽の文脈において発表されていた。本稿ではこれをサウンド・アートの前史として、プロト・サウンド・

3　Wongf, Mandy-Suzanne, Ibid. [Accessed October 17, 2014]

4　畠中実「音というメディア」『サウンド・アート　音というメディア』東京：ＮＴＴ出版、２０００年、46頁

5　畠中実　筆者がおこなったインタビューでの発言　２０１４年10月16日

アートと呼ぶ。なぜ日本におけるプロト・サウンド・アートはサウンド・アートとして文脈づけられてこなかったのか。過去のプロト・サウンド・アートと、90年代以降のサウンド・アートの間にはどのような関連性が見出せるのか。そして、これまでほとんど参照されることのなかったプロト・サウンド・アートとは一体何だったのか。

　本稿では、サウンド・アートという用語が登場する以前の、１９５０年代から７０年代にかけて画廊や美術館といった場でおこなわれた、音楽を出自とする作家による音を用いた展示作品もしくは展覧会の変遷を考察する。この変遷は、言い換えるならば、音を主要な表現媒体とする音楽家が、コンサートに代表される上演形態から視覚芸術の領域である展示形態へと活動の場を移すまでの過程である。音楽家が「音楽」の枠組みを超えた展示形態を選んだ背景には、美術家が単に新しい素材として音を導入していく過程とは全く異なる、「音楽」との葛藤があった。ノイズさえも音素材として取り込む「音楽」において、「音楽」から離れた「音」を成立させるのは容易なことではない。本稿では、50年代から60年代にかけて音楽の文脈でおこった脱音楽化の動きを追うことで、「音楽」とは異なる「音」による表現――後のサウンド・アート――が生まれるまでを描く。その上で、72年から76年の間に開催された日本最初期のプロト・サウンド・アートの展覧会に焦点をあて、詳細を掘り下げていきたい。

　以下ではまず、日本最初期の音を用いた展示作品として、55年に発表された田中敦子の《作品（ベル）》と62年に発表された刀根康尚の《テープレコーダー》を例にみる。田中は美術家であるため本稿が対象とする音楽を出自とする作家から外れるが、最初期の例であること、そして後のサウンド・アートに通じるテーマであるため取り上げた。

2　展示される音／音楽

日本において音を用いた展示形態の作品がはじ

めて発表されたのは、1955年10月、東京の小原会館で開催された第一回具体美術展においてだったと考えられる。当時弱冠23歳の美術家、田中敦子によって制作された《作品(ベル)》(以下《ベル》とする)は、40メートルのコードに金属製の小型のベル20個を2メートル間隔で設置し、観客がボタンを押すと、モーターが仕掛けられたベルが手前から奥へと順に鳴るものだった。[6]「ベル」といっても、その音は風鈴のようなかすかな音色ではなく、かなり大音量で騒々しい音響である。具体美術協会の創始者の吉原治良は《ベル》について以下のように述べている。

> 1955年12月、京都市美術館[7]の一室にけたたましくベルの響きが鳴りわたった。我が国の美術史上、音響が展覧会に出品されたのは私の知る限り田中敦子のこの時の作品が最初である。(……)これは大変暴力的な作品であったともいえる。一歩その陳列室に入ったとたんに、人々の神経は変調をきたして他の作品の鑑賞どころではなかった。[8]

「大変暴力的な作品」、「人々の神経は変調をきたして他の鑑賞どころではなかった」という証言から明らかなように、ベルの音は相当騒がしかったことが窺える。作品を「観る」べき場所である展示空間においては、たとえ大きな展示物が置かれていても「他の作品の鑑賞どころではない」ほど邪魔だと感じることはまずないだろう。しかし、音となれば話は別だ。視覚的なモノによってではなく、聴覚的な音響によって場を一変させた田中の作品は、まさに型破りな「美術作品」だったといえる。

しかし、この「美術作品」は視覚的に訴える要素をほとんどもたない。加藤瑞穂は、数多くのカラフルな電球やネオン管からなる《電気服》と比較し、「スイッチ、ベル、コードといった、それ自体は何も手を加えられていない無彩色の工業製品から成り、その接続の仕方に作家の固有性が表

6 田中敦子による説明より。「意表をつく〝廿のベル〟お嬢さんの作品 ゲンビ展に無事入選」『朝日新聞』1955年11月24日、夕刊、大阪版

7 ここで言及されているのは第一回具体美術展の巡回展である。

8 芦屋市立美術館、財団法人芦屋市文化振興財団編『具体資料集――ドキュメント具体1954―1972』1993年、242頁

れているわけでもない」[9]とした上で、「視覚的に把握し難い、『作品然』としていない作品」[10]と評した。つまり、《ベル》は音響を作品の中心に据えるという点で、視覚を中心とした美術作品とは別の「作品」であった。後に田中の夫となる画家の金山明は、《ベル》について以下のように語る。

> 音響を主体に構成されたこの作品が、音楽とは全く違った造形的要素を示して、展覧会会場に持ち込まれた事を考えねばなりません。もっともそこには色彩も確定的なホルムもありませんし、観覧者が随時にスイッチを入れない限りは音響も出ない訳です。作者は只ベルを一列に並べて謙虚に己の感覚をうったえています。[11]

ここで注目したいのは、《ベル》が「音楽とは全く違った造形的要素を示して」いたという点だ。視覚に訴えかけない《ベル》における「造形的要素」とは一体何を指すのだろうか。先述の通り、この作品は一定間隔に並べられたベルが順次音響を発するというシステムからなる。それぞれのベルが出す音響は同じであるが、鳴る場所が異なるため、鑑賞者からの距離が近いものは大きく、遠いものは小さく聞こえてくる。この極めて単純な原理は、日常生活において自分と音の発生源の位置関係を把握し、まわりの空間を認識する機能と同じである。たとえば、視界に入らない後方からでも車が接近していることがわかるのは、耳が音の発生源と自分との距離を無意識に計測しているからだ。「色彩も確定的なホルムも」ないベルの音響は、発音場所の移動に伴い鑑賞者との位置関係を変化させることで、その空間の認識を可能にさせる。つまり、田中はベルの音響を美的聴取の対象としてではなく、「自分が現在存在する室内空間の広がりや奥行きについての認識を改めて鑑賞者に促す」[12]ための媒介物として機能させているのだ。金山が用いた「造形的」という表現は、物理的な造形物でも、音響によって構築される造形物でもなく、ベルの音響によって描き出される、視覚だけでは認識できない空間の聴覚的な造形を

9 加藤瑞穂「田中敦子の『絵』——《作品》(ベル)から透視する」『田中敦子——アート・オブ・コネクティング』バーミンガム::アイコンギャラリー、２０１２年、51頁

10 同上

11 金山明「ベル作品について」『田中敦子 未知の美の探求 １９５４—２０００』、田中敦子展実行委員会、芦屋市立美術博物館、静岡県立美術館、２００１年、１６３頁

12 南美幸『田中敦子 未知の美の探求 １９５４—２０００』、田中敦子展実行委員会、芦屋市立美術博物館、静岡県立美術館、２００１年、１５６頁

指しているのではないだろうか。このような音響による空間の顕在化は後のサウンド・アートで繰り返し試みられるテーマである。そのため、1955年において音響それ自体でも展示物それ自体でもなく、空間そのものを音響によって鑑賞者に意識させた《ベル》は、サウンド・アートに通じるプロト・サウンド・アートの最初期の作品と言えるだろう。

一方、1962年3月2日から16日まで東京都美術館でおこなわれた第14回読売アンデパンダン展で発表された刀根康尚の《テープレコーダー》[13]は、音楽家による展示作品の最初期の作品である。読売アンデパンダン展は、読売新聞社主催の作品の出品に審査が伴わないアンデパンダン形式の展覧会で、1949年から63年まで毎年東京都美術館で開催された。詩人で美術批評家の瀧口修造によると、第14回展は「もう絵画とか彫刻とかいった既成美術のジャンル別が異様に攪乱され、動揺しつつある」[14]状況であったという。刀根が出品した音を用いた作品も、従来の美術の枠組みを超える作品の一つとして位置づけられる。瀧口は「ついに美術館が音を発したのである」[15]という言葉でその驚きを表したが、《ベル》の前例はあるものの、62年当時において音を発する展示作品はかなり珍しいものとして捉えられていた。

では《テープレコーダー》はどのような作品だったのだろう。瀧口によると、それは「床の上に無造作にまるめられた白い布の中から絶え間なく音が出ている」[16]という作品であり、「彫刻」部門に出品されていた。美術家の田中が《ベル》において視覚的要素を排除したのに対し、音楽家である刀根が音の発生に無関係な「無造作にまるめられた白い布」を被せ、まるで彫刻のように見せたのはなぜだろうか。その理由は、刀根が美術展に彫刻として音を用いた作品を出すことに「おじけづいた」という経緯にあった。当初「オープンリールの機械を出品しようと考えていた」が、美術展のための作品を制作するという意識からテープレコーダーに色を塗ることを試みる。[17]結果的に

13 総合美術研究所編『日本アンデパンダン展 全記録 1949—1963』東京：総美社、1993年

14 瀧口修造「『作品』の危機と責任」『読売新聞』1962年3月16日、夕刊

15 同上

16 同上

17 Tone, Ysunao. 2007. *Noise Media Language*. New York: Errant Bodies Press. p.29

は、「彫刻作品」になってしまうと面白くないだろうという判断から、白い布のかばんにテープレコーダーを入れて無造作に丸めることになった。[18] 後に、刀根が「ある方法で音を提示することに決め、最終的にサウンド・インスタレーションを制作した[19]」と語っていることからも、視覚的な造形にではなく、音に主眼がおかれていたことは明らかだ。

白い物体の中では刀根が1961年に作曲した《弦楽器のためのアナグラム》を録音したテープが、30〜40分のループで流されていた。[20] この作品は複数の弦楽器のための曲で、すべてグリッサンド（2音間を滑るようにして音を出す奏法）で演奏される。複数の点が一面に散りばめられた楽譜には曲の始点と終点は示されておらず、提示部、展開部、再現部といった構造ももたない。特に展示作品としてループで流されていた場合、「1曲」という単位は無効化されることになる。作家自身からも、また鑑賞者であった瀧口からも「音楽」ではなく「音」という言葉が用いられていたことからもわかるように、《テープレコーダー》は「音楽」を用いながらも、断片的に聴かざるを得ない状況をつくることで、構築的な音楽の一部の「音」ではなく、「音」そのものを提示したのである。このような方法はコンサートとは異なり、明確な演奏時間が設定されていない空間を前提とした展示形態でしか実現し得ないものであり、音楽の文脈における初期のプロト・サウンド・アートとして考えられるだろう。

3 脱音楽化と環境への意識

非楽音を積極的に音楽の中に取りこんできた20世紀以降の現代音楽の文脈において、音楽に回収されない音そのものを生み出すことはかなりの困難が伴う。一体音楽家たちはどうして、そしてどのようにして、「音楽」をすり抜け、音の作品を生み出したのか。本節では、1950年以降の日本の現代音楽界における脱音楽化の過程を追うこ

18 日本美術オーラル・ヒストリー・アーカイブ／刀根康尚オーラル・ヒストリー http://www.oralarthistory.org/archives/tone_yasunao/interview_01.php［2014.11.07アクセス］

19 Tone, Ysunao. Ibid. p.70

20 Ibid. p.30

とで、音を用いるもののコンサートのような上演形態をとらない、プロト・サウンド・アートへの軌道を明らかにする。ミュージック・コンクレート、グループ・音楽、ジョン・ケージ、フルクサスという一連の流れの先にみえてきたのは、「芸術のための音楽」から「日常生活における音」への転換であった。

聞こえてくる音の先に音の発生源、つまり演奏者の姿を想定することなく、聞こえてくる音だけを聴く。このようなアクースマティックな聴取スタイルは、ミュージック・コンクレートから派生した。ミュージック・コンクレートは、事前に録音したテープを操作して音を組み合わせたもので、楽譜も演奏者も必要としない。日本では黛敏郎を中心に、1950年代初頭より実験工房のメンバーであった武満徹、湯浅譲二、佐藤慶次郎らが作品を残した。ミュージック・コンクレートにおいて、非楽音は楽音と等価に扱われる。人や動物の声、機械音、自然音などの日常的な音から楽器の音まで、「実際の音現象として既にこの世に存在した」[21]あらゆる音が対象となるからだ。しかし、非音楽的な音を使用しているからといって、ミュージック・コンクレート自体が非音楽的志向であるとは限らない。実際、作曲のプロセスをみるとわかるように、これらの音はテープに録音された後、リズム、音の高低、アクセント、テンポの変化などを与えられることで、作曲者の意図した通りに組み立てられる「素材」として用いられている。そのため、ミュージック・コンクレートは、新たな音素材、作曲方法、演奏家を介さないなどの非音楽的な要素を内包しているものの、従来の音楽の延長線上に位置づけられるものである。ただ、響きの背後にある音の発信源にではなく、「メディアを通して聞かれる響きの現前性」[22]に焦点をあて、聴こえてくる「音」そのものを集中的に聴くような聴取、そして「音そのもの」を音楽の対象とした「オブジェ・ソノール」という音の在り方は、その後のサウンド・アートに大きな影響を与えるものであった。

21 増井敬二「ミュジック・コンクレートの制作」『音楽芸術』東京：音楽之友社、第14巻、第4号、1954年、36頁

22 同上

ミュージック・コンクレートとはまた別のかたちで音楽の枠を越え出る試みをしていたのが、東京藝術大学楽理科の学生だった小杉武久、水野修孝、塩見允枝子らと刀根康尚で構成されたグループ・音楽である。１９６１年9月15日には草月会館ホールで第1回目の公演「即興音楽と音響オブジェのコンサート」を開催し、メンバーの作品発表と即興演奏がなされた。

彼らが最終的に音響を決定できない即興という手段を用いたのは、それ以前の現代音楽における技法中心の価値観への反発という意味も含まれていた。秋山邦晴によると１９６０年以前の日本の現代音楽界では、用いられる作曲技法に基づいて新しい音楽か、保守的な音楽か、実験的な音楽かといった分類がなされていた。[23] つまり、思想的な背景ではなく譜面上の形式に重きが置かれていたのだ。刀根は、公演プログラムに記載された「反音楽の方へ」という文章の中で以下のように述べる。

ミユジックコンクレートもチャンスオペレーションの音楽もそれが技法として取り入れられるのであったなら、それは従来の音楽と何ら変わるところはない。いわゆる日本の前衛音楽が技法として西洋の新しい動向をとりいれたにすぎないという反省の上にわれわれの出発があるのである。[24]

ここから、グループ・音楽が従来の作曲や技法中心の音楽観から距離をおき、反音楽的な新しい音芸術の創造を目指していたことが窺える。

そして、脱音楽化の過程を語る上で欠かせないのがジョン・ケージである。ケージが提起した様々な問題のなかでも、作品内の音と作品外の音を別物として区別するのではなく、環境を作品の一部とする態度は、一方でフルクサスにおいて試みられた芸術を無化する方向へ、もう一方で音を「音楽」から解放し、「聴く」ことをもとに音楽を成

23 秋山邦晴の発言「座談会 ジョン・ケージ ショック」『音楽芸術』東京：音楽之友社、第27巻、第12号、１９６９年、26頁

24 刀根康尚「反音楽の方へ」『グループ音楽1』１９６１年9月15日のコンサートプログラムより。

立させることで、サウンド・アートへと繋がる重要な契機となった。

ケージは、１９４０年代以降プリペアド・ピアノや偶然性／不確定性の音楽など、それまでの音楽の在り方を一新するような試みを続けてきた。このような音楽のシステム上の変化もさることながら、作品そのものの位置づけを決定的に変えてしまったのが《4分33秒》（1952）である。これまでに幾度となく言及されてきたケージの代名詞とも言えるこの「曲」では、演奏者は楽器を目の前にしながら一切その音を発さない。この作品は、4分33秒間の作品の枠の中で会場の内外から発せられる音を観客自身が主体的に聴くことで成立する。つまり、この作品はまわりの環境を《4分33秒》の枠に取り込むことによって、作品を環境から分断するのではなく、一続きのものとして捉えることを可能にするのである。

非音楽的な音素材を加工し、音楽化するミュージック・コンクレートとは異なり、《4分33秒》は楽譜上の沈黙によって、環境音そのものを作品に組み込むことを可能にする。しかし、この環境音はケージが作品内に「沈黙」を設けたからこそ聴衆によって聴かれる対象となったのであり、もし作品としての枠がなければ、意識に上ることはないものである。ケージはまわりの環境音を取り込まざるをえないようなシステムを用いつつも「音楽作品」としての枠を維持することで、そこで聞かれる非音楽的で意図的な「ただの音」を音楽という文化実践の内側に留める。[25]そのため、聴くことで音楽を立ち上がらせ、サウンド・アートへと繋がる可能性を提起した一方で、ケージ自身は「音楽」という枠から出ることはなかったのである。

その後、ケージの思想をさらに深化させ、日常生活の環境そのものの芸術化へと向かっていったのがフルクサスだった。フルクサスは、１９６０年代初頭に世界的に展開した芸術運動、またはグループである。[26]何よりも特徴的なのはその表現スタイルだ。フルクサスによる作品は、テキスト

25　中川克志「聴くこととしての音楽――ジョン・ケージ以降のアメリカ実験音楽研究」博士論文、京都大学、２００７年、１０４頁

26　メンバーは、ジョージ・マチューナスを中心に、ディック・ヒギンズ、ナム・ジュン・パイクらに加え、日本からも塩見允枝子、刀根康尚らが参加した。

で書かれたスコアをもとに、パフォーマンスとして発表されることが多い。楽譜では、多くの場合、日常的かつ一見して非芸術的な行為が指示される。この背景には、「日常生活の環境もろもろを芸術化することによって芸術の活性化をはかり、芸術を生活の中に解消させようとする」[27]フルクサスの目標があった。ケージが「音楽」の枠組みを維持したのに対し、フルクサスは芸術を生活の中に解消させることで、芸術と生活を等価のものとし、最終的には芸術の無化を試みたのである。

ここまで、音楽の文脈における脱音楽化の流れを追ってきた。これは、音楽において重要視される「音楽としての音響」とその陰に隠れていた「音響の生成行為」という主従関係を問題視し、音を生み出す行為に重きを置くことで、行為と音の関係を再構築していく過程だったと言えるだろう。あらかじめ固定された音響を演奏行為によって再現前させるのではなく、行為を先行させて、生々しい「音そのもの」を導くことを可能にしたのだ。

4　生活の音への意識

しかし、日常的な行為と結びついた「音そのもの」は、展示形態をとるプロト・サウンド・アートにそのままつながる訳ではない。両者を結びつけるのは、1960年代中頃から提唱され始めた「音のデザイン」や「音響デザイン」という考え方である。これは、音楽をはじめとした芸術の枠組みの中だけではなく、日常の生活にまで拡げて「音」を考えようというものだ。このような考えが生じた理由は、大きくわけて二つある。

一つは、音楽における日常性への着目だ。非楽音が音楽作品に積極的に取り入れられることで、身の回りの日常的な音に目が向けられるようになった。もう一つは、日常生活における騒音問題の深刻化である。秋山邦晴は1965年に発表した論文「生活空間と音楽 あるいはデザインする音楽序論」で、「都会の騒音やマスコミのおしだす

27　刀根康尚「芸術の環境化とは何か——アンディ・ワーホールが開示した領域」『デザイン批評』東京：風土社、8号、1969年、26頁

ごみ屑によって、われわれの生活空間が恐ろしい不快指数にたっしていることは、だれでもが感じている」[28]という記述をしているが、この当時の都市部の騒音は社会問題となるほど深刻なものであった。総務省が発表した１９６８年度から２０１１年度までの典型７公害の種類別苦情件数の推移を確認すると、68年から96年まで最も多いのが騒音への苦情である。とりわけ68年から72年の間には１２０００件から倍以上の３００００件近くまでに達しており、高度経済成長期の日本において騒音は無視できない問題となっていたことが見て取れる。[29] このように、音楽家による「芸術」の外としての環境への意識と、日常生活における環境への意識という二つの位相が重なり合うことにより、生活空間における音へと意識が向けられた。そして、音楽家による騒音で溢れた日常生活を変えるための試みが、「音のデザイン」だったのだ。

この「音のデザイン」の提唱にかかわり、最も積極的に取り組んでいたのが一柳慧だ。作曲家として日本の前衛音楽を牽引してきた一柳にとって、騒音のような日常生活における音の問題と向かい合う「音のデザイン」という概念は大きな意義をもつものであり、今日の音楽を考える上で欠かせない仕事であった。では「音のデザイン」とはどのようなものだったのか、以下に四つの理念をみる。[30]

一 音楽をコンサートホールのような閉ざされた場所から解放し、公共的な場所へ進出させること。街中で流れる音楽などは「音楽のデザイン化」であって、音楽の種類や内容がＢＧＭ的なものから一歩もでていない。

二 職業音楽家から音楽を解放すること。その結果、作家、演奏家、聴衆と三つの立場に分けへだてされている音楽に変わって三者がもっと密接なかたちで交流したり、結びついたりできる音楽の誕生が可能になる。

三 新しい技術を導入すること。科学技術のめざましい進歩に伴い、既知な音の再発見とともに未知な音の発見が創作の刺激になっ

28 秋山邦晴「生活空間と音楽 あるいはデザインする音楽序論」『ＳＤ』東京：鹿島出版会、no.7、１９６５年、40頁

29 総務省公害等調整委員会「平成23年度公害苦情調査—結果報告の要旨—」http://www.soumu.go.jp/main_content/000189055.pdf [2014.11.27 アクセス]

30 一柳慧「現代人は音に囲まれて生活している」『音楽の友』東京：音楽之友社、第24巻、第8号、１９６６年、１１５頁

たり、また直接創作のモメントになったりするようになってきている。

四　他のジャンルとの共同の仕事をすること。
今日のような複雑な時代にあって視覚と聴覚を単純に区別したり、また時間と空間を分離して考えることは難しくなってきている。

つまり、ＢＧＭではなく、公共的な場所で、職業音楽家によらない、新しい技術を導入した、他ジャンルとの共同作業によるもの、これこそが一柳の「音のデザイン」であった。その一例として、１９６４年頃、香川県の船隠にあるホテルの庭に音と石のオブジェを制作している。これは石彫作家の空充秋による彫刻にスピーカーを設置し、一柳のステレオテープ作品を流すというものだったようだ[31]。「琵琶や波の音を変調して作られた」音源は《船隠》というタイトルで発表されている[32]。しかし、一柳の意図は独立した音楽作品として成立させることではなかったであろう。音源に設けられた多くの沈黙は、自然の音やまわりの風景と混じり合うことを前提として作られたことを物語っている。

その後、音のデザインは時代を経るごとに作曲活動と密接に結びつきながら展開し、１９７２年の日本ではじめてのプロト・サウンド・アートの展覧会「サウンド・デザイン――音のある生活空間」展へと結びついていくことになる。

5　プロト・サウンド・アートの展覧会

ここからは72年から76年までにおこなわれた三つのプロト・サウンド・アートの展覧会の詳細をみていく。

一柳慧「サウンド・デザイン――音のある生活空間」展

はじめに取り上げるのは、一柳慧「サウンド・

31　同上
32　一柳慧《船隠》ライナーノーツより、OMEGA POINT による執筆、２０１３年８月デザイン――音のある生活空間」展だ。この展覧会は、東京銀座のソニー・ビル四階のゼロックス・ナレッジ・インで、１９７２年2月17日から4月30日まで開かれた。一柳の企画・構成で、粟津潔（会場構成）、山本寛斎（ファッションデザイン）、宮井陸郎（照明）らもかかわった[33]。この展覧会は「コンサート会場をとびだして、ビルの展示会場に、さまざまな音響物体をならべた[34]」ものだったという。では実際にはどのようなものだったのか、一柳本人の証言に加え、当時の雑誌や新聞に掲載された作品についての記述から明らかにしていこう。

まず会場構成について確認する。観客はまず暗いトンネルに通される。中にはところどころに音の鳴るオブジェが置かれ、そこだけ照明が当てられている。そして、トンネルを抜けると全体が見渡せる明るい部屋にたどり着く、というようなものだった。暗闇のなかで全体像が曖昧なままオブジェと音を「体験」させるところから始めることで、好奇心を誘うように仕組まれていた。以下は、会場風景および作品の写真である。

図１《サウンド・スツール》[35]

33 サウンド・デザイン――音のある生活空間展、案内状、１９７４年、富士ゼロックス

34 同上

35 朝日新聞社編「奇妙な形の楽器『音のある生活空間』展から」『科学朝日』東京：朝日新聞社、第32巻、第5号、１９７２年

図2《未詳》音の出る大きなテーブル[36]

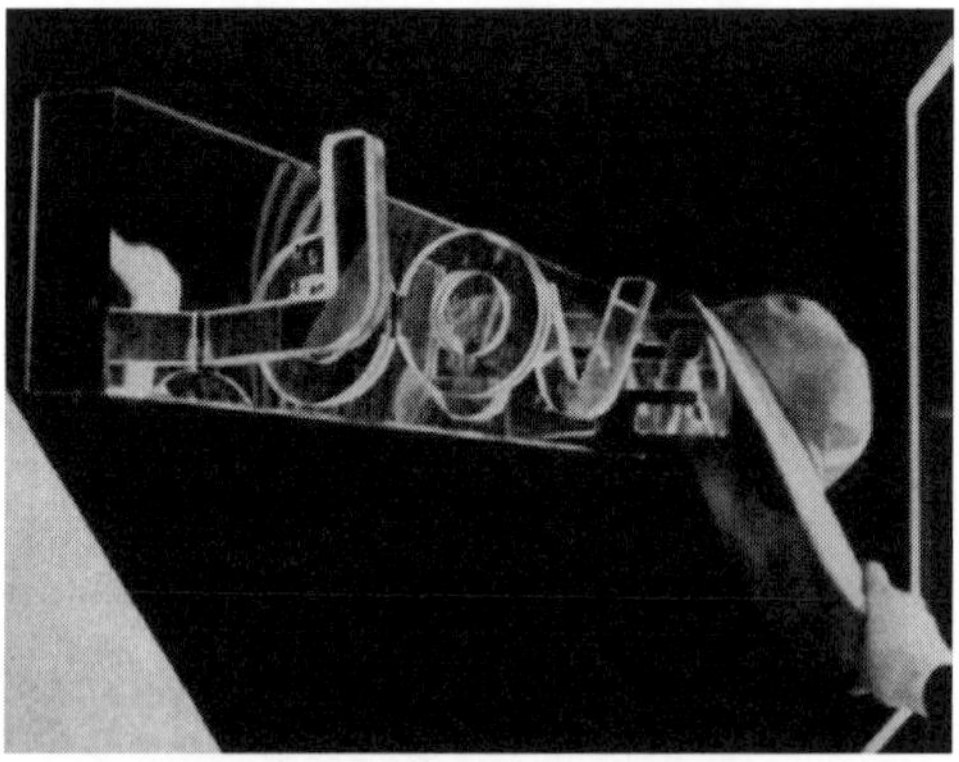

図3《ラブ・サウンド・ハンガー》[37]

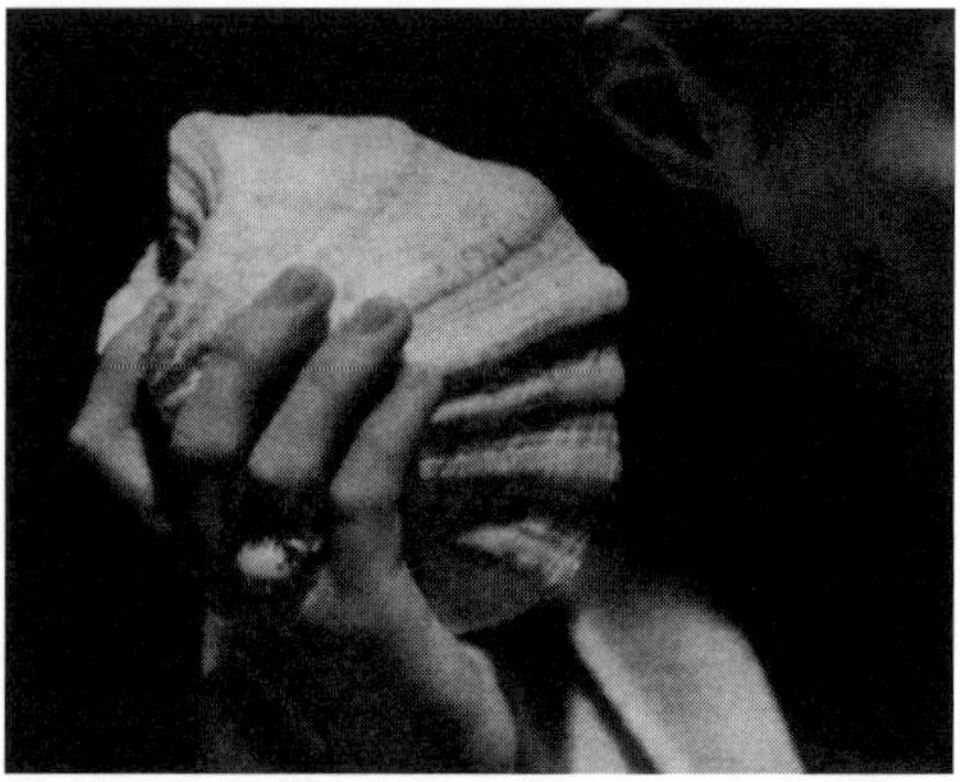

図4《未詳》音のなる貝殻[38]

会場の様子について、『科学朝日』には以下のように記載されている。

狭い会場には、モビールやオブジェのようなものにまじってイスやテーブルが、いっぱいにならべられている。ただし、いずれも普通の装飾品や家具ではない。人が近づいたり、触れたりすると、キュキュキュキュ、カナカナカナカナ、プープープープーといった電子音が流れ出る仕掛けになっている。[39]

写真や記述から、会場には大小さまざまな音の出るオブジェが展示されていたことがわかる。

次に、現段階でタイトルと内容が明らかになっているものを紹介する。

《サウンド・スツール》[40]（図1）

腰かけるとせみの鳴き声のような響きがする

36 同上
37 同上
38 同上
39 同上
40 著者不明、「点描 幻想的な〝音の空間〟」『朝日新聞』、1972年2月25日、東京版、夕刊、5面

《ラブ・サウンド・ハンガー》[41]（図3）
LOVEを型どった物かけ。帽子などをかけると、ピーピーピーという断続音が流れる

《サウンド・パイプ》[42]
硬貨を投入れると、細いパイプにあたりながら落ちて、微妙な音色が響き、静寂に戻る。[43]

《サウンド・ペット》[44]
簡単な球体で、上にボタンがついており、その両横に電気的な接点が四つでている。ボタンを押すと、一定のピッチでピヨピヨ……と鳴る。ボタンを押している間は鳴っており、接点に指を触れると、音階が上下する。

上記に加え、「近づくと音のする大きな丸いテーブル」（図2）、「前衛風電話ボックスのような円筒の中に、人がはいると、床にしかけられたアンテナが感じてスイッチがはいり、ピーという音が出る」[45]ものや、《サウンド・パンツ》、《サウンド・ペンダント》など、ファッションに音が組み込まれた作品も展示されていた。[46]

　ここから導きだせる特徴として、（一）どの作品にも「電子音」が使われていたこと、（二）テーブルやスツールなどの日常的に使用するオブジェと、そうではないものがあったこと、そして（三）何らかの非音楽的アクションを起こさせるインタラクティブなものだったこと、の三つが挙げられる。

　そもそも、なぜこのような音のでるオブジェを展示するに至ったのか。以下に、案内状の一柳の文章を引用する。

> 　現代人は「音」を失っています。現在われわれがもっている音の世界とは、一方はカオス的な情況のまま放置されている音（騒音）であり、もう一方は音の問題とかかわりをもたない様式化された音（音楽）の二つだけです。そこにはなにか大きなものが欠けておちています。

41 朝日新聞社編「奇妙な形の楽器『音のある生活空間』展から」、前掲書、96頁

42 「カメラの目——サウンド・デザイン」『音楽現代』東京：芸術現代社、第2巻、第2号、1972年、3頁

43 朝日新聞社編「奇妙な形の楽器『音のある生活空間』展から」前掲書、93頁

44 谷川俊太郎「音楽・言葉・共同体」『音楽の根源にあるもの』東京：平凡社、1994年、342頁　小泉文夫との対談。小さなオブジェは販売もされていたという。

45 秋山邦晴「日本の作曲家たち——9 一柳慧」、前掲書、218頁

46 サウンド・デザイン——音のある生活空間展、案内状、1974年、富士ゼロックス

かつて日本人はさまざまな音を聴き、発見し、つくり出すことに深い関心をもった民族でした。音は日本人の生活にしっかりと根をおろした存在でした。現代ではこのような日常生活における音の体験は、まったく失われています。
「サウンド・デザイン――音のある生活空間」は、現代にどのような音が必要とされているのか、という質問に対する一つの解答です。個人が現代の日常生活の中で聴き出し、発見し、つくりだすことによって新しい「音心」を芽生えさせることができるような音の世界を提示いたします。[47]

ここで述べられている通り、展覧会の目的は、64年頃から取り組みを始めた音のデザインの概念を提示し、[48]「音楽にしか音の価値を見出せないでいる現代の日本人に、もう一度『音心』を呼びもどそう」[49]という点にあった。先で言及した通り、音のデザインは騒音が社会問題化している日常生活における音をテーマにし、「公共的な場所で、職業音楽家によらない、新しい技術を導入した、他のジャンルとの共同作業」を理念にしていた。展覧会と照らし合わせると、企業ビルのショールームという一般向けの場で、センサーや電子音などの新しい技術を用いた、オブジェを兼ねた作品であったことは、どれも音のデザインの理念に合致する。つまり、この展覧会は、一柳の考える音のデザインを具現化し、多くの人々に体験させるための試みだったのだ。

　では、サウンド・デザインの理念に基づいて展示された作品はどのように文脈づけられるだろうか。立体のオブジェクトが鑑賞者からのアクションで電子音を鳴らす作品は、音を要素として含む視覚芸術に近い。しかし、一柳の作品を視覚芸術と言い切ってしまうことはできない。確かに、ここで発表された作品はオブジェとして展示されている。だが、決して視覚に重きをおいたものでも、芸術として提示されたわけでもなかったはずだ。先述の通り、一柳にとって音のデザインは生活における音を考えるための活動であり、展覧会で

47 同上

48 一柳慧「『ポスト・グラフィック・スコア』への試み」『美術手帖』東京：美術出版社、第25巻、第2号、1973年、2頁

49 朝日新聞社編「奇妙な形の楽器『音のある生活空間』展から」、前掲書、94頁

「音の出る視覚芸術」として鑑賞されることは意図になかった。翻って、一柳は展示形態だからこそ可能になる音の用い方を目指していた。時間概念と音量の幅の拡張である。演奏者ではなく機械によることで、音の長さやヴォリュームの極端な変化を可能にする。これはサウンド・アートの特徴とも共通しており、たとえば、10年以上にわたってニューヨークのタイムズ・スクウェアで音を鳴らし続けたマックス・ニューハウスの《タイムズ・スクウェア》[50](1977-92)などがある。このように、「サウンド・デザイン──音のある生活空間」展は、「芸術作品」の展示を目指していなかった一方で、後のサウンド・アートと通ずる、最初期のプロト・サウンド・アートの展覧会であった。

佐藤慶次郎「ザ・ジョイ・オブ・バイブレーション」展

「サウンド・デザイン──音のある生活空間」展の開催から2年後、1974年3月22日から4月2日まで東京の南画廊で開かれたのが、佐藤慶次郎の「ザ・ジョイ・オブ・バイブレーション」展だ。この展覧会では25作品ほどの動くオブジェクトが展示された。一見すると音や音楽とは無関係の「造形作品」に見えるこれらはサウンド・アートとどのように関係してくるのだろうか。

佐藤慶次郎は1927年生まれの作曲家である。1950年代には実験工房として活動し、毎日音楽コンクール入賞の《ピアノと管弦楽のためのレントとアレグロ》(1954)などを制作した。作品は余分な音を取り除いた極めてシステマティックなものだったが、発想と方法論の乖離に悩んでいたという。なぜなら、佐藤が理想とした音の世界は、作曲として具現化する必要のあるものではなく、「どこにでも現に存在していること」[51]であったからだ。ケージによって気づかされたという「音を『ただ聴く』というところに開かれる世界」[52]こそ、佐藤の求めたものだった。

佐藤は、作曲からエレクトロニクスに活動の場を移した後、多チャンネル音響の可能性や空間的

50 Neuhause, Max. *Times Square.* http://www.max-neuhaus.info/images/TimesSquare.gif [Accessed March 3, 2016]

51 佐藤慶次郎「everything is expressive」『電電建築』東京：通信建築研究所、第13巻、74号、1975年、30頁、谷川俊太郎との対談

52 同上

音像移動のためのシステムなど「音それ自身の世界の可能性[53]」を追求する。その中で生じた、壊れたスピーカーとイヤフォンのマグネットによる磁力への興味が、佐藤を動く磁性のオブジェの制作へと導いた。この展覧会は、「音を『ただ聴く』というところに開かれる世界」と、これらのオブジェとが重なり合ったところで実現したものであった。

展覧会で発表された作品は、基本的にはすべて同じ磁性の原理からなる。たとえば、佐藤が最初に作ったオブジェ作品とされる《オテダマ》は、円筒形の土台を取り囲む16本のアクリル棒にマグネットリングの素子が通されたものだ。このマグネットリングは、交流磁場に近づいたり遠ざかったりする運動を反復する。また、リング状の紙と四つのリング状の素子がマッシュルーム型に加工された2本の軸に配され、素早く動きながらくっついたり離れたりを繰り返す《尺トリムシ》など、基本的な構造は同じだが、磁場の強さや、素子が通される材質、そしてその形を螺旋、花びら、波形などに変えることで様々な動きのヴァリエーションを生み出す。それにより、単純な原理に基づいた素子の動きが、まるで実際に生きている小動物が走り回っているかのように見えてくるのである。

一見すると佐藤の作品は音と無関係の「造形作品」にも思える。しかし、磁性で動く素子や軸の振動に着目したとき、音も重要な作品の構成要素

図5 佐藤慶次郎《オテダマ》[54]

53 佐藤慶次郎「永遠に未知な力 佐藤慶次郎×谷川俊太郎」『コレなんだ？ 佐藤慶次郎のつくった不思議なモノたち』第14回共同巡回展実行委員会、2013年、68頁

54 『コレなんだ？佐藤慶次郎のつくった不思議なモノたち』展覧会カタログ 第14回協同巡回展実行委員会、2013年

として浮かび上がってくる。というのも、振動はまわりの空気を振動させ、必然的に音を生み出すからだ。磁性を用いた作品においては、軸の形や素材によって音色が変わり、リング状の素子の大きさやスピードによってリズムが変わってくる。たとえば《オテダマ》は、軸がプラスチックのため乾いた音質で、かつ十六本の軸に設置された素子が異なるタイミングで往復運動を繰り返すため、途切れることなく降り続ける小雨のような音が聴こえてくる。

　佐藤と同じく振動による音に着目した作品に、アルヴィン・ルシエの《長く細いワイヤー上の音楽》（1977）がある。広い部屋に取り付けられた約24メートルのワイヤーが可聴周波発振器によって振動しており、スピーカーから増幅された振動音が聴こえてくる作品だ[55]。音を「物体の振動から起こる波動」として捉えるルシエの態度は佐藤との類似点が見出せるが、音の扱い方は異なる。なぜなら、ルシエは1本の弦の振動から生み出される音をスピーカーによって増幅し、「音楽」として聞かせることを意図しているからだ。一方、佐藤は振動から生まれる音を増幅することなくそのまま提示している。ここからは、物理的な現象から音だけを取り上げたり、それを「音楽」として提示しようとしたりする意図は読み取れないだろう。

　実のところ、佐藤の作品は造形作品でも音の作品でもなかった。メディア・アーティストの山口勝弘、美術評論家の針生一郎、一柳慧はそれぞれ以下のように作品の位置づけについて述べている。

> 彼がこれらの作品を人に見せることになって、もっとも悩んだのは、造形作品の一種属として受け取られたり、テクノロジカル・アートの一変種として見られたりすることだった。特に、画廊という空間の場合——こういう先入見を与えがちであるから[56]。

> この作曲家は徹底的にシステマティックな方法で、音を生の状態の記号としたり、環境をディ

55　Lucier, Alvin and Simon, Douglas. 2012. *Chambers: Scores by Alvin Lucier*. New York: Wesleyan University Press. pp.159-170

56　山口勝弘「展覧会によせて」『The Joy of Vibration』展覧会図録、東京：南画廊、１９７４年

スプレイしながら、結局なまの現実のただなかにユートピア的な世界をうかび上がらせてきたが、この個展も音楽家の余技とか、テクノロジカル・アートへの接近などを意味するものではない。[57]

音楽家佐藤慶次郎が画廊で個展をするということを訝かる人も居るだろう。だが佐藤の姿勢は、音楽家の美術家への転身や、音楽家の美術趣味や、また仕事の拡張とも異なる。なぜなら佐藤慶次郎は今や音楽家や美術家である以上に、エレクトロニック・アーティストなのであり、その点彼にとって音楽と美術は、古典的な尺度における見方とは異なった視点で、同一のものとしてアプローチしうるからである。[58]

注目すべきは佐藤の作品がテクノロジカル（エレクトロニック）・アートかどうかではなく、美術や音楽と作品との位置関係にある。美術でも音楽でもないという指摘は、視覚芸術、聴覚芸術という様な感覚領域の区分を越えたところに作品があるからだ。佐藤の作品で提示される「現象そのもの」は、視覚ないしは聴覚に特化する表現ではなく、特別な手を加えない、表現をしないことによる表現である。それは、ケージが《4分33秒》で自身の意図が及ばないもの＝環境を、「4分33秒」という時間と、そして演奏者がピアノを開け閉めするという行為によって作品化したように、佐藤も現象そのものを提示する枠組みだけを作る。そして、これらの作業は佐藤にとって必ずしも芸術作品を前提としたものではなかった。以下は、展覧会のパンフレットの佐藤の文章である。

興ノオモムクマヽニ作ラレタコレラノオブジェ達。ソノ造形上ノ良シ悪シ、新シイカ古イカ、ソシテソレラガ芸術作品ニ属スルヤ否ヤ、玩具、室内アクセサリーノ類ニ属スルヤ否ヤ等々ノコトハ、私ノ興味ノカカワルトコロデハナイ。タヾコレラノオブジェニオケル素子ノ運動ヲ得ヨートシテ形作ラレタ姿ノマヽデ、ソレラノ各々ガ

57 針生一郎「美術展評 システムと表現」『芸術生活』東京：芸術生活社、第27巻、第5号、１９７４年、１５５頁

58 一柳慧「エレクトロニック・アーティストの誕生を祝す」『佐藤慶次郎 THE JOY OF VIBRATION』（展覧会パンフレット）、東京：南画廊、１９７４年

愛スベキモノニ感ジラレルノデ、他ノ人達ニモ見テモライタイトイウダケノコトデアル。[59]

現実に起っている「現象そのもの」の提示を表現の目的とする佐藤は、それがどのような名称で呼ばれ、文脈づけられようとも意に介さなかった。それは、視覚的側面、聴覚的側面、素子を作り出すシステムのどれに着目しようとも、現象の一部分を切り取ることに他ならないということを知っていたからであろう。佐藤の作品は、音を発信源から切り離し何かの表象として提示するのではなく、音を生み出す原理そのものをみせることで「音そのもの」の聴取を可能にした。このように、音そのものに意識をむけることで、音の物理的な側面を顕在化させる作品は、サウンド・アートに多数みられる。この点で、「ザ・ジョイ・オブ・バイブレーション」展で展示された作品は、サウンド・アートと共通の特徴をもつプロト・サウンド・アートとみなすことができるだろう。

鈴木昭男「音のオブジェと音具展」

最後に、鈴木昭男による展覧会「音のオブジェと音具展」をみる。「ザ・ジョイ・オブ・バイブレーション」展から2年後の１９７６年1月19日から28日にかけて南画廊で開かれた。鑑賞者が自由に触ることの出来る音を用いたオブジェや音具の展示と、作品を用いたパフォーマンスが行われた。鈴木の初個展であり、これ以降に展開される「コンセプチュアル・サウンド・ワーク」の契機となったこの展覧会は、作曲とも演奏とも異なる「聴くこと」に重きを置いたものであった。１９４１年生まれの鈴木昭男は、１９６０年代から世界中で活動しておりサウンド・アートの先駆者とみなされることもある。[60] 展覧会の詳細をみる前に、それ以前の活動や思想的背景について触れておきたい。

鈴木の原点は、１９６３年におこなった、駅のプラットフォームの階段の上からガラクタが入ったバケツを下に向かって投げ放つというイヴェン

59 佐藤慶次郎「モノミナヒカル EVERYTHING IS EXPRESSIVE——ジョン・ケージ」『佐藤慶次郎 THE JOY OF VIBRATION』(展覧会パンフレット)、東京：南画廊、１９７４年

60 たとえば、サウンドアーティストのパウル・パンハウゼンは、鈴木昭男を「サウンド・アートの先駆者である」とする。パウル・パンハウゼン「はじめに」『サウンド・スフィア 鈴木昭男』Eindhoven: Het Apollohuis, 1990

トである。そこから得たのは「〈なげかけ〉から〈たどり〉」というコンセプトであった。[61]

「なげかけ」とは、谷あいで山に向かって「ヤッホー」と叫ぶ時、それに至る観念的な集中を含めてこれを「なげかけ」とすると、かえってくるこだまや、その余韻を聴きとどけること、またその行為の持続を「たどり」と称することができる。[62]

鈴木は、音を、聴くことも含めた双方向的な一続きの動作として捉えている。このイヴェントを始める以前から「聴く」ことを重要視するケージにシンパシーを感じていたように、[63]鈴木にとって「音を聴く」という行為は音を発すること以上に重要な要素であった。その後、自修イヴェントを開始し、自然の中で「〈なげかけ〉から〈たどり〉」を十年間に渡って試すことで、「エコーを聴く」というアイデアが生まれる。[64] そして、このアイデアを基にしてつくられたのが《アナラポス》、《メタル・バイブレーション》、《ハウリング・オブジェ》という三つの異なる発音原理をもつ音具だった。[65]

「エコーを聴く」というアイデアから制作された作品の共通点は、共鳴を作り出すことにある。たとえば、「室びこ[67]（エコーインストルメンツ）」という別称をもつ金属製筒の間に通されたバネを通してフィード・バック・エコーのように筒の間を音が行き来する《アナポラス》や、マイクロフォンとFM受信機の間にハウリングを起こさせ円筒の中にマイクを出し入れすることでフィードバックを円筒の共振に持ち込む《ハウリング・オブジェ》[68]など、どれも共鳴を作り出す装置として機能している。しかし、鈴木の目的は音を響かせることではなく、その響きを聞くことにあった。小杉武久は鈴木の態度を以下のように説明する。

「(音を) 出しつつ聞く……もう一ぺん聞いてみる…… (そして) 聞いてたどる」とS氏はいう。オブジェ音の風流の楽しみ方、それはただ単純に音具にふれたり、声を入れたりする気楽

61 中川真「耳に生きる—『聴く』ことからの逃走／鈴木昭男論」『サウンド・アートのトポス アートマネジメントの記録から』京都：昭和堂、2007年、106頁

62 鈴木昭男「聴く側にまわる」『現代詩手帖』東京：思潮社、第28巻、第5号、1985年、230頁

63 ザ・フェニックスホール「鈴木昭男さん インタビュー」2007年3月16日掲載 http://phoenixhall.jp/interview/2007/03/16/631/ [2014.12.03アクセス]

64 中川、前掲書、108-109頁

65 松平頼暁「音のオブジェと音具展 鈴木昭男の世界」『音楽芸術』東京：音楽之友社、第34巻、第3号、1976年、80頁

66 小杉武久「惑星の廻る速さは幻

な遊びでよいだろう。ただ触れ方も色々あるし発生する音はその物性と空間性（置き方）の不確定な部分との関係で形がいつも変わるのだから、手が行うところより耳が行うところの「演奏」＝「まず聞くこと」が先行する。そして「音を出す」ことが「音をたどる」ということになってくる。[69]

小杉が指摘するのは、空間とオブジェの関係によって変化する響きを聞き、音を出していくような在り方だ。鈴木は、「なげかけ」ではなく「たどり」に重きを置き、常に変わり続ける音と空間の関係に耳を傾ける。これは、自分の聴きたい音を固定し、再現を可能にする「作曲」とは異なる方法で実現されるものである。

常に新しい聴き方を求めていた鈴木は、音具の展示という方法をとった。しかしこれらは音響彫刻ではない。「音器オブジェを発想したり、あまり仕掛けにこだわって行くと音響彫刻家になってしまうから、そこからも離れて行く」[70]という発言

図6　鈴木昭男《アナポラス》展示、演奏風景[66]

像の声となって　鈴木昭男の〈音のオブジェと音具展〉」『みずゑ』東京：美術出版社、第853号、1976年

67　鈴木昭男「インタビュー　鈴木昭男」川崎弘二編『日本の電子音楽 増補改訂版』東京：愛育社、2009年、583頁

68　小杉武久、前掲書、103頁

69　同上

70　鈴木昭男「インタビュー　鈴木昭男」前掲書、584頁

にあるように、鈴木は音響彫刻を音や聴き方を固定するものとして捉えているからだ。では、音を視覚化した造形作品でも、新しい音を出す楽器でも、自動的に音を発する音響彫刻でもない鈴木の作品は一体何なのか。「聴くこと」を重視し、空間との関係で音を捉えるという点は、サウンド・アートと類似する。しかし、鑑賞者が自由に触り、「なげかけ」と「たどり」を行うことで新しい音や聴き方を発見できるこれらのオブジェは単なる道具にすぎない。オブジェを造形物として鑑賞するのではなく、音の発信源である音具と空間との相互関係を聴くことを通して「体験」することと、これが鈴木の提示する作品なのだ。

ここでみられる聴くことの重要性は、二つの方向性を持つ。一つは一柳の「音のデザイン」の文脈だ。実はこの展覧会を企画したのは他でもない一柳であった。展覧会パンフレットに寄せられた一柳のコメントは、音の環境が問題化する現代においては音を聴くことがその解決の糸口であり、鈴木の作品を人々に音を聴くことの意味を思い出させるものとして位置づけている。[71] これは一柳が提唱する音のデザインの概念と一致する。もう一方で、画廊という閉鎖空間でしか実現され得ない「作品」としての可能性も見出せる。実際、鈴木の問題意識や手法は、展示のみならずパフォーマンスというかたちでもサウンド・アートへと繋がっていく。このように、「音のオブジェと音具展」はプロト・サウンド・アートの文脈も引き継ぎながら、サウンド・アートとの共通点も持つ。この点で、この展覧会はプロト・サウンド・アートとサウンド・アートの分水嶺だと言えるだろう。

6 サウンド・アートとプロト・サウンド・アート

ここで、先でみた展覧会に共通する点を確認することで、プロト・サウンド・アートとは何かを四つの観点から改めて考えてみたい。

一つ目は、展示スペースや画廊において展示さ

71 一柳慧『音のオブジェと音具展・鈴木昭男の世界』展覧会パンフレット、東京：南画廊、1976年

れながら「芸術作品」を志向しないという態度だ。多くのサウンド・アートが美術展や画廊といった「芸術作品」を前提とした場にふさわしい形で発表されるのに反し、プロト・サウンド・アートは、むしろその枠に収まることへの批判から生まれたものだった。日常から隔離された音の芸術ではなく、人々が自主的に観察し、ふれ合い、発見する音や聴くことが重要視された。これは特定の場所や作品だけに適応されるものではなく、日常生活においても音への意識を向けることを潜在的に促すものだった。つまり、プロト・サウンド・アートは必ずしも芸術作品を志向しない表現であると言える。

二つ目は鑑賞者の積極的なかかわりである。一柳と鈴木の作品は、観客が近づいたり直接触ったりすることで音が鳴る仕組みであり、必然的に鑑賞者の参加を必要とする。作品と鑑賞者の関係を動的にすることで一方的に「作品」として提示するのではなく、鑑賞者自身が見方や聴き方を発見したり、各々の視点で捉えたりする「体験」を可能にする。実際、三者の作品は玩具や遊戯的なものとして捉えられることもあった。

三つ目は音を聴くことの重要性だ。特に一柳と鈴木にとって作品を構成する上での重要な要素であった。しかし両者にとっての聴取は少し異なる。一柳は芸術という枠組みではなく、現実の社会まで拡げて音を考えていく音のデザインを基盤としている。そのため、作品の展示という形態をとりながら幅広い層への問題提起を目的としていた。一方の鈴木は、画廊という閉鎖的な空間を利用した音具との共鳴を作り出しており、必ずしも日常生活における音と結びつくとは言えない。つまり、聴くことを重要視しているという点では同じだが方向性が異なるのだ。また、佐藤は音だけに焦点を合わせるのではなく、目の前の出来事をありのままに受け取ることを促す。聴くことと視ることが同義となる作品においては、一柳とも鈴木とも違う「聴く」ことが位置づけられる。

最後は展示形態だからこそ成立するという点だ。一柳は、音楽の文脈から離れることで日常における音に意識を向けさせ、また時間軸や音量の幅の変化によって音の概念を拡張した。佐藤も、音楽を出自とするものの、形態も音色も構成も音楽的な要素を排すことで、音そのものの提示を可能にした。鈴木は演奏的な行為を必要とするが、そこから生じるのは、固定された音楽ではなく、あくまで空間との関係で変化しつづける音である。この音は、何かの再現でもそれ単体で音楽のように鑑賞されるものでもない。普段意識しない日常を意識させ、そこでの面白さを再発見したり、楽音の音色とは違う音の肌理に気付かせたりするような音の提示である。

以上から、70年代前半から中頃にかけて発表されたプロト・サウンド・アートの展覧会は、音楽が基本とする上演形態とは異なる展示形態であること、音の聴取を重視する姿勢がみられること、そして聴取者の「聴く」を通して創造的過程が共有されることなど、本稿の冒頭でふれたサウンド・アートの特徴と類似点がみられる。それにもかかわらず、なぜプロト・サウンド・アートはサウンド・アート史から見落とされてきたのか。

まず注目したいのは、プロト・サウンド・アートとサウンド・アートのわずかな相違点だ。それは、プロト・サウンド・アートが音楽でも視覚芸術でもなく、さらには「芸術作品」とも言い切れないようなものだった、というところにある。サウンド・アートが音を用いた展示形態の「芸術作品」という前提を踏まえているのに対し、プロト・サウンド・アートは日常と地続きの「作品然としない作品」として立ち上がっている。

次に、サウンド・アートの輸入文化としての側面が挙げられる。そもそも「サウンド・アート」という言葉が生まれたのは海外においてであり、「サウンド・アーティスト」として展覧会や雑誌において紹介される作家数も外国人作家が圧倒的多数なことを鑑みると、海外でおこなわれている活動を日本へ紹介するという傾向は当然起こりうる。これには冒頭でふれた音響派が、海外からの輸入CDの存在なくしては語れないものであることとも関係している。そのため、サウンド・アートの創出に影響を与えたジョン・ケージ、ダダ、未来派、エリック・サティ、エドガー・ヴァレーズなど過去の音楽家たちと結びつけて語られることはあっても、90年代以前の日本での動向にはほとんど目が向けられてこなかった。

　また、サウンド・アートが視覚芸術の文脈で受け入れられている点も関係する。サウンド・アートが発展するきっかけをつくったのは美術館の戦略によるところが大きい[72]。特に80年代以降世界中の美術館でサウンド・アートに関係する展覧会が開催されており、その数は年を重ねるごとに増加の一途をたどっている[73]。日本においても同じ傾向は見受けられる。東京都現代美術館や前述のインターコミュニケーション・センターに加え、横浜トリエンナーレやあいちトリエンナーレなど多くの来場者数を記録する国際美術展にも含まれている。サウンド・アートが視覚芸術の文脈に取り入れられることによって、音楽の文脈から出発したプロト・サウンド・アートは対象から抜け落ちる可能性がある。また、これまで日本ではサウンド・アートの歴史を追った展覧会などは開かれていない。過去の作品の回顧ではなく海外を中心とした新たな作品の紹介が主流となっていることも一つの要因だろう。

　このようにして、音楽の文脈から誕生したプロト・サウンド・アートは、輸入文化を基盤とし、視覚芸術の文脈で取り上げられることの多い80年代以降の「サウンド・アート」のミッシングポイントとなったのである。

7　非音楽的な音の芸術の歴史における　プロト・サウンド・アート

最後に、プロト・サウンド・アートが実験音楽からサウンド・アートまでの、非音楽的な音の芸術の歴史において担いうる役割について言及したい。

　本稿冒頭での問い——サウンド・アートという言葉から連想されるもの——に対して、かつて筆

72 Neset, Anne Hilde. 2010 "Express To Yr Cochlea" in *Soundings*. New York: The Museum of Modern Art. p.16

73 Seth A. Cluett によると、サウンド・アートに関連する展覧会の数は、70年代は21、80年代は52、90年代は63であるのに比べ、00年代は１２９と増加している。Cluett, Seth A. 2013. *Loud Speaker: Towards a Component Theory of Media Sound*, unpublished doctoral dissertation, Princeton University. pp.110-124.

者は、「特定の趣向をもつ、ごく一部の音の作品」と考えていた。２０００年の「サウンド・アート」展の図録に記載された「音響嗜好症」という言葉に代表されるように、「音」への徹底的なこだわりをもつ作品を指すものとして捉えていたのだ。[74] 一方で、広範囲にわたるはずの「サウンド・アート」に対して、実際に紹介される作品が「音響嗜好症」に偏っていることに矛盾も感じていた。展示形態をとるサウンド・アートは、形式上は音楽とかけ離れているように見える。けれども、音だけに意識を収斂させていくことは、60年代における脱音楽化の過程で否定されてきた、音楽の「固定された音響」を蘇らせることになりはしないか、と。本稿でみたグループ・音楽、ケージ、フルクサスらは上演形式を踏襲しながら、行為に重きを置くことでそこから逃れようとした。一方、「音響嗜好症」的なサウンド・アートは、展示形態をとりながらも主な構成要素である音だけを深化させる、音楽の内部を志向するもののように思えたのである。もちろん筆者がイメージしたサウンド・アートはごく一部の傾向で、単なる思い込みにすぎないといえばそれまでだろう。だが、日本の90年代後半から２０００年代にかけて、これらが「サウンド・アート」という名称で語られていたことは事実である。

　１９５０年代以降の実験音楽と１９９０年代以降のサウンド・アートは、ときに非音楽的な音の実践として同一線上に位置づけられる。しかし、両者の間にはこれまでほとんど語られてこなかった空白の20年があり、必ずしも直線で結ぶことはできない。その溝を埋めるための鍵となるのが本稿で取り上げたプロト・サウンド・アートだ。かつて作曲家、音楽家たちがおこなった、「音楽」という枠組みを自ら超えようとする取り組み——音楽でも美術でも芸術でさえもないかもしれない、それでいて音を聴くことを要するもの——は、サウンド・アート史はもとより、美術史や音楽史からも見落とされてきた。このミッシング・リンクを結ぶとき、狭義のサウンド・アートとも実験音楽とも異なる、音楽や美術の境界を越

74 畠中実、前掲書、46頁

えたダイナミックな音の実践が浮かび上がってくるだろう。

本稿で触れていない、70年代後半以降の展開および音楽以外の文脈からのアプローチなどについては今後の課題としたい。

第Ⅱ部　遍在する音楽

第3章 日本盤ライナーノーツの文化史

髙橋聡太

はじめに

名作のほまれ高い交響曲をふきこんだレコード。ジャケットの裏面には、この作品を遺した楽聖の来歴や作曲時のエピソードとともに、指揮者のプロフィール、録音時のオーケストラ編成、使用した楽譜などの詳細が記載されている。

モダン・ジャズの金字塔とされるLP。リーダーをつとめる奏者のポートレイトが印象的なジャケットを裏返すと、レコーディングに参加したピアニストが作品の核となる奏法のコンセプトを自ら説明している。

発売日を待ちわびたお気に入りのロック・バンドの新作アルバム。プラケースを開けると、カラフルなアートワークをあしらったリーフレットとは別にモノクロで印字された冊子が封入されており、音楽ライターがアルバムの解説はそっちのけでバンドのメンバーがいかに気のいい連中なのかを力説している。

亡くなったミュージシャンの未発表曲を集めたボックス・セット。パッケージには複数枚の音盤に加えて、数十頁にもわたる冊子が収められ、そのアーティストの誕生から死に至るまでの詳細な活動記録と、遺された音盤のデータが網羅的に記されている。

中古レコード店のワゴンで見かけて、なんとなくジャケットが気になり購入した百円のCD。今では名前すら誰も覚えていないようなグループのアルバムだったが、日に焼けてツメも折れたブックレットに寄せられたテクストは、この作品が10年に一度の傑作であると絶賛していた。

こうした多様な形態と文体とねらいをもつ、音盤に付属する読み物を、私たちは「ライナーノーツ」と呼んでいる。参考までに広辞苑の定義を引いてみよう。広辞苑がこの言葉を初めて収録したのは、第六版が編まれた2008年と、意外にも遅い。しかも、その記述はいくぶん妙である。

ライナー【liner】――ノート【～notes】
（ライナーはレコード・ジャケットの意）CD

＊本稿は筆者が2012年に東京藝術大学大学院音楽研究科音楽文化学専攻芸術環境創造領域の修士論文として提出した「ライナーノーツ研究」の一部を抜粋・改稿したものである。

やレコードのケースに挿入されている解説文。[1]

ライナーノーツはさまざまな音盤に付されてきた。そのなかでも、「洋楽」と一括りにされる英語圏のポピュラー音楽をアルバム単位で聴取する人々は、とりわけこれを頻繁に読んできたはずだ。日本国内のミュージシャンによるアルバムには、通例としてアートワークと歌詞だけが付き、広辞苑の定義にあるような「解説文」を伴うケースはそれほど多くはない。一方、洋楽の新譜に関しては、母国でのリリース形態に追加して、歌詞の対訳とアーティストやアルバムの解説を記したブックレットや、作品のタイトルやアーティスト名を目につきやすくレイアウトしたオビなどを付し、「日本盤」あるいは「国内盤」として流通させる慣例がある。批評家の佐々木敦は、自身のライナーノーツ集である『LINERNOTES』のあとがきにて、音盤に解説文を付す文化の特殊性を強調する。

> ライナーノートというのは、ある意味では奇妙な習慣である。海外にも同様のものがありはするが、この国の場合は「国内盤」という些か特殊なシステムによって、海外ミュージシャンの日本でのリリースに際しては独自に解説文を付すということが常態化している。もちろん空間的、言語的にかなり孤立した日本の音楽市場に海の向こうから未知の音盤を導入するにあたって、何らかの紹介的な文章が用意されることが好ましいのは確かだが、しかし実際のところは、それにしては杜撰に過ぎる内容のライナーも多かったり、悪くするとメディアやマーケットへの影響力を有した一部の音楽雑誌やライターに対するレコード会社からの一種の利益供与の場として機能していて、本来の目的が形骸化してしまっている場合もある。[2]

本章では、こうした日本盤のライナーノーツ文化が、どのような過程を経て佐々木が「奇妙な習慣」と評した形態を獲得したのかを、ロック・ア

1 「ライナー」、『広辞苑』第六版、岩波書店、2008年。なお、「ライナーノーツ」は広辞苑第六版において「ライナー」の下部項目として収録されている。「ライナー」という言葉は1955年の初版にも見られるが、1983年の第三版までは野球用語としての定義、すなわち「打者が打った球の、一直線をなして飛ぶ球（初版）」「野球で、高くあがらずに、一直線をなして飛ぶ強い打球（第二版、第三版）」のみが掲載されていた。1991年の第四版では、「ライナー」が大項目化し、野球用語の他に「②定期船。定期便」「③取り外しできる、袖のないコート下」という新たな同音異義語の意味が併記される。1998年の第五版では、これに「④日本で、快速列車」が加わった。

2 佐々木敦『LINERNOTES』青土社、2008年、475〜476頁。

ルバムを主な対象として考察する。以下では、①レコードのジャケット裏に付される解説文として生まれたライナーノーツ一般の定義と歴史を整理し、②1960年代後半のロック隆盛を受けて日本ではライナーノーツがジャケット裏ではなくパッケージ内に別紙として付されるようになったことを確認した上で、③録音媒体の技術革新や経済の趨勢によって日本盤ライナーノーツの役割と布置がどのように変化したのかを論じる。

1　ライナーノーツの語義と日本における認識の齟齬

まず、ライナーノーツの語源と一般的な定義を確認しておこう。「ライナーノーツ」は、ジャケットの裏面を意味する「liner」[3]と、そこに印刷された文章を指す「note」という二つの単語が構成する複合語である。よって、ライナーノーツは、支持体となるジャケットの誕生後に派生した文化だと考えられる。

では、そのジャケットは、いつ世に広まったのだろうか。『ニューグローヴ世界音楽大事典』の「レコード販売」の項目によると、78回転のシェラック製SPレコードが主流だった時代には、音盤は薄い紙袋に封入されていた。しかし、1940年代末にヴィニール製のレコードが発明され、1950年代を通じてLPとEPという二つのフォーマットが普及していくと、パッケージに以下のような変化が生じる。

> 新しい［筆者注：ヴィニール製の］レコードは魅力的なジャケットに入れられ、レコード自体の強力な宣伝として使われるようになった。そのうえ、歴史的背景や音楽の分析が、しばしばジャケットに印刷された。（…）また、使用されたレコーディング方法についての説明が書かれたりしたが、特別に印刷するための経費が価格に上乗せされることはなかった。[4]

3　衣服の裏地を指す言葉に由来する。

4　Bicknell, David and Robert Philip「レコード販売」、『ニューグローヴ世界音楽辞典』若林駿介訳、講談社、1995年、第20巻171頁。

ここで述べられている「しばしばジャケットに印刷された」、「歴史的背景や音楽の分析」および「使用されたレコーディング方法についての説明」こそ、最初期のライナーノーツの姿である。[5]

シェラックからヴィニールへの移行にともない、盤面を包む素材が「薄い紙袋」から「魅力的なジャケット」へと変化したのは、盤表面の脆弱化と盤自体の柔軟化に対応したからであろう。ヴィニール製レコードは、盤面にSPよりも細かい凹凸を刻むことによって音質を向上させた。しかし、マイクログルーヴと呼ばれるヴィニール製レコードの細い溝は傷に弱かったため、盤面の保護を徹底する必要が生じたのだ。そこで、盤を直に包む薄手のインナーと、強度のある厚手のボール紙のジャケットで、レコードを二重に守る方式が考案された。[6]

また、表面こそ傷つきやすいヴィニール製レコードだが、盤自体の耐久性はSPよりも高い。衝撃に弱く割れやすかったシェラック時代のレコードは、いわば高価な「割れ物」として丁重に扱われた。一方、柔軟性が高いヴィニール製レコードは店頭で手にとって気軽に物色できる。音盤を棚から半分ほど引っ張り出してジャケットを確認し、興味を引かれなかったらストンと落とし、次の一枚をまたつかんでは落とし……というレコード店での動作も、おそらくは割れにくいヴィニール製レコードの発明以後に生まれたものであろう。

こうした素材特性の変化を受けて、音盤を手にした人々にレコードの魅力を伝える広告媒体としてのジャケットの役割が高まった。そこで、表面にプリントされたミュージシャンのポートレイトや印象的なタイトルだけでなく、裏面に記された収録曲の一覧や、ミュージシャンや音盤の情報を紹介する文章、すなわちライナーノーツの機能が重要となったのだ。[7]

しかし、レコードを知らない世代にとっては、ジャケットの裏面に印刷された解説を読む行為には、それほど馴染みがないだろう。特に、日本盤のCDを通じて音楽に慣れ親しんだ人々は、ライナーノーツといえば先に引いた広辞苑の定義に記

5 実際には、SP時代にも複数枚の音盤を冊子型にパッケージングしたアルバムに、別刷りの解説文がしばしば付されている。

6 ヴィアン、ボリス&ジョルジュ・ウングリック『ボリス・ヴィアンのジャズ入門』(Boris Vian and Georges Unglik. *Derrière la Zizique.* Paris, 1997) 鈴木孝弥訳、シンコーミュージック、2009年、9頁。

7 実際には、SP盤の時代から包装紙のデザインには様々なバリエーションがあった。この点に関しては、レコード自体の素材特性の変遷だけでなく、印刷技術の発展と平行して再検討するべきであろう。

されていた「ケースに挿入されている」ブックレットや、折り畳まれたリーフレットを思い浮かべるはずだ。

さらに、英語圏では「ジャケット裏の紹介文」であるライナーノーツ文化そのものが、レコードの衰退とともに廃れたとされているようだ。『Continuum Encyclopedia of Popular Music of the World』の第1巻にて、ライナーノーツと同義の「Sleeve Note」という項目を執筆しているデイヴ・ラングは、その普及の発端をやはり１９５０年代初頭以降に一般化したＬＰアルバムの裏面に記載されるテクストに定めて、ＣＤ時代に至るまでの変遷を次のように概括している。

ラングによると、ライナーノーツは１９５０年代にアメリカのジャズ文化とともに広まった。実際に、ナット・ヘントフやレナード・フェザーといった著名なジャズ批評家たちは、レコードの裏面に寄せた短評で名を馳せている。その他のポピュラー音楽においては、アルバムの内容をやや大げさな言い回しで簡潔に喧伝するものが主流であったという。その状況を変えたのは、ビートルズのイギリスでのデビュー・アルバム《Please Please Me》(1963年)だった。宣伝担当のトニー・バーロウは本作に約千語（日本語にして約三千字前後）の解説文を寄せており、以後の１９６０年代中頃にはジャズ以外のジャンルにもジャケット裏解説の文化が広まった。

ところが、１９６０年代後半のコンセプト・アルバムの流行とともに、ミュージシャンはジャケットの両面を用いた大がかりなアートワークを採用しはじめる。結果、その裏面からは次第に解説文が消えていった。さらに、レコードに続いて登場したカセットテープやＣＤといった小型の録音媒体には、解説を付すだけの十分なスペースがパッケージ上になく、「ジャケット裏の紹介文」としてのライナーノーツの衰退は決定的になった。一方で、ＣＤ時代に再発されたアルバムには、専門的な解説文が記されたブックレットがしばしば封入され、もはや「ジャケット裏」には書かれない新たなライナーノーツ文化が育まれていく。[8]

8 Laing, Dave. 2003. "Sleeve Note." *Continuum Encyclopedia of Popular Music of the World, Volume I: Media, Industry and Society.* London: Continuum, pp780-781.

ラング以外の論者も、録音媒体のシフトにともなうライナーノーツのジャケットの外部から内部への移行を指摘している。ジャズ・アルバムのライナーノーツの変遷を論じたジョルジュ・ウングリックは、ジャケット上のライナーノーツが「CDとプラスティックケースの登場とともに姿を消した」と述べている。[9] 音楽評論家の岡村詩野も日本盤のロックやポップスのアルバムについて言及する際に、「現在のライナー・ノーツといわれるCDに添付される解説書」を、「60年代や70年代に発売された洋楽レコード（アナログ盤）」の「ジャケット裏にそのままプリントされている解説文」と対比した。[10] 他にも、著述家の海野弘は、日本でCDの生産数量がレコードを上回った直後の1988年に発表した随筆「ライナーノーツの思い出」にて、CDやカセットテープの解説スペースの狭さに対する不平を述べた後に「ジャケットを裏返して、解説を走り読みするのも、レコードを買う時の楽しみの一つなのである」と過去をふりかえっている。[11] 哲学者の土屋賢二も「ライナーノーツとは何か」というエッセイで「LPのころは、ジャケットの裏に解説があり、それを参考にして買うかどうかを決めたものだが、CDになると、解説は密封されたCDの箱の中に入っていて、読むことができない」と同様の指摘をしている。[12] このように、CDがレコードにとって代わる際にジャケットの面積が縮小し、ライナーノーツが現在のような「ケースに挿入されている」形式を獲得したという通説は、広く支持されている。

　しかし、日本盤のライナーノーツは、必ずしもこの変化をそのままなぞったわけではない。というのも、ラングがライナーノーツをジャケット上から追いやったものとして原因として位置づけている1960年代後半のコンセプト・アルバムの登場以後、日本盤のLPレコードではスリーヴ内にライナーノーツを封入する形式がすでに生まれているからだ。

9　ヴィアン&ウングリック、前掲書、6頁。

10　宮子和眞、岡村詩野『音楽ライターになる方法』青弓社、1999年、12〜13頁。

11　海野弘「ライナーノーツの思い出」、『文学界』11月号、文藝春秋社、1988年、373頁。

12　土屋賢二『人間は笑う葦である』、文春文庫、1998年、70頁。

2 海外盤と日本盤の画一化によるパッケージ内ライナーノーツの誕生

日本で流通する海外の音楽の盤は、他国の工場でプレスしたものをそのまま輸入した海外盤と、海外の原盤を用いて国内でプレスした日本盤の二つに大別できる。今でこそ海外盤は安価になったが、1949年から1971年にかけて1ドルが360円で固定されていた時代には、海外盤の価格は日本盤よりも2〜5割ほど高く、輸入したレコードを直接扱う店舗も少なかった。「本場」で生産された海外盤と比して、日本盤は値段も安く、国内のレコード点で広く流通していたため、当時は日本盤が主流だった。

さらに、1960年年代中頃まではアルバムをシングルの寄せ集めとして捉える傾向が強く、日本盤アルバムの収録曲は日本のレコード会社が決定していた。日本の聴衆に向けたアルバムを制作するにあたっては、収録曲以外にもジャケットのデザインを変更したり、伝わりにくい原題を翻案した邦題を考案するなど、担当ディレクターがさまざまな工夫をこらした。同時に、時間・空間・言語の隔たりのために日本からは得にくい海外の音楽の情報を伝えるために、ジャケット裏には日本語で書かれたライナーノーツがしばしば付された。

こうした海外盤と日本盤の差異は、アルバムのパッケージをもミュージシャンの創作の一部とみなすコンセプト・アルバム文化の隆盛によって、次第に縮減していく。本節では、音楽文化におけるアルバムの位置づけを変えた最大の立役者として知られているビートルズの諸作を例にとり、今日知られるようなパッケージの内部に挿入された日本盤ライナーノーツのフォーマットが、どのように確立されたのかをあとづける。

デビュー当初のビートルズのアルバムは、各国ごとに異なる仕様でリリースされた。たとえば、彼らのイギリス本国でのファースト・アルバム《Please Please Me》の日本盤が、もとの仕様と同じジャケット・タイトル・収録曲でリリースされたのは、1963年にイギリスで本作が発売されてから13年の時を経た1976年のことである。1966年にはビートルズの来日を記念して《Please Please Me》と同じ楽曲を収録したアルバムが《ステレオ！これがビートルズ vol・1》というタイトルで発売されているが、曲順は入れ替えられ、ジャケットにもイギリス盤とはまったく異なるスナップ写真が使用されていた。《ステレオ！これがビートルズ vol・1》が発売された当時、東芝音楽工業でディレクターとしてビートルズ作品のリリースを担当した高嶋弘之は、本作をオリジナルのファーストとして売り出さなかった理由について「当時イギリスのオリジナル盤だって言ったって、そんなものに興味を示す人はわずかしかいなかった」と回想する。[13]

　つまり、ビートルズがキャリアをスタートさせた1960年代初頭の段階では、本国でリリースされたアルバムを「オリジナル」として尊重する風潮は、まだ日本ではそれほど強くなかったのだ。実際に、日本で初めて発売されたビートルズのアルバムは、ジャケットもタイトルも収録曲も国内で変更された1964年の《ビートルズ！》だった。本作のジャケットのデザインには、イギリスでセカンド・アルバムとして発売された《With The Beatles》のジャケットを流用したアメリカ盤《Meet The Beatles!》を、さらに簡素にしたものが使用されている。だが、《ビートルズ！》発売以前から日本でシングルとしてヒットしていた〈抱きしめたい（I Want To Hold Yout Hand)〉、〈She Loves You〉、〈From Me To You〉の3曲を冒頭に配し、それに続いてイギリス盤ファースト《Please Please Me》からの6曲、イギリス盤セカンド《With The Beatles》からの5曲を加えて並び替えた曲順は、日本独自のものである。さらに、ジャケット裏には当時ラジオDJとして人気があった高崎一郎によるライナーノーツが付された。[14]

　日本人の嗜好にあわせてアルバムの内容を再編集することは、当時の担当ディレクターに課された重要な仕事だった。むしろ、海外の既発盤をそのままの仕様で日本盤化すると、怠慢とみなされ

13　恩藏茂、『ビートルズ日本盤よ、永遠に――60年代の日本ポップス文化とビートルズ』、平凡社、2003年、158頁。

14　2作目の日本盤アルバムとして同1964年にリリースされた《ビートルズNo・2》でも、《ビートルズ！》と同様に、アメリカ盤の《The Beatles' Second Albm》の仕様を下敷きにしつつ、収録曲を変えたものだった。また、ジャケット裏にはポートレイトとトラックリストがレイアウトされ、封入されたリーフレットに解説はなく、メンバーのプロフィールと歌詞のみが掲載されている。

たという。[15]《ビートルズ！》の選曲を担当した高嶋は、その矜持を次のようにふりかえっている。

洋楽のディレクターなんて、クリエイティブなこと何もできないんだもの。邦楽のディレクターはアーティストを選んだり、作詞・作曲を選んだり、選曲したり、これはクリエイティブな作業が入りますよ。だから当時、洋楽ディレクターは日本語のタイトルをどう付けるか、自分でどういう曲順を考えるか、そこにクリエイティブな力を注ぐわけです。いまのCDみたいに曲順をポンポン変えられるのと違って、LPはかけたら1曲目から聴かなくちゃいけないいんですよ。A面が終わったら裏返さなければならない。だから、1曲目に何を持ってくるか、最後に何を持ってくるか。ぼくはそれをすごく考えましたよ。いいかげんにはやってない。命かけましたよ。[16]

高嶋は曲順を決定するディレクターの役割が、再生する曲の順序をコントロールしにくいレコードの特性によって規定されていたと指摘している。ところが、ビートルズの日本盤において、この職務はCDの登場をまたずして失われる。彼らが初主演した同名映画のサウンドトラックとして1964年に発売された3作目の《A Hard Day's Night》では、イギリス盤からジャケットが差し替えられた上に、《ビートルズがやって来る！ヤァ！ヤァ！ヤァ！》という強烈な邦題とともに日本盤化されたものの、収録曲はイギリス盤のものがそのまま順序で採用された。ジャケットの裏面には再び高崎一郎が解説を寄せているが、ビートルズの日本盤アルバムのジャケット裏にまとまったテクストが掲載されるのは、これが最後となる。

こうした海外盤と日本盤の差異の縮減は、1966年6月29日から7月3日にかけて日本を前代未聞の熱狂に巻き込んだビートルズの来日から約三ヶ月後の、同年十月に発売された《Revolver》において決定的となる。というのも、本作の日本盤は海外盤と同様のタイトル・ジャケット・収録

15 恩藏、前掲書、50〜51頁。
16 恩藏、前掲書、55頁。

曲でリリースされたからだ。

《Revolver》のジャケットには、メンバーのポートレートがあしらわれていたこれ以前のアルバムとは異なり、美術家クラウス・フォアマンによる4人のイラストと写真を用いたコラージュ作品が使用された。本作以後に発売された、さまざまな歴史的人物の人形とともに記念撮影をした《Sgt. Peppers Lonely Hearts Club Band》や、白1色の厚紙にバンド名をエンボス加工で記したのみの《The Beatles》などのように、晩期ビートルズは差し替えを許さないコンセプチュアルなアートワークをアルバムに採用している。同時代にはジャケットのデザインを含むパッケージ全体を作品とみなす音盤が続々とリリースされ、ラングが指摘したようにかつてジャケット裏にあったライナーノーツは、その居場所を追いやられていく。

同時に、LPの収録時間や当時の録音技術を存分に活用して表現の幅を拡張したアルバムは、より専門的な批評の需要を高めた。ビートルズが同年8月29日のサンフランシスコ公演を最後にツアーを中止したことからもうかがえるように、晩期の彼らはスタジオでの作業に没頭している。実際に、ステージでの再現が困難なまでに様々な楽器や録音技術を駆使してつくりこんだ《Revolver》の収録曲を、彼らはコンサートでほとんど披露していない。本作におけるビートルズのスタジオ志向は、ラストを飾る〈Tomorrow Never Knows〉において最も顕著だ。LSDがもたらすサイケデリックなトリップ感覚を表現するべく、ファズ・ギター、シタール、タブラ、オルガンなどの楽器を多重録音し、さらに1度録音したテープを切り貼りしてループさせたこの楽曲のサウンドの成り立ちは、レコーディングに関わった人々の証言に頼らなければ把握しきれないだろう。

当時《Revolver》の日本盤には、こうした録音の背景にまで迫る音楽評論家の福田一郎による詳細な解説文を掲載した別紙が封入された。「ビートルズはアルバムのレコーディングのたびごとに、何か、ある新しい試みを実行に移しています」という書き出しのテクストで、福田はイギリスの音楽雑誌である『New Musical Express』と『Melody Maker』に掲載された本作に関するニュースやメンバーのインタヴューを逐一引用しながら、リリースに至るまでの過程、アルバムの全容、各曲ごと歌詞の内容やレコーディング方法などを詳述している。パッケージ内に別紙を挿入する形式と、海外誌にあたりながら音盤の詳細に迫る福田による解説文は、ＣＤ時代の日本盤ライナーノーツとも共通する模範的な内容である。[17]

　批評言語を求める一方でライナーノーツをジャケットから追いやる傾向は、一見して矛盾しているようにも思われる。しかし、同時代の１９６０年代末に、海外ではアルバムの情報をより詳細に伝える新たな音楽ジャーナリズムが出現していた。《Revolver》がリリースされた１９６６年にはアメリカ初のロック専門誌『Crawdaddy!』が創刊され、翌１９６７年には『Rolling Stone』がこれに続いている。雑誌と比べると、パッケージのサイズによって字数が制限されるライナーノーツの情報量は少なく、アートワークを重要視する傾向もあいまって、海外ではジャケット上からは次第に言葉が排除されていった。

　ところが、地理・経済・言語の壁が高く立ちはだかる日本においては、購入前に得られるアルバムの情報量は海外と比べると少ないままだった。それを補うために、アルバムのジャケット（ライナー）から消えた言葉（ノーツ）は、日本ではパッケージ内の別紙に場所を移して、福田による《Revolver》の解説のような形式を獲得したのだろう。

３　アルバムのＣＤ化による日本盤ライナーノーツへの期待の変容

　前節で検討したように、通説ではライナーノーツ文化衰退の主要因とされるコンセプト・アルバムが普及した１９６０年代後半から、日本盤のアルバムにおいては新譜のパッケージ内に解説文を付す習慣がみられる。したがって、ＣＤの登場がライナーノーツの書かれる場所をジャケットの裏

17　福田一郎、ビートルズ《Revolver》１９６６年、東芝ＥＭＩ株式会社：AP-8443（LP）。

からパッケージの内部へと移行させたとする論者たちによる指摘は、少なくともロックの日本盤ライナーノーツの実態を説明できない。もちろん、CD時代には紙のサイズこそ縮小されたものの、文字数はレコード時代のスリーヴ内解説文と同じく約三千～四千字程度であり、形式的な変化はそれほど大きくなかった。とはいえ、１９８０年代末のLPからCDへの転換期には、新たな媒体の特性と同時期の経済的な要因が、日本盤のライナーノーツを書く側と読む側のコンテクストを変容させた。

まずは、アルバムがもっぱらLPできかれていた１９７０～１９８０年代後半までの日本盤ライナーノーツの状況を確認しよう。１９６０年代以降のLPアルバム単位での聴取の普及は、日本レコード協会の統計からも読み取れる。[18] １９６４年から１９７０年にかけて、レコードの生産数量は、シングルでは５０００万枚から７１００万枚（２１００万枚増）に伸びているが、同時期にアルバムは１３００万枚から５０００万枚（３７００万枚増）へと、より大幅に生産数量を増加させている。その後、１９７７年の生産数量と生産金額は、シングルが８５００万枚の３４０億円、アルバムが９２００万枚の１２６０億円となり、アルバムの市場規模がシングルのそれを上回る。

同時に、アルバム１枚あたりの相対的価値も変化し続けた。１９７０年の大卒平均初任給は約４万円であり、同年の日本盤LPの価格は２０００円である。[19] １９７７年になると大卒平均初任給約10万円に対して、日本盤LPの価格は２５００円になり、アルバムの相対的な価値は以後も逓減していく。それでもなお、大卒平均初任給が約20万円前後で推移した２０００年代にも、日本盤アルバムのCDが２５００円程度で売られていたことを踏まえると、１９７０年代のLPは高価だったといえる。１９７０年から２０００年のあいだに大卒平均初任給が約5倍になっているので、これにあわせて単純に比較すると、１９７０年当時の2千円は、２０００年の1万円に相当する。大学生以下のより若い世代にとっては、相当な勇気の

18 一般社団法人 日本レコード協会：音楽ソフト種類別生産金額の推移および音楽ソフト種類別生産数量の推移（http://www.riaj.or.jp/）を参照。以下、アルバムやシングルの生産数量と生産金額は同サイトから引用する。

19 森永卓郎編『明治・大正・昭和・平成 物価の文化史辞典』展望社、２００８年、３３０～３３１頁、４４４～４４５頁。

いる買い物だったはずだ。１９５８年生まれのミュージシャンであるサエキけんぞうは、比較的裕福な家庭に生まれ育ったものの、１９７０年前後にアルバムを購入する際には「『ミュージック・ライフ』誌を毎月買い、情報収集には完璧を期した。評論家が確実に推したレコードを買った」という。[20] つまり、１９７０年代には、ＣＤ以後の時代と比較して相対的に高価だったＬＰを購入するにあたり、より詳細な情報が事前に求められていたのだ。

音楽雑誌がレコード購入ガイドであるならば、ライナーノーツはその「アフター・サーヴィス」[21]を担う、「説明書」[22]のような媒体である。かつてジャケットの裏に書かれていたライナーノーツは、書籍の裏表紙に書かれたあらすじのように、レコードを店頭で手に取った人々に作品の魅力を伝える広告的媒体だった。[23] しかし、コンセプト・アルバム文化が広まったのち、パッケージ内に封入されるようになった日本盤のライナーノーツは、あきらかに購入後のリスナーに向けて書かれている。そこで求められる役割は、ジャケット上のライナーノーツのように店頭で即座に人を惹きつけることから、購入者に向けてミュージシャンのバイオグラフィやアルバムの内容をじっくりと説くことに転じた。

さらに、当時のライナーノーツはリスナーにとっての大切な情報源だっただけでなく、その書き手である音楽評論家にとっての貴重な収入源でもあった。１９７２年に『ロッキング・オン』を創刊した渋谷陽一は、雑誌が軌道に乗るまでは経済的に逼迫したようで、１９７０年代当時はその他の媒体への依頼原稿も積極的に執筆している。その中でも大きな生活の糧となったのが、ライナーノーツの原稿料だったという。１９７７年4月の『音楽専科』誌上に掲載されたコラムにて、大卒の初任給が10万円程度だった当時、渋谷は２００字あたり８００円という音楽雑誌の原稿料の安さを嘆いた後に、ライナーノーツの重要性を主張している。

20 サエキけんぞう『さよなら！セブンティーズ』クリタ舎、２００７年、43頁。

21 渋谷陽一『ロック大教典』ロッキング・オン、１９９７年、９頁。

22 小野島大『音楽ライター養成講座』音楽之友社、２０００年、18～19頁。

23 ヴィアン＆ウングリック、前掲書、６頁。

まあ余り悲観的に考えても気が滅入るばかりなので、いちおう売れっ子になり月平均4万円も雑誌でかせげるようになったとする。そうすると音楽評論家のほとんどはカスミを食べて生きていることになってしまう。そうでないところを見ると当然それ以外の収入があるわけで、その最大のものはレコードの解説文である。

ロックのレコードは月にだいたい30枚~40枚ぐらい出て、そのほとんどに解説文がついている。何かと批判もあるが、あれがなくては音楽評論家は餓死してしまう。僕らにとってあれは生きるために非常な重要な存在なのだ。

この際だからこれも金額をあきらかにしてしまうが、レコードの解説は1枚につき1万円から1万5千円と考えればいい。今、手許にある資料で調べると1月下旬から2月上旬にかけての一ヶ月間で一番多く書いている人が4枚、普通だと2枚ぐらいだ。しかも4枚書いているのは1人だけである。僕などこの期間には1枚も書いていない、ミジメ……。[24]

この20年後、1997年に渋谷は自身が執筆したライナーノーツをまとめた書籍『ロック大教典』を出版しており、その前書きでも1970年当時にライナーノーツがどれだけ貴重な収入源であったのかを再び強調している。

『ロッキング・オン』が形になり、それなりの利益をあげるようになり、売文で食べる必要がなくなるまで、僕の生計を支えていたのはライナーノーツであった。あまり楽しい仕事ではなかったけれど、これ以外、安定した収入がなかったので、とても助けられた。文章の目的がレコードを買った人達に情報を与え、自分がいかにいい買い物をしたのかを認識させる、という事なので、かなり自由度の低い、制約の大きい仕事であった。どちらかといえば勝手なことばかり書きたがる僕のような売文屋には向かない仕事である。しかし、そんなことを言っていては食えないので、来た仕事はほぼ100パーセ

24 渋谷陽一『ライナー・ノーツ』ロッキング・オン、1980年、39頁に再収録されたものを参照した。

ント引き受けていたような気がする。正直言って、だからライナーノーツに関してはあまり自分の作品という気がしなかったし、いい思い出もなかった。[25]

渋谷のライナーノーツ観には、二つの重要な論点が含まれている。ひとつは、アルバム購入後のリスナーを想定して肯定的な内容を書かざるをえない「自由度の低い」媒体としてのライナーノーツの位置づけである。もうひとつは、肯定する気のないアルバムのライナーノーツであろうと執筆を引き受けざるをえなかった当時の若手音楽評論家の経済状況である。当時の日本盤のパッケージ内ライナーノーツは、収入のために執筆を引き受けざるを得ない書き手に、不本意な肯定を強いるものだったのだ。

一方で、渋谷はライナーノーツを書くよろこびについても言及している。ＬＰからＣＤへの移行期にあたる１９８７年に発売されたプリンスのアルバム《Sign o' the Times》に渋谷が寄せたライナーノーツから、冒頭の一文を引こう。

音楽評論家なんて職業はあまり世間から尊敬される事もないし、収入も少なく、どう考えてもわりのいいものではない。しかし、こうしたレコードのライナーノーツを書く機会にめぐり会った時にだけ、ああ音楽評論家をやっていてよかったとつくづく思う。ポップ・ミュージックの歴史的な局面に証人として立ち会い、ライナーとして証言を残すことができるのは、この職業の数少ない喜びのひとつである。[26]

渋谷と同年の１９５１年に生まれ、やはり１９７０年代からロック評論を手がけた大貫憲章も、１９８０年代にはライナーノーツを書く理由を「何故書くのかというと、やっぱり好きなアーティストには自分の解説を載せたいという自己顕示欲、コレに尽きるね」[27]と冷笑的に表現している。このように、１９７０年代以後の日本の音楽評論家たちにとって、ライナーノーツの執筆は、生活のた

25 渋谷陽一『ロック大教典』ロッキング・オン、１９９７年、９頁。

26 渋谷陽一、プリンス《Sign o' the Times》１９８７年、ワーナーミュージック・ジャパン：WPCR-75021/2（CD）。

27 大貫憲章『大貫憲章のROCK快楽主義』シンコー・ミュージック、１９８５年、１５３頁。

めに引き受けざるをえないが、時として最大の名誉ともなる、アンビヴァレントな仕事だった。

ところが、こうしたライナーノーツの位置づけは、CDが普及した1980年代後半以後に変貌する。その主要因は、円高に伴う海外盤価格の下落と、CDへの移行期に起こった音盤市場の拡大の2つである。

第一に、バブル期の円高にともなって海外盤の価格が日本盤よりも安くなり、かつての「海外盤＝高級品」という前提が崩れる。1980年の段階で、2500〜2800円の日本盤に対して一部のアメリカ盤が2000円で売られていたこともあったが、CD普及後に海外盤の価格はさらに低下し、1990年代中頃には1500円程度で購入できた。一方、日本盤の新譜アルバムは本稿執筆時の2017年現在もほとんどが2500〜3000円前後で売られている。同じ仕様のアルバムが1500円の海外盤と、2500円の日本盤でリリースされると、あたかもその差額分の価値が、海外盤にはないオビやライナーノーツといった楽曲以外の要素によって生じているかのような錯覚が起こる。

第二に、CD時代以後は音楽産業全体の市場規模が拡大し、日本盤のリリース数が急増する。先に例示したように、日本においてLPアルバムの売上がシングル盤の売上を上回った1977年、洋邦あわせたアルバムの生産数量は9200万枚、生産金額は1260億円だった。この数値は、CD全盛時の1998年になると生産数量3億枚、生産金額4920億円にまで膨れ上がる。こうした市場の急成長にともなって、リリースされる洋楽アルバムのタイトル数も大きく伸びている。

この変化を確認するため、日本レコード協会が公表しているデータをもとに、洋盤の「ロック・ディスコ」カテゴリーにおけるアルバムの新譜タイトル数の推移を整理する。日本レコード協会は、新譜タイトル数を「邦盤」と「洋盤」という二つのカテゴリーに分けて統計を発表している。この区別について同協会に問い合わせたところ、洋盤としてカウントされているのは国内品番が付されて発売されているもの、つまり日本盤のみであり、外資系ショップやインターネットの通販サイトで購入できる海外盤は含まれていないとの回答を得た。[28] 表1は、日本レコード協会の統計をもとに筆者が作成したグラフである。

　CDアルバム新譜数は、LPアルバム新譜数を追い越した1988年以降も急激に伸び続け、1998年には年間に約4000タイトル以上の新譜が発売されている。1980年代中頃以前のタイトル数に関しては統計がないものの、先に引いた引用部で渋谷陽一が、1977年に「ロックのレコードは月にだいたい30枚～40枚ぐらい[29]」出ていたと述べたことから換算すると、1970年代末には年間400～500タイトルほどのロック・アルバムが新たにリリースされていたと考えられる。これと比べると、1980年代末以降に日本盤としてリリースされるロック関連の新譜の数が飛躍的に増加していたと推定できる。この統計に含まれていない、日本盤化されなかった海外盤新譜のタイトル数も数に入れれば、LPからC

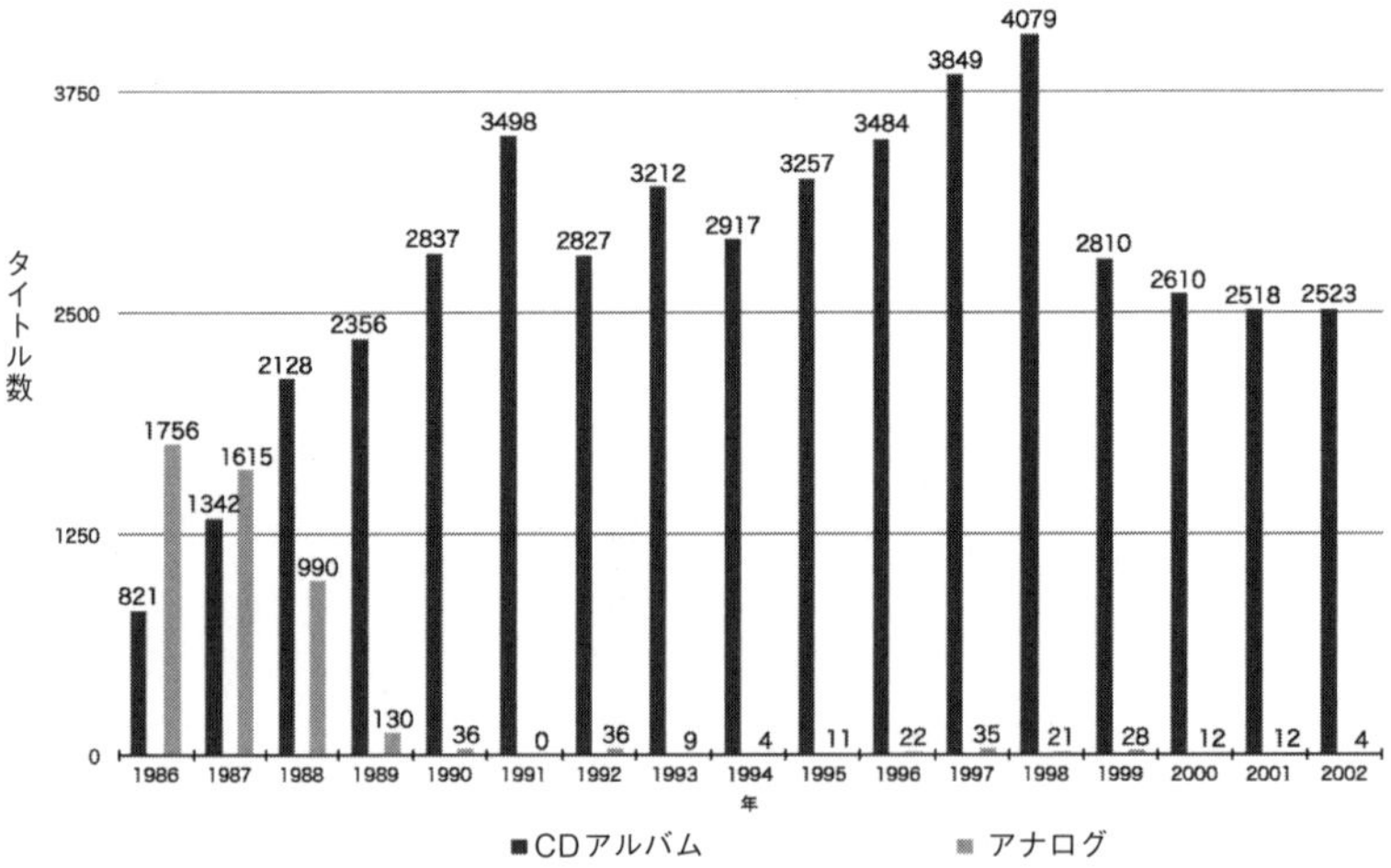

表1　「ロック・ディスコ」カテゴリの新譜タイトル数

28　日本レコード協会広報部とのEメール、2011年6月6日、および6月16日。

29　渋谷陽一『ライナー・ノーツ』ロッキング・オン、1980年、39頁に再収録されたものを参照。

Dへの移行にともなって新譜の流通量が飛躍的に増大したことは明白である。特に、日本盤の新譜タイトル数の急激な伸びは、それにあわせて執筆されるライナーノーツの量の急増に直結する。

さらに、円高とCD普及の相乗効果は、パッケージ外のコンテクストも拡張させた。海外ミュージシャンの招聘にかかるコストが下がったため、アルバムのプロモーションのための来日も頻繁になる。これを受けて、雑誌媒体では来日したアーティストへの取材記事が増え、多くの音楽雑誌がカラーグラビアつきのインタヴューを中心とした構成にシフトしている。CD時代の音楽雑誌の書き手にとっては、自身の見解にもとづいて作品を批評することと以上に、インタヴューを通じてアルバムの制作秘話や苦悩に満ちた個人史をアーティスト自身の口から引き出す技術が求められる。[30]

また、リリース数の急増と価格の下落にともない、詳細なレコード評の重要性は相対的に低下した。大量の新譜が安価に発売される状況では、多くの字数を費やして一枚のアルバムを詳細に論じるよりも、より多くの新譜を短いレヴューでまとめて紹介し、市場の全体像を提示することが優先された。この役割を果たしたのは音楽雑誌ではなく、タワーレコードが発行する『BOUNCE』などのフリーペーパーや、各種のディスクガイドである。こうした厚いインタヴューと薄いディスク・レヴューへの二極化と、そこで求められる職能の変化は、書き手の呼称がかつての「音楽評論家」から「音楽ライター」へと変化したことからも読み取れるだろう。

以上の転換の結果として、ライナーノーツへの書き手側の評価は反転する。渋谷陽一のような「音楽評論家」時代には、高い収入を得るために引き受けざるを得なかったライナーノーツの原稿執筆は、自由度の低い仕事として捉えられていた。しかし、アーティストの言葉を引き出すインタヴューや、字数の少ない広告的なレヴューを中心にして生計を立てる「音楽ライター」の時代になると、ライナーノーツにはかつてと逆の位置づけがなされる。『音楽ライター養成講座』と題された

30 南田勝也「音楽言説空間の変容——価値増幅装置としての活字メディア」、東谷護編『拡散する音楽文化をどうとらえるか』東京：勁草書房、2008年、153頁。

書籍にて、小野島大は以下のようにライナーノーツを捉えている。

> 特にＣＤのライナーは洋楽ライターにとっては大切な仕事です。洋楽を取り扱うメディアが少なくなっている現在、貴重な収入源ということもありますが、インタヴュー取材が雑誌記事の中心となっている現状では、アーティスト論なり状況論なりの長めの論文を書く（発表する）機会は少なく、ライナー（文字量はだいたい４０００字前後）は、その数少ない場なのです。もちろん商品に付属する、いわば『説明書』ですから、厳密に言えば完全に自立した評論文とは言えないわけですが、それでも、最低限の約束事（ソフトの内容の紹介や補足、データの提供など）さえ守れば比較的自由に何でも書くことができるライナーは、貴重な発表の場であると同時に、自己の文章スキルをあげる修行の場と言えます。[31]

90年代当時の、ライナーノーツ以外のインタヴューやレヴューによって生計を立てられた音楽ライターや、出版社と雇用関係のある音楽誌の編集者には、経済的な事情のためにライナーノーツの執筆依頼を引き受けざるをえないような逼迫感はない。むしろ、リリースされるタイトル数の増加にともなって取捨選択の幅が広がったことも手伝い、１９９０年代には思い入れのあるアーティストのライナーノーツを優先的に執筆できたようだ。この傾向は、ライナーノーツのなかでも以下のように自己言及されている。おそらく当時もっとも広くきかれたアルバムのひとつであるオアシスの代表作《Definitely Maybe》に、『ロッキング・オン』誌で編集長をつとめていた増井修が寄せたライナーノーツを引こう。

> こういうアルバムのライナー・ノーツを書く場合、私の場合はもう好きなアーティストしか絶対に書かないのだが、それでもそういったアーティストたちがどうも今一つのアルバムを出

31 小野島大、前掲書、18～19頁。

してしまった時など特に、アルバムのハイライト・ナンバーを何度も何度もきいてその勢いで原稿を書こうとすることがある。買った人に不快な思いをさせるようなネガティヴな角度から書いたってしょうがないし、ライターのその種の誠実ぶりっこというのはライナーには求められていないからだ。[32]

情報提供を主目的としないCD時代の「音楽ライター」によるライナーノーツでは、海外盤と比して高価な日本盤をあえて選んだ熱心な購入者に向けて、アルバムやアーティストへの思い入ればかりを強調した文章が散見する。もちろん、さまざまな情報源にあたって資料性のあるライナーノーツを執筆する書き手も少なくはない。しかし、フリーペーパーを頼りにアルバムを探し、店頭のポップを読みながら新譜を試聴でき、ミュージシャンが自ら語ったアルバムの詳細を事前に雑誌のインタヴューで確認できたCD時代以後の状況にあっては、かつてライナーノーツに期待されていた音盤の客観的な解説という役割の必要性は薄れる。それに代わり、他の媒体で個性を発揮しにくくなった書き手は、主観性を発揮する場としてCD時代のライナーノーツを活用したのだ。岡村詩野は『音楽ライターになる方法』と題されたタイトルの書籍にて、レコードのジャケット裏に掲載されていた文章と比べて「内容や書き方のスタイルも音楽ライターのセンスに委ねられることが多くなった」[33]CD時代のライナーノーツを痛烈に批判している。

［筆者注：CD時代のライナーノーツでは］やたらと抽象的でイデオロギッシュな自分の主張や意見を押しつけたような原稿、どういうアーティストなのかをほとんど無視したような原稿、歌詞にばかり言及していてサウンド面を無視したような、いわば身勝手な原稿が増えてきている。無論音楽のジャンルが無数に枝分かれしているように、書き手にも様々なスタイルの人がいていいとは思うが、このアーティストに

32 増井修、オアシス《Definitely Maybe》1994年、ソニー・ミュージックエンタテインメント：ESCA 6045（CD）。

33 宮子、岡村、前掲書、101頁。

初めて接する人も、この作品を初めて聞く人もいるということは、最低限、念頭においておくべきだろう。ライナー・ノーツの場合、特にそうした〝初心者向け〟をより強く意識していたい。（…）どうも最近はそれすらできていないライナー・ノーツが増えていて閉口することが多い。（…）気に入ったアーティスト、アルバムに関して自由に書ける場ということでもあるので（もちろん、身勝手に書いていいという意味ではなく）、ライナー・ノーツに関してはあえて実例を挙げないが、最低限の情報、つまり日本で初めて紹介されるアーティストなら経歴やこれまでの活動、作品を出したことのあるアーティストならその作品タイトルと発表年度、ルーツや音楽的素養の分析、その作品のサウンドや歌詞への言及、その作品のプロデューサーや参加アーティストの紹介などは盛り込んでおくべきだということは最後に言っておこう。[34]

岡村もやはりライナーノーツを「自由に書ける場」として捉えているが、そこに掲載される原稿の「身勝手」さは手厳しく非難している。この指摘は至極まっとうなものであるが、先述したように、さまざまな情報を参照した上で高価な日本盤をあえて購入した人々を、一概に「初心者」と呼べるだろうか。もちろん何の事前情報もなく日本盤を購入するリスナーも想定できるが、引用部の後半で岡村が列挙しているライナーノーツに「盛り込んでおくべき」文脈に関しては、他の媒体でアーティスト自身の口からより詳しく語られているかもしれない。それ以上に、高価な日本盤を「あえて」購入した熱心なファンは、ミュージシャンやアルバムへの愛着を書き手と共有することを欲し、自身の聴取体験をより強く肯定することを望んだのではないだろうか。もっとも、この点に関してはライナーノーツの文章を詳細に検討した内容分析が必要とされるが、日本盤ライナーノーツのコンテクストに主眼を置く本稿には踏み込む準備がない。ここではその前提として、１９８０年代以降のライナーノーツが、書き手にとっては「制

34　同前、１０１〜１０２頁。

約の多い仕事」から「自由に書ける仕事」へと転じ、そこで書かれた文章が大量のCDに付され、日本で広く読まれていたことを主張しておきたい。

おわりに

本章では、レコードのジャケット裏面に印刷された紹介文として生まれたライナーノーツが、日本盤のアルバム文化では1960年代後半ごろからパッケージ内に付されるようになり、その後の技術的・経済的な変化を受けてパッケージ内解説としての形式を保ちつつも、その機能が変容したことを論じた。くり返し強調しておくが、ここで整理したのはあくまで形式的側面に過ぎず、その内容に迫る上ではより詳細に各時代のライナーノーツの内容を検討する必要があるだろう。

最後に、いわゆる「デジタル化」以後のライナーノーツの所在に関して問題を提起し、本稿をしめくくりたい。音楽がもっぱらYouTubeや各種配信サービスによって聴取されるようになった現在、ライナーノーツは物理的なパッケージという形式上の支持体を失いつつある。ライナーノーツの「ライナー」としての意味合いは、それがジャケット裏ではなくパッケージの内部に付されるようになった時点で、すでに形骸化していた。しかし、面積が縮小されたとはいえ、CDもかろうじて表面を持っていた。HDDに蓄積されたり、ネットワークを介して配信されたりする音源にも、しばしば矩形のアートワークが「ジャケット」として付されるものの、そこにはもはや表裏や内外の区別はない。

さらに、インターネットは海外の情報に対する障壁を壊し、ミュージシャンとファンに新たな接触の機会を提供した。洋の内外を問わず、そこではミュージシャンやアルバムに関する客観的な情報を得ることも、音楽への主観的な思いを共有できる他者と出会うことも、CD時代以上に簡易化された。YouTubeのコメント欄や、各種SNSに流れるユーザーの声は、かつてのライナーノーツ以上に音楽と同期したテクストであるとも言える。

しかし、そこで約4000字程度のヴォリュームを持った文章がやり取りされる機会が、どれほどあるだろうか。むしろ、音楽に対する主観的なユーザーのコメントは、ウェブ上では「是」か「非」の二極に収斂し、その中間に含まれているどちらともつかないものは見向きもされないのが現状であるように思われる。

特に、「洋楽」という文脈に関しては、時間と空間の差が意識されにくくなったものの、言語の壁が今なお高くそびえ立っている。英語による一次情報もウェブで閲覧できるようになった現在では、海外で出回っている情報のうち、どれが日本語に翻訳され、同時にどれが翻訳されていないのかを明確に把握できる。海外盤が普及した後にも「日本盤化される/日本盤化されない」という区分で人気を測れたが、今や日本でバズをねらう媒体が、どのような海外のソースを参照しているのかも容易にたどれる。その際には、あくまで筆者の経験に基づく臆断だが、CD時代以前から一定の支持基盤を維持しているミュージシャンやジャンルの情報が、ページ・ヴュー獲得のための拡散を見込まれて優先的に翻訳される傾向が強いように思われる。その一方で、まだ支持を確立していない音楽の情報は、自ら英語のソースを参照し、もはや翻訳された情報を必要としない少数のファンにのみ享受される。つまり、すでによく知られている音楽の情報が優先的に翻訳・拡散・反復され、それ以外のものに関してはコアなファンが各自で英語のまま楽しむような分断が起こっているのだ。

かつて音楽評論家の小倉エージはライナーノーツの存在意義について「これはなくてもいいものなんじゃないか」「解説のあるものとないものがあってもいい」と断った上で、以下のように論じた。

たとえば、初めてアルバムを出すアーティストの場合、だれだって、その人がどういう人かって興味を持つでしょ。で、その人がどういう音楽をやってるかってこと、特に新しいタイプの音楽をやってたりするときね。それに、日本ではなじみがないというか、受け入れられることがなかったり、紹介されずにいたってことも多いからね。

そんなときに、必要なものなんじゃないか、って思うときがある。

有名な人の場合には、その経歴なんか知られてることが多いし、もはや、そうしたことについて書く必要もなくなってくる。で、そういった人たちが新しいこと、従来とは変わったことをやってるとなると、また必要ってことになるのかな。[35]

昨今のライナーノーツに関しては、先述した分断を受けて、小倉の提案とは正反対のことが起こっている。すなわち、すでに多くが語られている手堅い有名アーティストのアルバムは優先的にライナーノーツの付された日本盤がリリースされる一方で、新進気鋭のアーティストの作品はライナーノーツが付されることなく海外盤だけが流通し、英語のソースに当たることができる層の間でのみ共有されてしまうのだ。

この現状を様々な領域で広く指摘されている「タコツボ化」の一例として片付けることはたやすい。だが、小倉が言うように新しい動きを適格に伝えることがライナーノーツ本来の役割であるとするならば、従来のような日本盤というパッケージ形態に頼ることなく、様々な経路を利用して翻訳した情報を広く作品と共に流布させる新たな形式を模索するべきであろう。[36]

35 小倉エージ、『音楽評論のプロになるために』CBS・ソニー出版、1979年、68〜69頁。

36 こうした限界を打破せんとする近年の試みとしては、柳樂光隆が監修するシンコーミュージック刊の『Jazz The New Chapter』（2014年）に連なる一連の批評実践が挙げられる。同書は、旧来のジャズ史観だけでは理解できない近年の事例を、ヒップホップやオルタナティヴ・ロックなどの他ジャンルとの隣接性や、インターネット以後の情報環境も踏まえた上で数多く紹介している。同書の出版をきっかけに、これまで海外盤のみで流通していた新しいジャズ・アルバムが、ライナーノーツ付きの日本盤として数多く再発されたことは極めて興味深い。

第4章
「ネット文化」としてのMODの受容
――1990年代における音楽ファイルフォーマットの伝送実践

日高良祐

1　ネットワーク・ミュージッキングにおける伝送実践

　21世紀に入る頃から盛んに議論されてきたネット上のデジタル音楽のあり方は、２０１５年を過ぎて大きく変わった。２０１５年にＩＦＰＩ（国際レコード連盟）が提出した年次レポートによると、２０１４年の統計でのＣＤ等フィジカルメディアの売上額は、ついにデジタル配信のそれに追い抜かれてしまったのだ。音楽の受容のされ方は「所有」から「アクセス」へと転換しつつある、ＩＦＰＩはそう報告した。[1]ＭＰ３のダウンロード販売、より高性能な圧縮フォーマットによる配信事業、そしてサブスクリプションサービスの拡大。「音楽ファイル」から利益を得る方法は２０００年代に入って様々に試みられてきたが、産業的編成によるデジタル音楽市場の形成はついに軌道に乗ったかのように思われる。

　こうした状況を予見するかのように、音楽研究者の井手口彰典は２００９年の『ネットワーク・ミュージッキング』で、「所有」から「参照」へ、という枠組みを提示している。ここでもやはり、レコードやＣＤといったモノを所有することで成立してきた音楽の受容が、サーバーに保存された膨大な楽曲データベースへのネットワークを介した参照の実践へ、不可避的に変質しつつある現状が示されている。こうしたネットワークに媒介されるデジタル音楽実践の全体を指して、井手口はネットワーク・ミュージッキングと呼んだのである。しかし、彼の言う「参照」とＩＦＰＩの報告する「アクセス」には、似たようでいて大きく異なった部分がある。それは、それぞれが想定する楽曲データベースの指す範囲の違いである。レコード産業が提示する「アクセス」は、当然のことながら彼らが保有する楽曲データ資産、すなわち経済的指標において意味のある範囲だけが、「アクセス」の対象として指し示される。一方、井手口の「参照」の範囲には、違法アップロードされたＭＶやアマチュア音楽家が制作した同人音楽、Ｐ２Ｐネットワーク上の海賊版ＭＰ３なども含ま

1　IFPI DIGITAL MUSIC REPORT 2015. http://www.ifpi.org/downloads/Digital-Music-Report-2015.pdf. (2017/09/10 参照)

れうる。つまり、ネットワークが媒介する潜在的な音楽実践の全てが、ネットワーク・ミュージッキングの範疇には含まれるのだ。

この違いに目を向けることによって、経済的指標においてのみ有意味な「参照」の歴史は相対化される。つまり、デジタル音楽配信の歴史には、産業的編成の視野からはこぼれ落ちてしまう膨大な「音楽ファイル」史の裾野が広がっているのだ。こうした観点から本章では、「音楽ファイル」の送受信――ここでは「伝送」と呼ぶ――の歴史の一端を明らかにすることを試みる。対象として取り上げるのは、「ＭＯＤ（モッド）」と呼ばれる音楽ファイルフォーマットである。これから論じていくように、ＭＯＤは海外で創り出されて日本に輸入されたフォーマットだからこそ、海外とのつながりにおいて日本の「ネット文化」が醸成されていく過程にも目を向けることが求められる。また本章が「音楽ファイル」の特定のフォーマットの1つに着目するのは、ジョナサン・スターンがＭＰ３について鮮やかな考察を行なった研究に刺激を受けてのものである。[2] 彼は「フォーマット理論」の名の下に、デジタルメディア技術の規格（フォーマット）を対象とした考察を通して、それが基礎づけられている社会制度やユーザー慣習の規定（フォーマット）の問題をも考えていく道筋を示した。デジタル技術によって徹底的に媒介された現代社会を研究するためには、何よりもデジタル技術のフォーマットが持つ規定性を明らかにする必要があるのだ。

なお、本章はインタビュー調査によって収集された一次資料に考察の多くを負っている。デジタル情報のログの蓄積で構成される「ネット文化」は皮肉なことに、十数年たっただけでそのデジタル・ログの多くが電磁的にも物理的にも失われてしまいつつあるからだ。

2 Sterne 2012

2　アマチュアの手による
ソフトウェアとファイルフォーマット
ＤＴＭ文化におけるＭＯＤの出現

こうしたデジタル音楽の伝送実践は、日本でパソコンが普及し始めた１９８０年代初頭からすでに始まっていた。当初それはパソコンとソフトウェアに関するハッキング知識を必要とする行為だったが、１９８０年代後半に入ると状況は大きく変わっていく。電子楽器産業がデジタル楽器間の通信プロトコルとして開発したＭＩＤＩ規格を用いることで、日本ではＭＩＤＩデータの伝送実践として拡大していったのだ。電子楽器産業が市販するＭＩＤＩシーケンサーソフトウェアとパソコンに接続する外部ＭＩＤＩ音源モジュールを利用すれば、ユーザーは比較的簡単に作曲行為を行なうことができるようになったのである。

ＭＩＤＩ規格を利用した音楽制作は、演奏（シーケンス）情報のみを含んだ小さなサイズのＭＩ

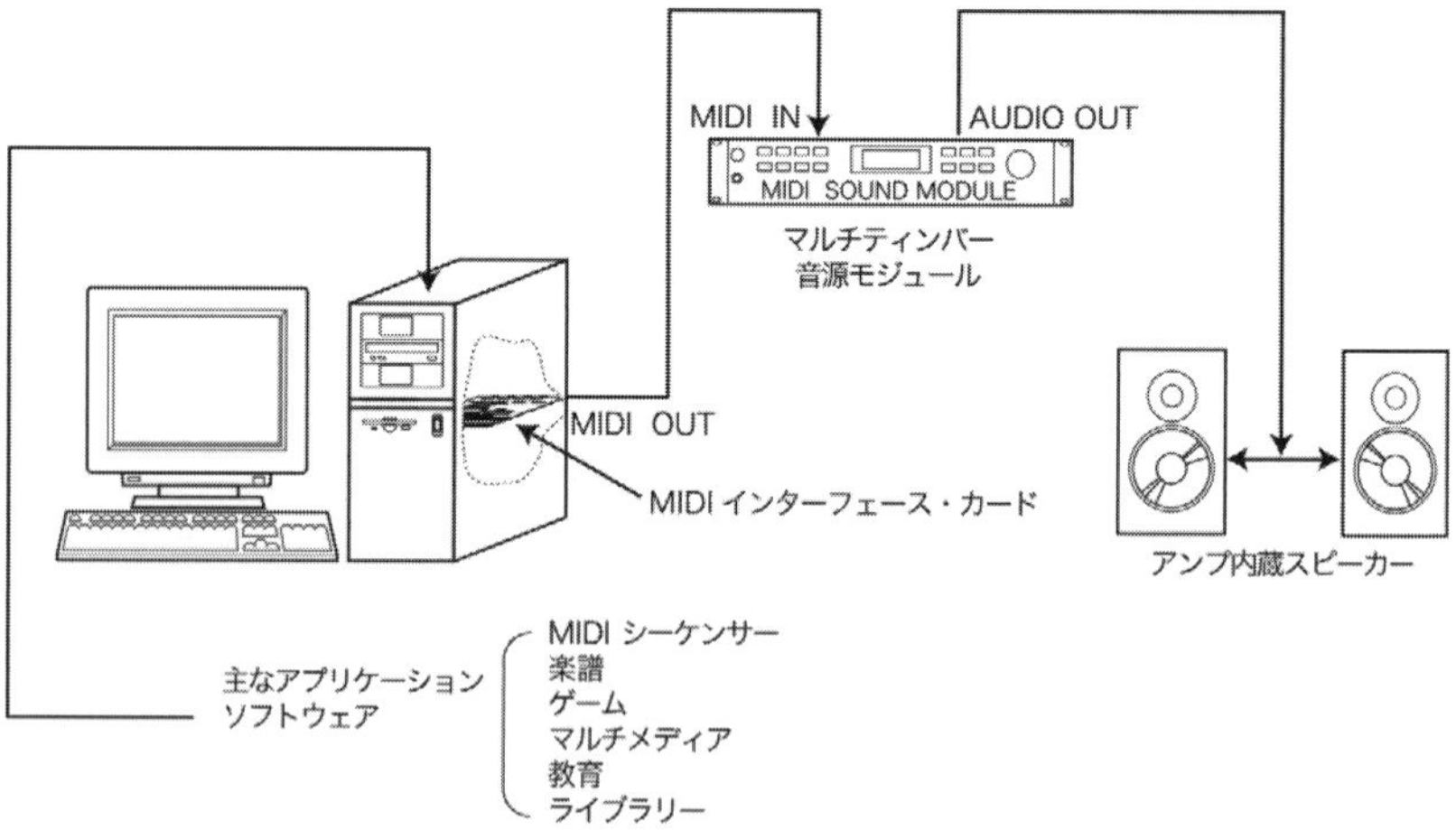

図１:「PC ベースの MIDI システム」、『MIDI 1.0 規格書』より抜粋

ＤＩデータをもとに、外部接続した音源モジュールに内蔵された音色データが演奏され鳴り響く、という方法をとる。こうした「パソコンで音楽する」趣味は、１９９０年代冒頭になるとＤＴＭ（デスクトップミュージック）という宣伝用語とともに認知され始め、当時の主要なパソコン間通信サービスであるパソコン通信に依拠しながら、ＭＩＤＩデータを制作してはネットワーク上で伝送をする、日本固有の「ＤＴＭ文化」とでも呼ぶべき文化領域として花開いたのであった。

　ここで重要になってくるのが、パソコン機種間の互換性問題である。ＤＴＭ文化が日本固有の技術的コンテクストを持った背景には、当時のハードウェアとソフトウェア双方における「互換性の低さ」が存在したのだ。たとえばＮＥＣ製のパソコンならばそのハードウェア用に調整されたソフトウェアしか動作させることができず、同じものは富士通製のパソコンでは動作しなかった。機種間でのソフトウェアの互換性処理を指して「移植する」と呼ばれたほど、パソコン機種間の互換性問題は一般的だったのである。この技術的な背景により、日本のパソコン市場は日本語を表示させることのできる日本製の機種によって占有されていた。つまり、海外製の多くのパソコンは日本社会では使用することができず、海外製のソフトウェア、そしてそうした特定のソフトウェアに対応するファイルフォーマットもまた、日本では利用することができなかったのだ。

　だが、こうした日本固有のＤＴＭ文化も、１９９０年代半ばを過ぎると変質していくことになる。上記の機種間互換性の問題は、ハードウェアに由来する違いをソフトウェアのレベルで処理してしまう新しい発想のＯＳによって乗り越えられた。そして、パソコン通信という地域ローカルなネットワークは、世界中を接続するインターネット回線の登場によって急速に日本／海外の情報のやり取りを可能にしていったのだ。ＤＯＳ／ＶマシンとWindows OSの普及による互換性問題の解決、制度的な開放政策、通信帯域幅の技術的拡大、ＩＳＰの登場による新しい通信市場の開拓は、今日的なネット文化の姿を急速に形づくっていった。

本章が主題とするＭＯＤは、１９９０年代末のこの流れの中で日本のＤＴＭ文化の中に登場したのである。

ＭＯＤとは後述するように、北欧で広く使用された16ビットパソコンAmiga（Commodore、１９８５年）用に開発された音楽ファイルフォーマットである。つまり、１９９０年代の日本製パソコンには、この音楽ファイルを読み込みできるソフトウェアは存在しなかった。さらにいえば、ＭＯＤは北欧や北米の地域的パソコン通信ネットワーク上でやり取りされてきたものであって、日本のＤＴＭ文化の基盤となった日本のパソコン通信からでは、その情報を得る機会はほとんどなかったといっていい。しかし、インターネット環境はこれを変えた。ＭＩＤＩデータの伝送実践を蓄積してきたＤＴＭユーザーたちにとって、このＭＯＤというフォーマットは、奇妙で魅力的なものとして立ち現れたのだ。ある個人運営のウェブサイトでは、ＭＯＤを次のように紹介した。

> ＭＯＤっていうのはＭＩＤＩとかみたいな音楽ファイルの種類です．が，ＭＩＤＩとは全然違う構造を持ったフォーマットです．データ構造といい出まわっている曲といいＭＩＤＩとは正反対の性格を持っているように思えます．ここでいうＭＩＤＩとはいわゆるＰＣ上で扱うＧＭ音源を指します。サンプラーとかＭＣ５０５とかはなしね(^^;
>
> 何が違うかって言うとシーケンスデータのほかにサンプリングデータを含んでいることです．平たく言えば自分の好きな音が出るってことです（しかぁっし，ＭＩＤＩもそういう方向に進んでいる）．
>
> だからＭＩＤＩみたいに楽器が違うと全然違う音楽になる現象も起こりませんしそういう点では安心できます．トラッカー（シーケンサのこと）からプレイヤーまで殆どフリーのため，お金も全く掛かりません．[3]

3 「SCENE RESEARCH STATION: mod format」https://kmkz.jp/mtm/mag/mus/mod_fmt.html.（2016/09/20 参照）

１９９０年代末以降、インターネット接続環境の普及とともに数を増やした個人運営のウェブサイトでは、ＤＴＭ文化を引き継いだ類のものも数多く見られた。そうしたウェブサイトはパソコンでの音楽制作や伝送実践に関する情報をシェアしていたが、ＭＯＤはそれらを運営する個人ユーザーたちによって紹介されていったのだ。以下も同様のものである。

ＭＩＤＩのように別途にＤＴＭ音源を用意しなくても、パソコン本体だけでＭＯＤを制作，再生することができる。

曲のファイル自体に音色データが含まれているので，ボーカル入りの曲なども手軽に作ることができる。（サンプリング・シーケンサーというような捉え方をしていただくとわかりやすいです。）

ループ音楽が作りやすい。サンプリングした音源を繰り返し鳴らすブレイクビーツなどは比較的簡単に組み立てることができる。

ＭＯＤはファイル自体がマスターテープと同じ構成になっているので，他の人が組み立てた作品を容易に Remix することができる。

ＭＯＤに関連するソフトウェアは比較的安価，もしくは無料のためほとんどお金がかからない。[4]

これらの記述が示すように、日本におけるＭＯＤの位置づけを考えるには、その前提となるＤＴＭ文化でのＭＩＤＩデータの伝送実践、そしてそれとの差異に注目する必要がある。ここで言及されている大きな違いの一つは、ＭＯＤがファイル自体に音色（サンプリング）データを内蔵している点だ。電子楽器産業が投入したＭＩＤＩデータはシーケンス情報のみで構成されているため、発音するためには音色データを提供するＭＩＤＩ音源

4 「BEMOD: MOD の特徴」http://www.bemod.net/sound/what_1.html（2016/09/20 参照）

モジュールが別途必要である。しかしＭＯＤは、ユーザー自らがサンプリング処理した音色データによって発音する。これはすなわち、サウンドカードを搭載したパソコン１台のみでＤＴＭが可能であること、ＭＩＤＩ音源モジュールのハードウェア性能による制限を受けないことも意味した。[5]

また、ＭＯＤの何よりの特徴は、それを制作するための関連ソフトウェアが、フリーで提供されているという点である。ここでいうフリーには、「無料」という意味と「自由」という意味の２つがかけられている。ＭＯＤに対応したシーケンサーソフトウェアは「Tracker（トラッカー）」と呼ばれたが、これはほとんどの場合はフリーソフトとして入手することができた。また、誰かが制作したＭＯＤはインターネット上でシェアされており、内蔵されたサンプリングデータの抜き取りやリミックスが、自由に行なわれていたのだ。

１９９０年代末日本のＤＴＭ文化に登場したＭＯＤは、こうした特徴から驚きをもってパソコンユーザーたちに迎えられた。彼らはＭＯＤとトラッカーに興味を惹かれ、ＭＯＤを使用する音楽実践が急速に広がっていく。では、このようなＭＯＤの音楽ファイルフォーマットとしての特徴は、いったいどのような経緯によって創り出され、そして日本のインターネット環境に現われたのだろうか。

プログラミング趣味の中でのＭＯＤの生成

ＭＯＤの出自は、１９８０年代の北欧を中心に隆盛したDemo Scene（デモシーン）と呼ばれるプログラミング・サブカルチャーにある。これはゲームやプログラミングを楽しむホビイストたちによる、音楽と同期したアニメーションをリアルタイム描画するプログラム「Demo（デモ）」の制作／伝送を軸にしたパソコン文化である。

そのころヨーロッパ地域で使われていた８ビットパソコンCommodore64（Commodore・１９８２年）はホビイストの培地となっていたが、彼らの一部は商用ゲームソフトウェアをクラックし、

5 当時、使用するＭＩＤＩ音源のメーカーによって同じ楽器でも音色が微妙に異なったり、そもそも楽器番号にズレがあるせいで意図しない音色が発音されたり、という問題が起きていた。

6 クラッカーたちが実際に集まり、クラッキングしたゲーム等のプログラムや、ＶＨＳテープ、音楽カセットテープなどを交換するための場。その他にもハッキング知識などを共有するための重要な場として機能したという。（Walleij 1998）

7 これらは以前までのデモに対して「グラフィックデモ」と呼ばれたという。デモシーンに身を置いていた経験のあるメディア

パソコン通信や「コピーパーティー」[6]を経路とした共有に血道を上げていた。クラック済ゲームのイントロ部分には、それを成し遂げたのが誰なのかを表明する自己顕示のためのクレジット画像が挿入されていた。この「Crack intro（クラックイントロ）」は、ゲームプログラムが保存された限られたフロッピーディスク容量に挿入するため、追加データ量はごく小さいものであることが求められた。つまり称賛されるようなイントロを付加するためには、ハードウェアとソフトウェアの特性を完璧に制御できるプログラミング技術が求められたのだ。

　１９８５年を過ぎるとイントロの制作は海賊行為のおまけであることを次第に離れ、プログラミング技術のデモンストレーションという意味で「デモ」と呼ばれるプログラム制作を目的とするように変わっていった。さらに１９９０年代に入る頃には、自己顕示のためのクレジットはより華美な画像と音楽を伴うように、つまりより複雑なプログラムとしても制作されるようになっていった。[7]デモの制作はコーダー、ミュージシャン、グラフィシャンで構成される「デモグループ」での分業でなされ、彼らが活動するパソコン通信ホストでは制作されたデモが公開され、若いホビイストからの接続を集めた。さらに、「デモパーティー」と呼ばれる対面でのデモ流通イベントでは、デモ制作を競う「コンポ」[8]が定期的に開催された。ここでは各地のデモグループが実際に集まり、限られた日数の中でデモを制作、期間最終日には完成したデモの発表と投票でランキングを競った。デモの制作とパソコン通信や実地での流通を基盤とし、プログラミングスキルの競合を軸としたこのパソコン文化がデモシーンである。[9]

　こうした中で１９８５年に16ビットパソコンAmigaが市場投入された。Amigaはサウンド、グラフィック性能ともに当時最高品質のパソコンで、デモシーンでは熱狂的に歓迎された。その内蔵音源チップは同時4音再生可能なＰＣＭ音源を搭載しており、Amiga上では音楽制作ソフトが商用、非商用を問わず数多く開発されることになったの

研究者アンダース・カールソンは、グラフィックデモ以前のデモシーンにおける美学がプログラミング技術の有無に過度に偏向していたことを指摘している。(Carlsson 2008, p.155)

8　１９９０年代前半には今日まで続く大規模なデモパーティーとコンポが揃っている。有名なものとして、「The Party」（デンマーク）、「Assembly」（フィンランド）、「The Gathering」（ノルウェイ）が挙げられる。

9　本章ではヨーロッパ地域におけるデモシーンの成立過程に沿って、使用されるパソコン機種やプログラムの変遷を説明した。しかし、１９９０年前後のデモの制作／伝送実践には、北米地域で引き起こされてきた同様の歴史が大きく関係してもいる。初期パソコンを使用したより広範な音楽制作の歴史については、田中治久（hally）著『チップチューンのすべて』を参照してほしい。

だ。そしてデモシーンでの音楽制作における転機は、プログラマーのカールステン・オバルスキが1987年に発表したUltimate Soundtracker の販売であった。

数値入力方式で音を配置していくUltimate Soundtracker は、プログラミング出自で楽譜の読めないデモシーンの音楽家にも容易に操作することができた。[10] しかし、その利便性から注目を集めたUltimate Soundtracker は、デモシーンのプログラマーたちによってすぐにクラックされてしまう。翌年中には性能を強化されたSoundtracker2がフリーで流通し始め、その過程で実装されたのがModule、略してMODと呼ばれる音楽ファイルフォーマットであった。[11] MODは先述した通り、シーケンス指示を送る演奏データとそれに基づいて発音する音色データが同梱されたファイルフォーマットだ。Amigaが内蔵するPCM音源を動作させることでサンプリングした音声まで利用することができたのだ。Soundtracker とMODの組み合わせはAmiga ユーザーに急速に広がり、商用

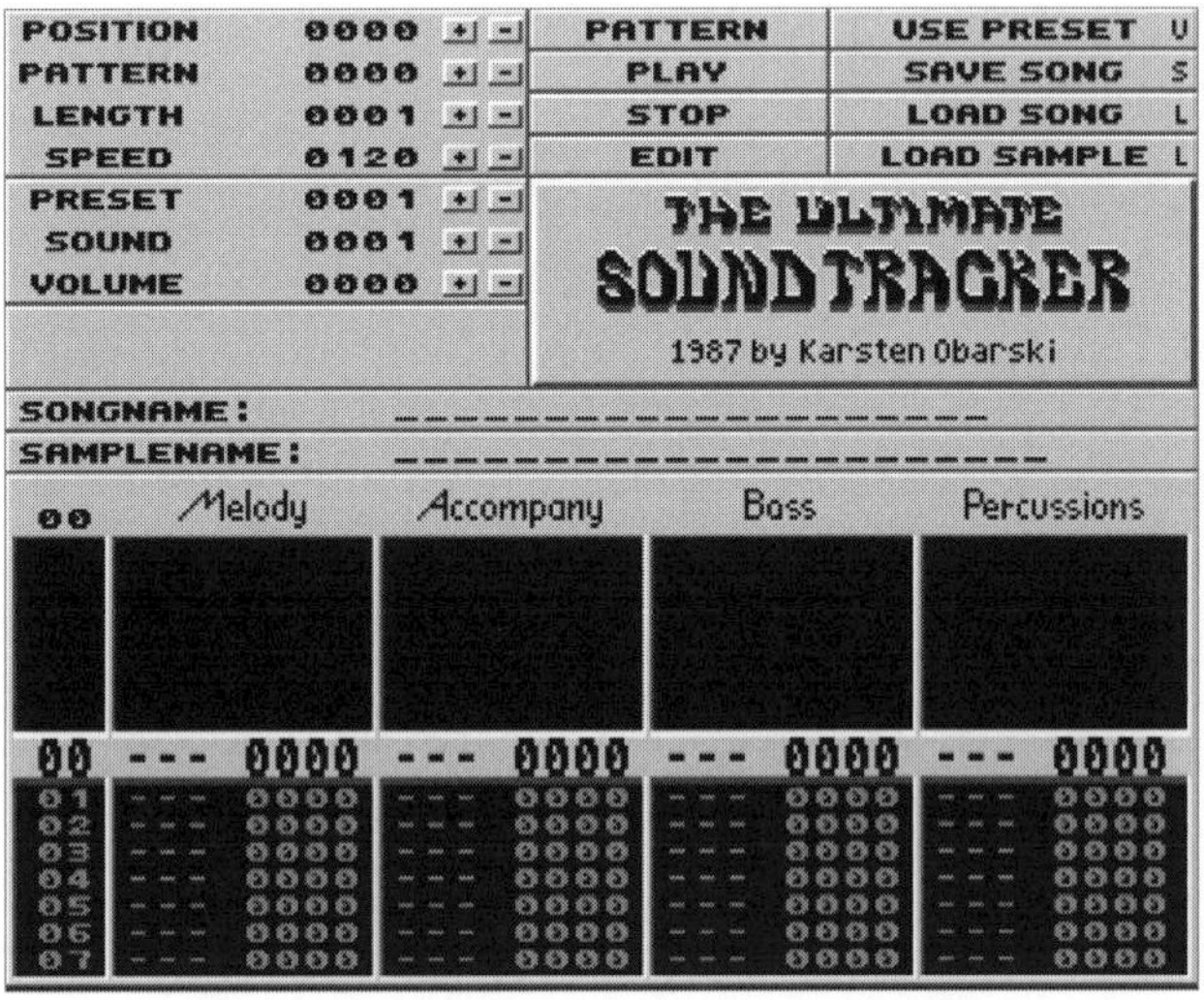

図2：The Ultimate Soundtracker v1.21、(Kotlinski 2009) より抜粋

10 ゲーム音楽研究を進めるカレン・コリンズはMIDIとMODの技術的差異と使用環境の文化的な違いを説明する中で、MODのプログラム打ち込み寄りな制作スタイルが、Amiga のゲーム制作に関わる作曲者にも使いやすかったことを強調している。(Collins 2007)

11 Kotlinski 2009, p.8

ゲームプログラム開発とデモシーンの双方で定着していった。音楽を鳴らすためにはAmiga内蔵音源チップの制御プログラム自体をコーディングしなければならなかった以前と比較するとSoundtrackerでの音楽制作は簡単で、デモの音楽表現にはＭＯＤが埋め込まれるようになったのだ。

デモシーンのプログラマーたちはさらにAmiga上でのSoundtrackerの改良と共有を進めていった。Noisetracker（１９８９年）やProtracker（１９９１年）などが続き[12]、このタイプのシーケンサーソフトウェアは「Tracker（トラッカー）」と呼ばれるようになる。ＭＯＤとトラッカーの組み合わせからなる音楽制作環境は、デモシーンのパソコンオタク的なプログラマーらによってこうして自生的に創り出されていったのである。彼らはデモシーンの流通経路を介してソースコードを共有し、ソフトウェアの出来を競うようにトラッカーの改良を続けていった。

さらに、デモシーン内部でのＭＯＤの位置づけも次第に変化していった。ミュージックグループやトラッカーグループと呼ばれる音楽家主体のグループが結成され[13]、ＭＯＤ自体の評価が競われるようになったのだ。１９９０年代半ば以降のデモシーン産ＭＯＤの多くは、テクノのオリジナル曲に偏っていた[14]。セカンドサマーオブラブを受けたテクノ流行期だったこともあるが、ＭＯＤのフォーマットがテクノに向いていたことも理由といえるかもしれない。つまり、ＭＩＤＩシーケンサーと比較するとトラッカーで扱える分解能は低く、細かい音のニュアンスよりもパターンを繰り返すループ曲に向いていたのだ。さらにはサンプリングデータが容易に使用可能である特徴から、サンプリング文化に依拠してきたテクノやハウスとの親和性も高かったといえる。デモシーンでの「名作」とされるデモの多くは、キックの強調されたテクノと同期させたアニメーションなのである。

こうしてＭＯＤ自体の評価が強調されるようになると、ＭＯＤを伝送する実践はそれ自体がデモシーンから自立し始めた。１９９０年代前半にヨーロッパや北米での個人インターネット接続環境

12 Soundtrackerのクローンソフトウェアとして改良されていったこれらのトラッカーは、当初は商用ソフトウェアとして販売することも狙われていた。しかし、ソフトウェアメーカーが販売開始の判断をする前に、フリーウェアとして公開されてしまったという。(Kotlinski, 2009, p.10)

13 山崎１９９７年、57頁

14 北方１９９８年、９頁

が広がり始める中で、ＭＯＤを伝送し合うネットワークが成立したのである。こうした流れの一つはトラッカーグループ自体が制作したＭＯＤをサーバー上に公開するもので、Kosmic Free Music Foundation（１９９４年）やFive Musicians（１９９６年）はそういった活動の端緒である。また、パソコン通信時代から行なわれていたファンによるデモやＭＯＤの収集と共有[15]も、インターネット上に広がっていった。The Hornet Archive（１９９２年）やThe MOD Archive（１９９６年）は、ＭＯＤをシェアする世界規模のアーカイブとして機能するようになったのだ。

これらの伝送実践の広がりは、技術的な意味でのＭＯＤのフォーマットに依拠していた。小さなサイズを追求する美学のもとに改良されてきたＭＯＤは、サンプリングデータを同梱しているにもかかわらず工夫することで数十ＫＢ以下のファイルサイズに抑えることができ、当時のナローバンドでも十分に伝送可能だった。また、ＭＯＤをトラッカーで読み込むことで、制作者のシーケンスをそのまま確認することができた。ＭＯＤ初心者にとって、熟練者による音楽制作手法を学ぶ良い機会を提供していたのだ。さらには、トラッカーはＭＯＤ内部のサンプリングデータを抜き出すこともできる。楽曲のリミックスやサンプルの流用は、ＭＯＤを利用する音楽家にとって大きな魅力の一つだったのだ[16]。

こうして、デモシーンでのプログラミング趣味から始まったＭＯＤの技術的コンテクストは、１９９０年代半ばにはインターネット上のフリー文化の一角として、世界各地のネットユーザーから接続を集めるようになった。そしてそこには、日本からの接続も含まれていたのである。

日本の技術的コンテクストにおけるＭＯＤの技術

しかし、ハードウェアとソフトウェアの固有性によって分断されていた１９９０年代前半のパソコン環境では、日本のユーザーがＭＯＤやデモの

15 Moritz, Sauer. "Netlabel Virtual Music Labels." http://knol.google.com/k/moritz-sauer/netlabel/1kb0mshqv5arl/2# (2011/11/30 参照)、しかし本ウェブページはすでに削除されておりアクセス不可。

16 デモシーンには「自らの力で作りだすのが良いこと」というオリジナリティの美学が存在し、デモシーンの楽曲からのサンプルの無断流用は非難された。しかし、デモシーン外部からのサンプリング、たとえば流通しているＣＤやゲームからの流用は許容されるという矛盾が見られた。つまりこの美学は、デモシーン内部に限定された規範意識だったのだ。また、当時の「リッピング」にはユーザーによる工夫や技巧が必要とされたため、サンプルの制作自体がそれなりの苦労をともなう作業であったことも、こうした規範につながったと指摘されている。(Carlsson 2009, p.18)

存在を知ることがあったとしても、それを使用できるかどうかはまた別の問題である。当時ＳＨＡＲＰ製パソコンＸ６８０００の熱心なユーザーだったチップチューン研究者のhallyは、そうした分断状況下における日本でのＭＯＤの位置づけを次のように説明する。

> 90年代頭になるんですけど、Ｘ６８０００を使っていた人たちの間でAmigaのＭＯＤっていうのが一部で非常に注目を集めていて。ただ、トラッカーで作るっていう環境が日本のパソコンには無かったので、その時点では制作までやっていた日本人はほんの一握り。基本的には、あくまで影響だけです。Amigaの時代のＭＯＤっていうのはやっぱAmiga使いの人しか興味もないし、使いこなせない。ブレイクスルーになるのが、ＰＣ（ＰＣ／ＡＴ互換機）でもＭＯＤが使えるようになった93年くらい。そこでPC Trackerっていうのが出てきて、もうちょっと時代が進んで94～95年くらいになると、それがずいぶん洗練されてAmigaを凌ぐまでになる。Windows95時代にはそれに適したインターフェイスのものも出てくる。これはWindowsの操作体系から逸脱しないので、すごく使いやすかった。その意味でトラッカーの普及をさらに促進したと言えます。[17]

ＮＥＣ製ＰＣ－９８シリーズなどの日本製パソコンが主流だった時期、日本のユーザーはＭＯＤの制作に関わることはほとんどなかった。その分断が解消されるのは、１９９０年代半ば以降に生じたＰＣ／ＡＴ互換機とWindows OSによる急速なグローバル化の後になるのだ。実はＭＯＤとトラッカー自体が、そうした環境の変質の中で技術的基盤を変容させていたのである。

　Amigaから始まったデモシーンでのトラッカー開発だが、ヨーロッパや北米でＰＣ／ＡＴ互換機が広く使用されるようになったこと、AdLibやSound BlasterなどＰＣ／ＡＴ互換機のサウンド機能を拡張するサウンドボードが普及したことから、

17 ２０１２年10月3日に東京都中野区で実施したhallyとのインタビューによる。

１９９０年頃に入るとＰＣ対応のトラッカー開発も並行して進められるようになった。ＰＣ／ＡＴ互換機上のＭＳ－ＤＯＳで動作するScream Tracker、Fast Tracker、Impulse Tracker の３つのトラッカーは、１９９５年頃にはＭＯＤ制作のための代表的なフリーソフトとなっていた。これらのPC Tracker で制作されたＭＯＤこそが、インターネット上で伝送される主流のフォーマットとなった[18]のだ。

そして、日本でもＤＯＳ／Ｖマシンのユーザー集団が増加するに従い、それまでは観測するしかなかったＭＯＤ伝送実践が、彼らにとっても介入可能な領域へと一気に変わる。「ガバ」と呼ばれるテクノのサブジャンルに熱中していた音楽家のＪＥＡは、ＤＯＳ／Ｖマシンとインターネット接続によって一転した自らの音楽制作環境について、以下のように説明している。

ぼくらは当時、ＭＵＡＰとかＳＣ－８８とかでＭＩＤＩ[19]的な音を出して、なんで俺たちはガバが作れないんだと。そういう機材の壁ってのがあって。そこで95年くらいにＤＯＳ／ＶがWindows95とともに安く買えるようになって。やっと作れる時が来たか、といった感じですね。それまでは聴く一方だったんですよ。当時はＰＣ－９８でＭＩＤＩとＭＵＡＰでＦＭ音源なりＭＩＤＩ音源なりやりながら、Windows 3.1 だとMod4Win[20]っていうのがあってＭＯＤを聴く、ガバを聴くと。その時は聴くだけでしたね。93年から95年はそういう時期を過ごしてましたね。

（…）

一番最初にしたかったことは、やっぱＭＯＤは落としましたよね。ほんとHornet の本拠地のとこ繋いだりとか、後はメガデモ[21]落としたりとか。ＰＣ－９８ってメガデモできないじゃないですか、ＤＯＳ／Ｖじゃないんで。ＭＯＤができると同時に、メガデモも見れるわけじゃないですか。それはまぁ、もう見ましたね[22]。

対応プレイヤーソフトウェアによってＭＯＤを

18　Scream Tracker、Fast Tracker、Impulse Tracker のそれぞれでファイル拡張子は異なるが、フォーマットのコンセプトはＭＯＤを引き継いでいたため、これらはまとめてＭＯＤと総称されていた。拡張子は順に、Ｓ３Ｍ、ＸＭ、ＩＴである。ソフトウェアとフォーマットの対応は厳密であるため、制作するためには対応したフォーマットを読み込みできるソフトウェアが必要となる。

19　ＭＵＡＰはＮＥＣ製の日本向けパソコンＰＣ－９８上で動作するＭＩＤＩシーケンサーソフトウェアの一種、ＳＣ－８８は１９９４年にRoland が発売した外部ＭＩＤＩ音源モジュール。ここでＪＥＡが言及しているのは、いわゆるＤＴＭ文化におけるＭＩＤＩ規格を中心とした制作環境のことである。

20　Windows で動作させることのできたＭＯＤプレイヤーソフトの１つ。トラッカーではない再生することはできても、JEAが持つDTM環境はMIDIデータの制作しかすることができなかった。ようやくMOD制作者らと同じ規格のハードウェアを入手し、かつインターネット接続を介してMOD伝送実践に介入できるようになったことで、JEAはMOD音楽家としての活動を開始したのだ。

外部MIDI音源モジュールが不要ということは、すなわちDTMに必要な費用を下げられることを意味する。また、海外で1990年代初頭から蓄積してきたデモシーンの伝送実践は、自由かつ無料で使用できる大量のオンラインMOD資産を用意していた。MODとトラッカーに依拠する技術的コンテクストには、とくに十分なお金の用意ができない若いユーザーたちが引き込まれていった。インターネット接続環境の普及とともに可視化された、従来のMIDI規格中心のDTMとは異なった音楽制作／伝送実践は、新しいファイルフォーマットの使用と新しいユーザー集団を日本において創り出すことになったのである。

3 「ネット文化」の生成とMODの受容

「ネット文化」思想の輸入

非日本語圏で生成されたMODとトラッカーの技術は、1990年代半ばの情報環境の変質をきっかけとして、日本の若いパソコン音楽家たちに受容され始めた。彼らが実行していくMODの制作／伝送実践は、電子楽器産業が市場投入するMIDI規格に依拠したDTM文化とは異なった領域をネットワーク上に創り出していく。こうしてインターネット接続環境を介して紹介される新しい手法や技術、考え方は、従来の文化実践とは違った新しいものとして表象された。代表的な表現の一つとして、すでに本章でも触れている「フリー」を挙げることができる。

ここでいうフリーとは、ネットワーク上で伝送されるプログラムの使用の慣習を規定する概念で

ためMODの制作はできないが、ファイルの再生をすることができた。

21 デモは「メガデモ」とも呼ばれていた。これは、およそフロッピーディスク1枚分にあたる「1MB」に容量を抑えていたからという理由や、「すごい」という意味合いで使われていたという理由などが挙げられているが、明確な理由は不明である。

22 2014年3月24日に東京都新宿区で実施したJEAとのインタビューによる。

ある。ソースコードとともに公開される改変可能なソフトウェア、つまりフリー（無料、自由）で使用できるプログラムはパソコン使用の文化と密接に存在し、とくに北米ではコンピュータの思想として鍛え上げられある程度の制度化もされてきた。たとえばリチャード・ストールマンは、１９８０年代からフリーソフトウェアファウンデーション（ＦＳＦ）を率いてCopyleft（コピーレフト）を標榜し、ソースコードの独占によって利益を上げるソフトメーカーを強く批判してきた。しかし、インターネット時代に拡大しつつあったソフトウェアの商業利用を排除することは、オンラインの魅力を減じる可能性もある。そこでフリーなソフトウェアという考えを保持しつつ、「無料」よりも「自由」な使用を強調する「オープンソース」という言い換えが１９９８年頃から行なわれた。エリック・Ｓ・レイモンドによるオープンソースイニシアティブ（ＯＳＩ）は、ＦＳＦと対立しつつ商業利用にも開かれたインターネット時代の考え方として支持されるようになった。１９９０年代末はこうした思想的な変質を踏まえ、ネット的な介入可能性の称揚が広まっていく時期でもあったのだ。

　ジャーナリストのばるぼらは、ウェブ上の活動を軸に成立してきた「ネット文化」の歴史を概観するにあたり、「ネット的」な表現を支える設計と運用が存在することを指摘している。[23] すなわち、「プラットフォームに依存せず、どこからでもアクセスが可能で、特別な技術の修練を必要としない、オープンな環境」という設計のもと、「ユーザーの自主性を担保するボトムアップ型、情報（データ）の自由な流通、匿名と実名の選択の自由、常に修正され更新される可能性を秘めた情報の不確定性、受け手が送り手にコンタクトをとる手段が確保された参加可能性・双方向性」という運用がなされることが、「ネット的」なものとして捉えられてきたという。さらに、この「ネット的」な設計と運用の背景には、「ネット的な態度や気分」を生み出す思想的要素があるとして、以下の３つを挙げている。１つめは、１９７０年代北米

23　ばるぼら ２０１４年

西海岸の理系学生らに象徴される手元の技術によってラフに問題解決を図る「ハッカー文化」、2つめは反体制的でフリー（自由、無料）とシェア（分配、分担、共有）の精神を持つ「ヒッピー文化」、そして、採算度外視な活動により経済的指標に拠らない多様性と代替性を創り出してしまう「DIY文化」の3つである。

オープンソース運動に見られる介入可能性の確保は、こうした思想的背景とともに北米西海岸を中心として生み出されてきた。1990年代後半からのインターネット接続の広まりは、この特定的な思想を世界規模で伝播させることに寄与してきたといえる。これは、日本の技術的コンテクストでもいくらか見られていた伝送と共有の実践を、新しく捉え直すための表現として頻繁に用いられることになった。インターネット接続の広まりとともに日本に導入されたMODは、こうした「ネット的」な文化の一つとして日本に紹介されたという側面も持っているのだ。

たとえば、音楽ライターの川崎和哉はそうした思想的背景とともにMODを日本に紹介した論者の一人である。彼は1999年に出版した『オープンソース・ワールド』の中で、違法MP3が社会問題化しつつあった当時の状況に触れながら、オープンソースの考え方が音楽流通にも適用されうる未来像について語っている。

オープンソースの世界にLinuxが登場したように、オープンコンテンツとして作品を発表するビッグ・アーティストの登場も、決してあり得ないことではないはずだ。もっとアンダーグラウンドなシーンに目を向けてみれば、実は音楽におけるオープンコンテンツはもうずいぶん前から実現している、と言うこともできる。MODのシーンがそれである。

（…）

ここで注目したいのは、MODのコミュニティが現実社会の音楽産業から完全に切り離された独自の音楽シーンを築いていることだ。MODによる作品はすべてが無料で配布されていて、ライセンスで明確に許可しているわけではないが、事実上は再配布も認められていることが多い。そして、そのときどきに、いま旬なアーティスト、流行っているグループ（レコード・レーベルのようなもの）といったものが存在し、リスナーの投票によるコンテストも行なわれている。また、これもライセンスで明確に許可しているわけではないのだが、既存の作品のリミックスもよく行なわれるし、既存の作品で使われている音源データを流用するのは当然のこととして行なわれている。つまりここでは、自然な文化土壌としてコピーの自由や改変の自由が認められている。[24]

川崎が力点を置くのは、ＭＯＤの制作と伝送はコピーや改変の自由という介入可能性を確保したオープンソースの考え方に基づいている、という捉え方だ。制度化が進められつつあった日本の音楽ファイルの状況とは分断された領域として、ＭＯＤ伝送の実践はある意味では理想的なものとして紹介されている。そこで想像されているのは「ネット的」な思想によって駆動する、オルタナティブな音楽ファイルの姿であった。当時、「ネット的」な技術と使用のコンテクストの紹介は、従来的な意味での経済的囲い込みに拠らないフリーなユーザー集団のあり方を想像させる力を持っていたのだ。

日本のＭＯＤシーンの形成

１９９０年代後半にはＭＯＤに関する雑誌記事も多少見られるようになってはいたが、公式な情報源というものが存在しないＭＯＤやトラッカーについて日本で知るためには、個人運営のウェブサイトを介して情報収集を行なうほかなかった。本稿冒頭で引用したような個人サイトは、トラッカーグループやコンポのレビューを通した海外ＭＯＤシーンに関する貴重な情報源として機能した。また、海外の状況を紹介するだけではなく、日本固有のＭＯＤシーンを創り出そうとする動きも同

24
川崎１９９９年、３２４頁

時期に現われた。日本のユーザーが使用可能なトラッカーの紹介や、MODでの音楽制作ガイドを、技術的なサポート込みで行なおうとする個人運営のウェブサイトが登場したのだ。

たとえば1998年から活動開始した「波平会」は、Windows対応トラッカーであるModPlug Tracker を独自に日本語化した上で再配布し、掲示板ではトラッカー利用に関する詳細な議論をフォローすることでユーザー増加に直接的に貢献した。またMac対応のPlayerPROに関する情報提供に主軸をおいた「malMODs」の丸井淳史は、当時を振り返って「掲示板での書き込みはMODシーンに関するものというよりは、技術的な質問や議論ばかりでした。ほとんどサポートセンターのような状態になっていましたね。[25]」と語る。インターネット接続を通して可視化されたMODシーンの紹介だけでなく、日本固有の技術的コンテクストに適合させるための技術的サポートを個人運営のウェブサイトが担ったことで、日本のMODユーザーは存在が可能になったのだ。パソコン1台

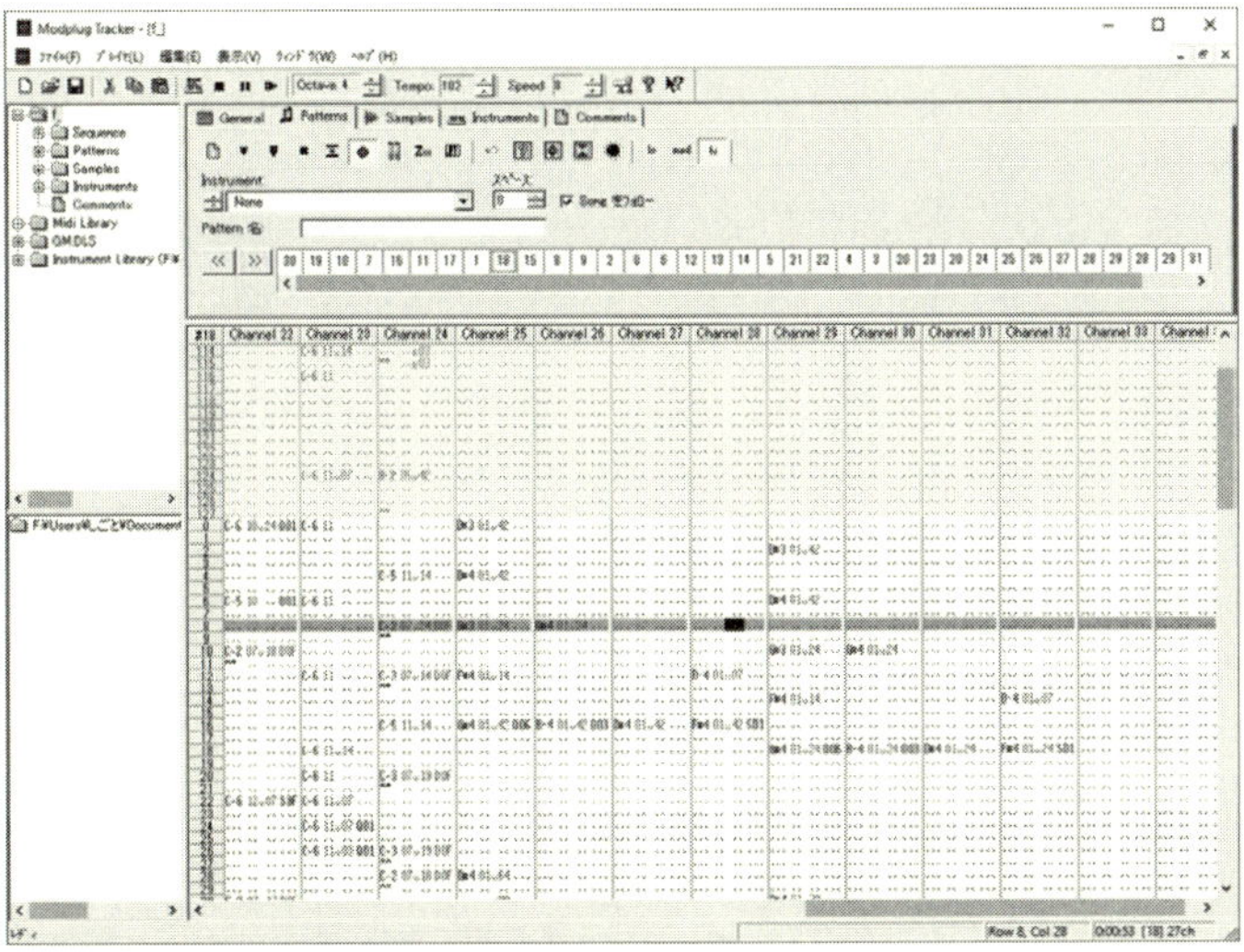

図3：ModPlug Tracker 日本語版の操作画面

25　2012年8月21日に東京都足立区で実施した丸井淳史とのインタビューによる。

で完結する音楽制作環境に惹かれた若いユーザーは、こうした経路をたどって情報を集め、彼ら自身によるＭＯＤ伝送実践を始めたのである。

　デモシーンって基本的に競争するじゃないですか、コンテストだから。１位とかアンケートで決めるじゃないですか。それでレビュー載せてとかっていう、コミュニケーションベースの音楽の受容の仕方として。当時はバナーリンクみたいなのがあって、「ＭＯＤのコンテストをやるリンクを作ったんでみんな貼ってください」みたいなのが来るんですよ。それで、ぼくも自分のサイトに貼ってあげたりとか。[26]

ＭＯＤ情報サイトであるＢＥＭＯＤ運営者の大沢がこう述べるように、２０００年前後にはＭＯＤの出来を競い合うオンラインのコンポが日本語圏でも頻繁に開催されるようになった。彼が指摘するように、デモシーン由来のＭＯＤシーンでは制作物の出来を競い合うことで名声を得る、というコミュニケーションに主軸を置いた価値判断がされてきた。日本のＭＯＤシーンでも同様の価値観と慣習が模倣され、フリーなＭＯＤを伝送し合う独自の実践が生じたのである。

　一方、インターネット接続という通信環境は、従来的なＤＴＭ文化におけるＭＩＤＩデータ伝送実践とは異なった活動方法をＭＯＤユーザーに対して可能にしていた。すなわち、ＭＯＤやトラッカーを創り出してきた非日本語圏でのＭＯＤ伝送実践への、直接的な参加である。日本国内でのネットワークを前提としたパソコン通信とは異なり、インターネット接続は文字通り世界と繋がっている。ＭＩＤＩデータ伝送の基盤だったＤＴＭ文化の技術的コンテクストとは異なる領域が広がっていたのだ。たとえば、手軽にサンプリングデータを使用できるというＭＯＤの魅力に取り憑かれた音楽家の１人である taropeter は、その差異を以下のように振り返った。

　「ミュージ郎[27]」とかあったじゃないですか。あ

26　２０１１年10月30日に東京都新宿区で実施した大沢駿とのインタビューによる。

27　Roland が販売していたＤＴＭパッケージのシリーズ名。シーケンサーソフトウェアと外部ＭＩＤＩ音源モジュール、パソコンと接続するインターフェイスが割安でセット販売され、ＤＴＭ文化を広めることに大きく貢献した。

あいう音源、いわゆるＭＩＤＩっぽい響きになっちゃうじゃないですか。物足りなさを覚えて。ＭＩＤＩ音源の中身を微妙にパラメーター書き換えるソフトとかあったりとかそういうのをいじってく中で、ＭＯＤっていうものがどうやらあるぞと知ったんです。それがＭＯＤの入り口で。インターネットですね。[28]

日本固有の技術的コンテクストでの活動を経て、ネット的なＭＯＤ伝送の実践へと目を向けたtaropeterは、世界規模のＭＯＤアーカイブの１つ「TRAX IN SPACE」に自作のＭＯＤを投稿し始めた。日本でＭＯＤの紹介が盛んになった１９９８年頃にはすでにそうした海外アーカイブサイトは複数あり、レーティングやダウンロード数の表示とコメント投稿によって制作者相互のモチベーションを刺激していた。こうした伝送の領域に、日本語圏からも簡単に参加ができるようになっていたのである。

90年代の中頃とか後半とかだと、データの中に入ってたサンプルとかも8ビットとかだったりして微妙に音質も悪かったと思うんですけど。それでも、ＭＩＤＩより音は全然荒いけど、なんだこれ、みたいな衝撃。最初はサンプリングのネタもないから、ＭＩＤＩからサンプリングしてそれを加工してＭＯＤに入れた。それがたぶん一番最初のＭＯＤなんですよ。（…）その時は世間知らずで、いきなり海外のレーベルとかに送って。そのうちの何個かがmonotonik[29]に上がってる。で、そこからproswellって人からリアクションがきて。僕はそういうのでは、けっこう最初の方にいきなり海外とつながったんですよ。[30]

積極的に海外ＭＯＤシーンへの介入を試みたtaropeterの楽曲は、アンビエントやエレクトロニカと呼ばれる音楽ジャンルの流行に沿ったものだった。彼の活動は英語圏ＭＯＤユーザーらによって評価され、彼らとの協働による制作やリリースを

28 ２０１４年10月30日に東京都新宿区で実施したtaropeterとのインタビューによる。

29 アメリカに拠点を置くＭＯＤ伝送に特化した仮想レーベルであった。その後、monotonikは最初期の「ネットレーベル」として認識されるようになった。

30 taropeterインタビューによる。

行なっていくきっかけとなった。形成されつつあった日本のMODシーンでtaropeterの活動はモデルの一つとして捉えられ、英語圏MODアーカイブサイトに楽曲を投稿するMODユーザーは数を増やしたのである。

MODというフォーマットは、日本固有の技術的コンテクストが生んだ音楽ファイルの姿とは異なった伝送の領域をもたらした。市場化と制度化が進められていく同時期のMIDIデータ伝送とは違って、そこにはMODの技術的特徴に支えられたフリーな伝送の実践が開けている、そう捉えられたのだ。日本のMODシーンは1990年代末に急速に形を成していったのである。

ナードコア・テクノにおけるMODの活用

また、日本独特の音楽表現として生成されつつあった音楽ジャンルでも、MODは盛んに用いられた。それは1990年代後半にテクノのサブジャンルとして急速にファンを増やしていた「ナードコア・テクノ」と呼ばれる音楽文化での使用である。ナードコアは、1990年代後半に日本のサブカルチャーと密接に関わりながら展開していたクラブカルチャーの1シーンを指す。アニメや特撮、映画などからサンプリングした日本のオタクが面白がるようなフレーズを、ガバやドラムンベースなどのハードコアテクノにミックスするスタイルが特徴である。Nerd（ナード）とはいわゆるオタク的な嗜好を意味する単語で、それとハードコアテクノという音楽性をリミックスした秀逸なネーミングといえよう。

ナードコアはその面白おかしく作られた楽曲もさることながら、寸劇やフロアとの掛け合いを盛り込んだ圧倒的なライブパフォーマンスが醍醐味であったという。『Quick Japan』1999年2月号ではナードコア特集が組まれ、クラブイベントのレポートや音楽家へのインタビューが掲載されている。そして、その中ではMODやトラッカーの説明に数ページが割かれているのだ。なぜなら、ナードコア音楽家たちはトラッカーを楽曲制作ツールとして積極的に用いていたからだ。ナードコアでは、いかに面白いオタク的音源をサンプリングして楽曲に取り込むか、が一つの評価基準とされており、サンプリングに適したフォーマットであるMODは最適なツールとして捉えられたのだ。

　Quick Japan の特集記事では、ナードコア音楽家の1人であったJEAに実際にMODを制作してもらうかたちで、その有用性を紹介している。

> 　jea氏はMODで曲を作っている。MODとは音楽のフォーマット。パソコンがあって、インターネットにつなげさえすればMODで音楽を作ったり聴いたりできるソフトが割とどこででもダウンロードできる。
>
> （…）
>
> 　適当に持ってきたCDの中から、アボリジニーの歌とデイジリドゥの演奏が入っているのが面白いかと思い、jea氏に渡す。音ネタとしてアボリジニーのおっさんが歌っている部分を取り込み、jea氏はガバの基本パーツを作り始めた。
>
> （…）
>
> 　結局、私がやったことといえば音ネタを提供したことぐらいだが、ド素人でもなにかしら作ってみたくなるくらい間口の広い音楽だ。とりあえず何らかの音ネタと、作りたいという欲求があれば、あとは努力でなんとかなる。なによりMIDIなどと違って、元手がかからない。パッと見とっつきにくいかもしれないが、その辺は自分の才覚と気合でなんとかなる。やってみよう[31]

　もちろん、ナードコア音楽家のすべてがMODを使用していたわけではないが、記事から見て取れるように「元手がかからない」点は若い音楽家にとってとても魅力的だった。

> 　最初に買った機材はサンプラー（Roland W30）だったのですが、メモリが720KBしか無かったことや、いちいちフロッピーディスクでの

31　伊藤1999年、106頁

アクセスが面倒臭かったこと、とはいえＳ１１００やＳ２０００などのＡＫＡＩのサンプラーを購入するのもお金が無い、という状況で、サンプリングをメインとした音楽を作るのにＭＯＤは最適でした。ＭＯＤならサンプリングタイムは無制限だし、そもそもフリーだし、海外などで配布されているＭＯＤデータから音ネタが抜けるし、自分にとっては革命でしたね。[32]

１９９６年からカラテクノ名義でナードコアの制作を行なってきたBUBBLE-Bは、トラッカーに熱中した理由をこう語った。テクノやハウスといったサンプリングミュージックにとって、シンセサイザーを使った楽器演奏の延長線上に構想されたＭＩＤＩデータ制作だけで音楽制作をすることは難しい。電子楽器産業からはサンプラー機材も発売されてはいたが、高価だったことやパソコンのほかに機材が必要になる点はデメリットだった。パソコン１台とインターネット接続環境のみでテクノの制作が行えるＭＯＤは、彼らにとって革新的な制作環境だったのだ。それは従来的なＭＩＤＩ規格の使用では実現しづらい音楽表現を可能にしたのである。

彼らはトラッカーでの音楽制作を行う一方で、ＭＯＤに関する情報をウェブサイト上で活発に発信する紹介者としての側面も持っていた。さらに、制作したＭＯＤ自体もインターネット上で伝送されていく。ＭＯＤはもともとデモのファイルサイズを小さくするために改良されてきたフォーマットだったことに加え、サンプリングレートを落とす、ごく短時間のみサンプリングするなどの工夫により、64Ｋｂｐｓ程度のナローバンドの帯域幅でも十分に伝送可能なファイルを作成できた。ナードコア音楽家たちも、ＭＯＤシーンで行なわれてきたのと同様に、インターネット上でのフリーな伝送実践の拡大に貢献したのだ。

日本のＤＴＭ文化に輸入されたＭＯＤの技術的コンテクストは、従来のＭＩＤＩデータに依拠したエコロジーとは異なったオルタナティブな音楽ファイルの可能性を示すものとして捉えられた。

32　２０１２年8月20日にメールで行なったBUBBLE-Bとのインタビューによる。

ＭＯＤシーンやナードコア・テクノといったデジタル音楽のサブカルチャーは、「ネット的」な思想の導入とともに新しい伝送実践への想像力をかきたてたのだ。

４　ＭＯＤ伝送実践の到着点

２０００年代初頭は、ＤＲＭ（Digital Rights Management）の技術的導入や、２００１年７月から運用が開始された音楽著作権使用ルールの成立[33]によって、「音楽ファイル」の政治経済が産業的編成の主導下で固定化していった時期でもある。電子楽器産業やレコード産業、そして通信産業は、ネットワーク上での既存のＭＩＤＩデータ伝送はもちろんのこと、新たなデジタル音楽技術として急速に広がりつつあったＭＰ３の伝送も射程範囲に加え、インターネット接続環境を管理可能な市場として再編成しようと試みていた。だが同時期、MODとトラッカーの導入によって花開いたＭＯＤ伝送実践の領域は、そうした経済的指標に依拠した制度化とは異なったロジックのもとに、ユーザーたち自身による「ネット文化」として成立してきたように見える。

ＭＯＤユーザーによるサンプリングに依拠した音楽制作と伝送実践が、制度化の進むデジタル音楽の政治経済に反するものとして正面から規制されなかったのはなぜだろうか。これにはいくつかの理由が考えられる。一つは、権利者団体としてのＪＡＳＲＡＣ（日本音楽著作権協会）やＲＩＡＪ（日本レコード協会）から見たＭＯＤ伝送実践の捉えづらさである。「ネット的」な文化実践の導入に敏感な比較的少数のユーザーたちが個人運営レベルで広げていったＭＯＤの使用のコンテクストは、電子楽器産業や通信業界が後押ししてきたＭＩＤＩデータ伝送実践と比較しても規模が小さかった。先進的なユーザー集団によるニッチとして形づくられていったＭＯＤ伝送実践は、日本での著作権使用ルールが定まった２００１年の段階では決してメジャーな文化ではなかった。

33　デジタルネットワーク上で伝送する音楽著作物への著作権使用料徴収の運用ルールは、１９９０年代を通じてＪＡＳＲＡＣ（日本音楽著作権協会）と使用者団体との間での徴収金額に関する協議が続けられてきた。そして２００１年７月以降、個人ユーザーに対しても音楽著作権使用ルールが適用されることになり、ここから急速にデジタル音楽市場の再編が進められていった。

　また二つめとして、既存曲のコピー／アレンジを軸にして制作スキルを競っていたＭＩＤＩデータ伝送と違って、ＭＯＤはサンプリングによるオリジナル曲の制作に焦点があてられていた。この違いは、既存曲の模倣を含んだ音楽実践である電子楽器の演奏、それを前提としてデザインされてきたＭＩＤＩデータと、パソコン一台でオリジナリティある小さな音楽ファイルを制作することを主眼にデザインされてきたＭＯＤの、そもそものフォーマットが目指すところの違いにもよる。ＭＯＤの使用における慣習はオリジナル曲の制作に焦点があてられたまま日本でも受容されてきたため、音楽著作権の使用が明確なＭＩＤＩデータ制作とは異なっていたのだ。

　しかし最大の理由とは、実はＭＯＤの伝送実践が短期間のうちに下火になってしまったことであった。個人ユーザーを対象とした伝送系メディアでの音楽著作権使用ルールが適用開始となる２００１年７月の時点で、ＭＯＤの伝送実践は実際のところその姿を消しつつあったのだ。つまり、経済的指標における「音楽ファイル」像に反する実践として規制対象とされる以前に、日本でのＭＯＤは見えないものになってしまったのである。その理由は、音楽家たちが楽曲制作ツールに求めるものと、ＭＯＤがその形成過程で獲得してきた技術的コンテクストとの違いとして見出すことができる。

> あれは、作る段階でダイエットをして、音質とかクオリティを犠牲にして、ちっちゃいファイルサイズの中のどんだけできるか競おうぜみたいな、そういうサークルの中でのものなんで。クラブで鳴ったときに、わざわざそんな規制なんか意味ないわけでしょ？サンプリンググレートとか落としたのも意味ないじゃん。ダサい音を出すやつで終わるわけじゃん。それは価値感じないですよ、やっぱり。フロア対応はできない。それは、そういうカルチャーの中で遊ぶんだったら楽しいとは思うよね。[34]

34　２０１４年９月19日に京都府京都市で実施したBUBBLE-Bとのインタビューによる。

ナードコア音楽家としてMODの制作と伝送に熱中してきたBUBBLE-Bにとっても、MODはその特性による限界が感じられるようになっていた。オーディオデータを直接処理することのできるDAW（Digital Audio Workstation）と呼ばれる作曲ソフトウェアの登場や、音楽制作機材の低価格化は、フリーなMODとトラッカーの価値を相対化しつつあったのだ。また、小さなサイズで音楽制作をするというデモシーン由来のMODの特性は、その技術的コンテクストを離れた「フロア」においては、どうしても陳腐な音響として鳴り響かざるを得なかった。音楽ファイルのデザインにおける価値観と、クラブ文化における価値観とは、実際のところ別のロジックに拠っていたのである。

　また、MODの技術特性でありフリーな慣習を支える要でもあった「サンプルの抜き出し」可能性も、音楽家としての規範意識と対立するものとして意識されるようになった。taropeter はその点について以下のように説明する。

> TRAX IN SPACEとかに上げてたデータをそのまま、違う人が別の名前で出しちゃったりとかして。サンプルを使ってじゃなくてデータそのまま出しちゃったりとかもして。たしかにMODってこういうとこもあるよな、と思って。そこから先は、MP3とかのデータとしてリリースするようになったんです。だから、勉強する分には中身が見れるってのはすごくいいなって思ったけど、いざ自分が発表した時に、それってあんまり僕にはメリットないよなっていう。聴く側から作る側に移った時に、価値観って変わるなって思って。[35]

MODシーンでの活動を続けていたtaropeterは、オープンなフォーマットの特性の魅力に惹かれた一方で、音楽家としてはそれがデメリットになることにも気付く。サンプリングデータを使用して楽曲制作を行なったとしても、それを「抜き出す」ことのできない、言い換えるならば介入可能性の無い、MP3の方が適切であると思われたのであ

35　taropeter インタビューによる。

る。

　１９９０年代末に夢見られた「ネット的」な音楽ファイルだったＭＯＤは、そのフォーマットが持つ独特な技術的コンテクストによって急速に注目を集め、しかしまた同じ理由によって使用されない技術へと短期間のうちに位置づけられた。ＭＯＤの技術が受容される過程で形成されたユーザー集団は、最終的にはＭＰ３を媒介とする「音楽ファイル」の姿形をめぐった政治経済的な抗争へと、ＭＩＤＩデータ伝送を担ってきたユーザー集団とは異なった経路をたどりながらも参入することになったのである。

５　おわりに

　１９９０年代後半、インターネット接続の実現とともに日本の音楽ファイル伝送実践の領域に紹介されたＭＯＤは、ＭＩＤＩデータを基盤としたそれまでのＤＴＭ文化の一部にショックを与えた。ＭＩＤＩデータの技術的コンテクストとは異なり、ＭＯＤはインターネット接続を介して世界と繋がり、アマチュアプログラマーたちによる自生的な技術と慣習のもとに、サンプリングによる音楽表現を伝送し合うようになった。本章では、ＭＯＤの技術的な展開と日本での使用の広まりについて論じ、それらの実践の基底に「ネット的」な思想として「フリー」のイデオロギーが導入されていたことを指摘してきた。ＭＩＤＩデータ伝送の実践が産業的編成の提示する枠組みの中に固定されていく中で、ＭＯＤの持つ「ネット的」なイデオロギーは新しいユーザー集団の伝送的な想像力を刺激したのであった。

　だが、そうして創り出されたＭＯＤを使用する音楽文化は、非常に短期間のうちに消えてしまった。ＭＯＤ音楽家たちへのインタビューからわかることは、ＭＯＤにはそのフォーマットに特有の技術的コンテクストがあり、同時期の日本の音楽制作環境の急速な変質にとってそれが適合しなかったという事実だ。ファイルサイズを小さくするための技術的な工夫によっていたことや、ある特定のシーン内部での伝送をサポートする介入可能性といった、MODに特有のフォーマットとしての規定性は、2000年代のアマチュア音楽家たちにとってすぐに適合しないものになってしまった。インターネット接続とパソコン関連の技術が急速に高度なものに置き換わり、圧縮フォーマットの使用が広がる中で、新しく形成されつつあった「ネット的」なMODのユーザー集団も、「音楽ファイル」の政治に巻き込まれることになったのである。

最後に、「ネット的」な雰囲気が持つ否定的な側面についても触れておきたい。MODは「ネット的」イデオロギーとともに日本に紹介されてきたが、そこでいう「ネット的」なものの内実にも、当然のように複雑な構造が畳み込まれているからだ。そうした否定的な側面を鋭く指摘した論文として、リチャード・バーブルックとアンディ・キャメロンが1998年に書いた「カリフォルニアン・イデオロギー」[36]を挙げることができる。「ネット的」な雰囲気はアメリカ西海岸を起点とし、ネットワークの広がりに応じて世界中に拡散していった。自由主義的でDIY文化への信奉を含み込みフリーなおおらかさを持つように見えるそれは、しかし一方で、北米西海岸の歴史が持つ奴隷制度や高度資本主義の持った矛盾を反映した、カリフォルニアの新興「仮想階級」のためのイデオロギーでもある。バーブルックとキャメロンが批判したのは、ある特定の時代と地域のコンテクストに依拠したカリフォルニアン・イデオロギーが本来的に持ってしまう矛盾であり、またそれを「不可避的な未来」として素朴に受容しようとする他地域のユーザーたちの姿勢であった。無批判にカリフォルニアン・イデオロギーを受容するのではなく、その地域ごと時代ごとのコンテクストに合わせたネット的アイデンティティ構築の必要性を、バーブルックとキャメロンは主張したのだ。

実際のところ、MODに「ネット的」な夢を見てしまう1990年代末の想像力も、彼らが批判する受容姿勢のうちにあったといえるだろう。む

36 バーブルック、キャメロン1998年

しろ「ネット的」なものの持つ否定的な側面は、「音楽ファイル」の音楽配信事業へと繋がり、ＩＴバブルを支える思想的基盤へと成長していったのだ。その先にできあがったのは、潜在的なネットワーク・ミュージッキングを不可視のものとして捉える、経済的指標のみに依拠した「音楽ファイル」市場であった。日本でのＭＯＤの受容過程は、「音楽ファイル」形成の過程でオルタナティブな伝送実践をたしかに創り出した。だが、社会的な認識が「音楽ファイル」の経済へと向かう中で、その伝送実践は急速に忘れ去られてしまったのであった。しかしだからこそ、その歴史を過渡期的な夢だったとして受け流すわけにはいかない。ＭＯＤの使用の歴史に見出すことのできる「ネット的」な伝送実践の楽しみは、現代のデジタル音楽のあり方を創り出してきた要素の１つだからだ。日本におけるＭＯＤの短い歴史からは、そうした関係性をつかみ取るための視座を得ることができるのである。

付記

本章は２０１６年度に東京藝術大学に提出した博士学位論文の一部を大幅に加筆修正したものである。

参考文献

一般社団法人音楽電子事業協会『MIDI 1.0 規格書』、http://amei.or.jp/midistandardcommittee/MIDIspcj.html.（2017/10/08 参照）
井手口彰典『ネットワーク・ミュージッキング 「参照の時代」の音楽文化』、勁草書房、２００９年
伊藤剛「特集「ナードコア・テクノ」の夜明け」、『Quick Japan』23(2): 88-107、太田出版、１９９９年
川崎和哉『オープンソース・ワールド』、翔泳社、１９９９年
田中治久（hally）『チップチューンのすべて All About Chiptune ゲーム機から生まれた新しい音楽』、誠文堂新光社、２０１７年
バーブルック、リチャード、アンディ・キャメロン「カリフォルニアン・イデオロギー」、『10+1』13(5):153-166、篠儀直子訳、ＩＮＡＸ、１９９８年
ばるぼら「日本のネットカルチャー史」、『門川インターネット講座４ ネットが生んだ文化 誰もが表現者の時代』41-78、川上量生他編、KADOKAWA、２０１４年
山崎由喜憲『メガデモを作ろう』、ソフトバンク、１９９７年
北里方志『coding style』、光琳社、１９９８年
Carlsson, Anders. 2008. “Chip music: low-tech data music sharing.” in *From Pac-Man to Pop Music: Interactive Audio in Games and New Media*. Edited by Collins, Karen. Burlington: Ashgate Publishing Company. 153-162.
Carlsson, Anders. 2009. “The Forgotten Pioneers of Creative Hacking and Social Networking — Introducing the Demoscene.” in *Re:live Media Art Histories 2009 Refereed Conference Proceedings*. Edited by Sean Cubitt and Paul Thomas. http://www.mediaarthistory.org/mah-conf-series/relive.（2017/10/08 参照）16-20.
Collins, Karen. 2008. *Game Sound An Introduction to the History, Theory, and Practice of Video Game Music and Sound Design*. Cambridge: The MIT Press.
Kotlinski, Johan. 2009. “Amiga Music Programs 1986-1995.” http://goto80.com/chipflip/dox/kotlinski_(2009)_amiga_music_programs_89-95.pdf.（2017/10/08 参照）.
Sterne, Jonathan. 2012. *MP3: The Meaning of a Format*. Durham: Duke University Press.
Walleij, Linus. 1998. “Copyright Does Not Exist.” http://web.archive.org/web/20100618123929/http://home.c2i.net/nirgendwo/cdne（2017/10/08 参照）.

第Ⅲ部　都市空間と音楽

第5章 東京ライブハウス文化の転換と再構築

——中規模店舗のブッキングイベントを事例に

中野 哲

1　はじめに

日本のライブハウスは40年以上の長きにわたって独自の発展を遂げてきた。熱心な音楽ファンでない限り馴染みの薄い場所かも知れないが、その文化は全国各地に広がっており、総店舗数は１０００軒以上、都内だけでも３００軒以上にも及ぶ。[1]

アカデミズムの領域に目を向けると、代表的なライブハウス研究としてはチケットノルマ制の問題を中心に論じた宮入恭平の著作[2]がある。また、近接する分野の先行研究としては、田村公人による小劇場をめぐる研究[3]、太田健二によるクラブカルチャー研究[4]、マイク・モラスキーによるジャズ喫茶研究[5]などが挙げられるだろう。しかし、ライブハウス文化は研究対象としてはまだまだマイナーであると言わざるを得ない。特に、実際に現場に携わるスタッフたちが日々どのような考えの下でイベントを運営しているのかはあまり知られていない。また、ライブハウス全般に対して一面的な捉え方がなされたり、店舗ごとの規模やイベントの種類などが混同されてしまったりすることも少なくない。

筆者はこれまで約10年間ライブハウスの現場でミュージシャンとして活動し、その文化が常に揺れ動いていることを肌で感じてきた。そこで本研究は、筆者自身の経験を活かしつつ、現場でのフィールドワークを通し、近年のライブハウス文化の実態を捉え、それが歴史的なコンテクストのなかでどのような意味を持つのかを論じることを目的とする。その方法論として、本稿では特に東京の中規模店におけるブッキングイベントの運営に着目し、人気店で活躍するブッキングマネージャーとのインタビューを行った。以下では旧来のシステムに代わる新しい潮流を探り、時代を経ても変わらないライブハウス文化特有の性質があるとしたらそれは何なのかを考えていきたい。

2　ライブハウスの分類

1　ライブハウスという用語の定義は人により異なるため、全国の店舗数を正確に数え上げることは困難である。但し、筆者がライブハウスのデータベースサイト「Yellow Span」(http://www.yellowspan.com/livehouse/)と「ハコナビ」(http://hakonavi.org)で店舗数を数えたところ、２０１６年12月６日時点でそれぞれ９５０軒、１０３９軒という数値を得た。都内の店舗数に関しては、同日時点でそれぞれ３２６軒、３３８軒という数値が得られた。

2　宮入２００８年。

3　田村２０１５年。

4　太田２００９年。

5　モラスキー２０１０年。

今日、「ライブハウス」という言葉は様々な場面で幅広く用いられており、広辞苑では「ポピュラー音楽の生演奏を聴かせる店」[6]と緩やかに定義されている。また、法律上は「飲食店」[7]として営業している場合がほとんどである。しかし、ライブハウスという言葉は元々和製英語であり、日本のロック音楽の歴史と不可分に結びついている。その点を考慮し、本稿では全てのポピュラー音楽ではなく、あくまで狭義の、ロック音楽とその系譜に連なるポップスを中心とする日本のライブハウスを中心に扱う。

このような狭義のライブハウスでは現在ほとんどの場合、以下の五つの条件を共通して見出すことができる。第一に、生演奏の音楽を楽しめる「ライブ会場」であること。第二に、バーカウンターを備え酒類を提供している点。第三に、基本的にオールスタンディング形式に対応している点。第四に、音響・照明機材が整っており、出演者は最低限、楽器を持って来れば演奏が可能である点。そして第五に、近隣に配慮した防音設備がある程度備わっている点である。

しかしこれらはライブハウスの必要条件であって、十分条件ではない。なぜならライブハウスについて語るとき、このような空間上の規定だけでは測れない、文化としての側面を無視できないからだ。ライブハウスの文化は店や地域ごとに様々なバリエーションを生み出してきた。その全てを考慮して、〈ライブハウスとは何か〉を一言で定義することは不可能である。

ライブハウスでは、大きく分けて二種類のイベントが行われている。すなわち、店独自の企画による「ブッキングイベント」と外部からの持ち込み企画「ホールレンタル」である。前者は店専属のブッキングマネージャーがバンドを誘い、複数組のバンドが共演する「対バン形式」によるライブが大半を占める。いわば内容によってその店のオリジナリティが問われるイベントと言って良いだろう。一方で後者は、店員以外のイベンターやレコードレーベル、あるいはミュージシャン自ら、大学のサークルなど多様な人々が主催するライブ

6 新村（編）2008年、2921頁。

7 ライブハウスの多くが風営法に定められた「飲食店営業」の形態をとり、食品衛生法第52条第1項に定められた保健所の許可を得ている。

イベントだ。

　また、ライブハウス業界はおおむね三段階のピラミッド式の階層を持つと考えることができる。

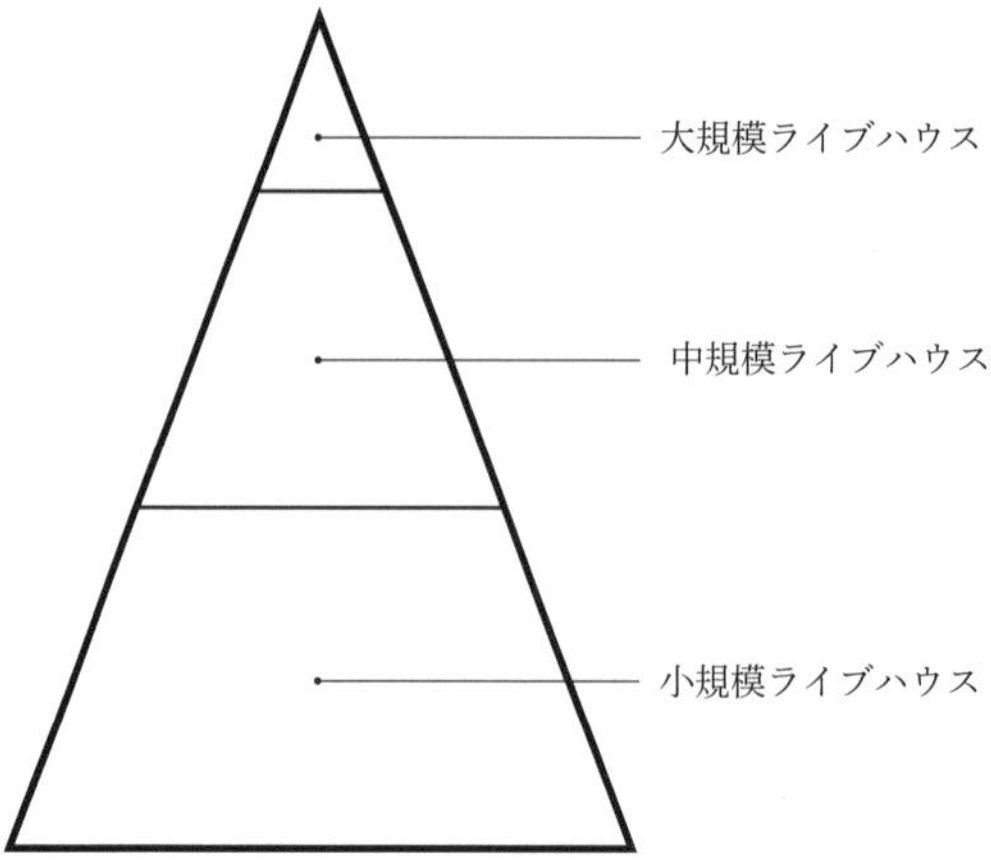

図1　ライブハウスの階層（筆者作成）

　まず最下層に位置するのは「小規模ライブハウス」であり、オールスタンディングで50人から200人程度のキャパシティを持つ。収容人数の都合上有名アーティストが公演することは難しく、出演者は若手あるいは中高年のアマチュアミュージシャンが中心となる。しかしその敷居の低さゆえに、有名店でない限り人集めには苦戦しがちだといえる。そのため、飲食店としての要素を前面に押し出したり、低価格帯でのホールレンタルを行ったりする事例も少なくない。とはいえ、小規模だからこそコアな需要を満たすアンダーグラウンドな音楽シーンを育みやすいという強みもある。さらに、以上のような特色を持つ小規模ライブハウスは、都内には200軒近く[8]存在する。

　続いて、もう一つ上の層は「中規模ライブハウス」であり、キャパシティは200人から500人ほどが想定される。このタイプの店舗では、スタッフが日々主催する独自のブッキングイベントが重要な軸の一つとなっている場合が多い。また、会場サイズの程良さから多様なインディーズミュ

8　ライブハウスのデータベースサイト「LiveWalker」(https://www.livewalker.com) を参照したところ、キャパ200人未満の都内ライブハウスは2016年12月7日時点で172軒であった。しかし同サイトはライブハウスと「レンタルスペース」、「ライブカフェ&バー」を区別している点を考慮すると、一般的なライブハウスのイメージに当てはまる店舗はさらに多いと想定できる。但し、この数字には「ジャズ・クラブ」や「クラブ」とも捉えられる店舗が若干含まれている。

ージシャンやイベンターが持ち込み企画を開催している。出演ミュージシャンには若手も多いが、総じて小規模店舗よりも敷居は高い。そして単に趣味で音楽を嗜むだけでなく、上昇志向を持っている出演者も少なくない。小規模店舗に比べると、キャパシティを維持するための都合上、ジャンル的に明確な縛りは設けにくいといえる。[9]以上のような側面を持つ中規模ライブハウスは都内に100軒近く存在しており、[10]小規模店舗よりは数が少ない。

　そして、ピラミッドの最上層は「大規模ライブハウス」である。キャパシティは500人以上、最大で約2000人を収容する。この規模では、大手プロモーターやレーベルが主催するイベントや著名バンドのワンマンライブが大半を占め、店側から発信するブッキングイベントはほとんど稀である。出演者の大多数は集客力のある、著名プロミュージシャンたちだ。このタイプの店舗では、必然的に独自のカラーはなかなか出しにくく、ほぼ「貸しライブホール」として営業しているともいえる。店舗数は三タイプのなかで最も少なく、都内でも20軒ほど[11]しか存在しない。

　もちろん以上の分類は大雑把なものに過ぎず、例外も少なくないが、ライブハウスシーンの様相を理解する上では大きな意味を持つ。本稿ではこのうち、上下の層との緊張関係のなかでダイナミックに揺れ動き続けている中規模店舗のシーンに着目する。そして、各店の独自性が表出されやすく、文化発信としての側面も持つブッキングイベントの開催における背景を探ることで、ライブハウスで営まれている文化の意味を考えていきたい。

　但し、一言に「中規模ライブハウス」と言っても、その店舗数は全国に広がっている以上、地域差を無視することはできない。本稿で着目するのは筆者が慣れ親しみ、ライブ活動を続ける東京のライブハウスの事例であるが、その特殊性については注意しておかなければならない。

9　とはいえ、ハードコアやパンクなどの特定ジャンルに偏っているハコや、店の雰囲気に応じてお洒落なバンドが多いハコなどの指向性は見られるため、必ずしも全ての店舗が幅広いジャンルを扱っているとは限らない。

10　前掲サイト「LiveWalker」によれば、キャパ200〜500人の都内ライブハウスは2016年12月7日時点で89軒というデータが得られた。

11　前サイトによれば、キャパ500人を上回る都内の店舗は同日時点で10軒であった。しかし同サイトは「ライブホール」とライブハウスを区別しているため、一般的にはライブハウスの範疇で認知されている店舗が数えられていない例も少なくない。その点を考慮すると、都内の大型店は20軒近くに上ると筆者は捉える。

3　変わりゆくライブハウス像

ライブハウスが生み出すもの

日本の音楽業界全体の中では、中小規模のライブハウスは、特に若手ミュージシャンのブッキングイベントを企画しているように、「ボトム（底）」として新しいムーブメントを支える役割を担っている。つまり、ライブハウスが発信する最先端の音楽や未知の才能は、初めはどんなに「マイナー」であったとしても、近い音楽的趣向を持つミュージシャンやリスナーが集合することで人気を集め、やがては広いムーブメントに繋がっていく可能性がある。ほとんどのロック系ミュージシャンは、公の場における初演奏の場としてライブハウスを選ぶ。いわばライブ活動のキャリアのスタート地点である。いきなり大会場で演奏するためには飛び抜けた集客力や資金がなければならないし、ストリートライブでは演奏やパフォーマンスの自由度も制限されるからだ。このように、上昇志向を持つミュージシャンにとってライブハウスは活動におけるステップアップの場、いわば「踏み台」として機能していると捉えることが可能だ。

しかし、「ボトム（底）」だからといって質が劣っているわけでは決してなく、ライブハウスには独自の魅力が宿っていると信じられている。演者でもオーディエンスでも「ライブハウスのイベントでしか成立しない体験」を期待する者は後を絶たないのだ。さらに、ライブハウスにはそこで働いているスタッフたちの意向や哲学が常にイベントに影響を及ぼしている。彼らは各々こだわりを持って、一定のしきたりやルールのもとで運営を行う。いわばライブハウスは、音楽シーンを下支えする役割を持ちつつも、独特の文化と価値観を持って発展を遂げてきた、音楽業界における「内部の外部」なのだ。

ライブハウス文化の起源とアンダーグラウンドの美徳

近年のライブハウスシーンで何が起きているかを理解するためには、まずはここでライブハウス文化の歴史的な流れを踏まえておく必要がある。そもそもライブハウスの原型は、1950年代後半からの「ジャズ喫茶」と1960年代後半に成立した「ロック喫茶」に見出すことができる。[12] 前者は元々ジャズ音楽を聴くための喫茶店だったが、やがて軽音楽のミュージシャンたちが多数出入りするようになり、ジャズの域を超えて芸能プロダクションや歌謡界の業界人が進出した店舗も多かった。後者はロック音楽を聴く個人経営の喫茶店であったが、そこには芸能界とは独立し商業主義的な音楽に対抗する意味合いがあった。このような背景のなかで、1970年代前半からは「喫茶」の要素を削ぎ落とした、ロックを中心とする音楽の生演奏空間として「ライブハウス」[13]が誕生した。

1970年代前半といえば、日本のロックの胎動期とちょうど重なる。音楽評論家の増渕英紀によれば、[14]このようなシーンの「底上げと多種多様化に多大な役割を果たした」のが、当時次々に誕生したライブハウスだったという。このようなロックシーンは1970年代半ば以降になると全国的な広がりを見せた。

ライブハウスは元来、芸能プロダクションが直接制作に関わらない、既存の音楽シーンに対する異議申し立てとしての「カウンターカルチャー」として登場したが、その後フォークやロックがメジャーな音楽シーンでも一ジャンルとしての地位を確立し、市民権を得ていくなかで「ライブハウスのシステム化」が進行した。その兆候として店員の役職の明確化、ステージ設計や音響設備の整備、出演者に対するノルマ制など、様々な面で変化が見られた。また、ライブハウスでの演奏を希望するアマチュアミュージシャンの人口は、黎明期に比べ飛躍的に増加した。そして1980年代後半になると、日本のメジャー音楽シーンで成功を収めるロックバンドが激増し、空前の「バンドブーム」が到来した。ライブハウスの観客動員数も急激に増加し、ブームを支える役割を担っていた。ライブハウスはこの時代に至って、ロック音

12 宮入2008年、41頁。

13 「ライブハウス」という名称が定着するのは1970年代後半になってからであり、しばらくはミュージックスポット、アングラなどといった多様な名称が用いられていた。(同前、46頁)

14 井上(編)2009年、81～142頁。

楽自体の産業化と並行し、巨大な音楽産業の中の一部分として組み込まれていくことになる。

とはいえ、元々ライブハウスが持っていた「カウンターカルチャー」としての側面の全てがすぐに消滅したわけではない。実際に、ライブハウスはシステム化を進めながらも、「アンダーグラウンドの美徳」とでも呼ぶべき空気感を完全に捨て去りはしない、という奇妙で微妙なスタンスをその後長年にわたって取り続けたのである。

「アンダーグラウンドの美徳」は現在でもいくつかのライブハウスで垣間見られる。地下へと向かう階段の壁全面に無造作にポスターが貼られ、トイレは落書きやバンドのステッカーで埋め尽くされ、薄暗いフロアは煙ったく、タバコや汗の匂いで充満している。来場者や出演者は酔い潰れ、店員は仏頂面。ステージのライブ演奏は爆音で、帰り道には耳鳴りがしばらく止まない。ライブハウスの多くは、このような状況を長年「良し」としてきた。というよりはむしろそれこそが「かっこいい」とされてきたのである。この背景にはライブハウスがロック音楽を中心とするカウンターカルチャーから発展してきたという事実が絡んでいる。このような美徳には元来、権力側による保守的な道徳性の象徴としての「きれいなもの」に反する、自由の象徴としての「無造作なもの」や「非合理的なもの」への志向性が影響していたのだろう。日本のロックからカウンターとしての側面が薄れた以後も、「アンダーグラウンドの美徳」はいわば一種のファッションとして多くの店舗で引き継がれてきた。

競争の激化とシステム化の限界

ライブハウス文化の歴史に転機が訪れたのは１９９０年代初頭のことである。バンドブームが下火になり、ライブハウスは多方面で深刻な問題に直面したのだ。ブームが去った上に、店舗数の増加によって「希少性」を失ったライブハウスは、徐々に活気を失っていった。メジャーの音楽シーンではシンプルな編成のロックバンドよりも、ヴィジュアル系バンドや電子音を駆使したダンスミュージックが隆盛した。また、１９９０年代は世界的にもオルタナティブロックの台頭によってロックが「カウンターカルチャー」としての重圧から解放されていった時代である。[15] そのため、時を経るにつれてライブハウスに残存する「アンダーグラウンドの美徳」も徐々に古臭いものとなっていった。そんなライブハウスに代わり、クラブカルチャーが大きな勢いを持って芽生え、若者の間で人気を獲得していった。数年のうちに、もはやライブハウスは「古臭く、居心地が悪いだけの場所」と見なされかねなくなってしまったのである。このような状況ではバンド側も集客はより難しくなるし、ライブハウスの店自体としての集客能力はほぼなくなったと言っても過言ではない。

　それでも、ライブハウスはまだ店舗数を増やし続けた。たとえブームは過ぎたとはいえ、ビジネスとしては「システム化」が確立されたため、新店をオープンさせるのは無謀な試みとはいえなかったのである。しかし特に東京のような大都市においてはやがて、店舗が乱立した結果として競争率が激化し、既定路線だけでは生き残ることが難しくなった。そして以前のような「店がミュージシャンを選ぶ時代」に代わり、「ミュージシャンが店を選ぶ時代」が到来したのである。さらに、特に２０００年代以降はインターネットの普及とともに、インディーズバンドの情報はあちこちに溢れるようになり、「まだ誰にも知られていないバンドを知るための情報手段」としてのライブハウスという側面は薄れた。ライブハウスは良くも悪くも一気に敷居の低い場所となったのだ。さらに地価の高騰や機材の進化による高額の維持費用によって大きな負担を抱えた店舗も少なくない。

　こうして１９９０年代の「ポスト・バンドブーム期」に転換期を迎えたライブハウス文化だが、だからといって衰退したとは断言できないだろう。高円寺Club Mission'sの元店長、辰野仁の言葉を借りれば、[16] ライブハウスシーンは「低迷」しているというより「混迷」しているのだ。

　ライブハウス文化の未来に対して悲観的な見方

15　南田２０１４年、40〜41頁。

16　浅井陽「ライブやろうぜ！〜高円寺Club Mission's編」Live Walker <https://www.livewalker.com/pickup/ 1896_missions.html> ２０１６年11月20日閲覧。

をする者は少なからずおり、事実として近年では著名な老舗ライブハウスが次々と閉店に追い込まれている。[17]しかしその一方で未だ新店のオープンも珍しくない。加えて、音楽文化論全体における昨今の潮流として「ライブ産業の時代」の到来が唱えられている。音楽産業界では２０００年代初めにＣＤバブルが終焉し、インターネットにおける音楽配信が普及した。それに伴い、これからはＣＤを売るよりもライブで儲けることのほうが現実的だという見方が広がったのだ。実際に、国内の音楽産業全体のなかで近年唯一成長を続けているのがコンサート市場であり、消費者の音楽需要はパッケージ所有からリアルなものの体感へと移行しつつあると捉えることができる。[18]確かに、この潮流のなかで大きな恩恵を受けているのはあくまでメインストリームのミュージシャンたちである。しかし、ライブハウスにもうまくこの流れに乗って事業を活性化させる、何らかの余地は残されているのではないだろうか。

以上のような状況下で、現在のライブハウス文化においては何が「主流」とされ、どのような方向性に向かっているのか。現場に携わる人々がどのような視点で「ライブハウス」という文化を見つめ、どこにアンテナを張って運営を行っているのか。この点を掘り下げるにあたって特に重要になってくるのは、日々のイベントを実際に企画・制作している「ブッキングマネージャー」の存在である。

４　ブッキングイベントの現在

ブッキングマネージャーとは誰か

ブッキングマネージャーたちは日々のライブイベントを企画・制作する張本人である以上、ライブハウスシーンのなかでも見過ごせない存在だが、彼らにスポットライトが当たることはほとんどない。そのため、彼らが実際にどのような考えのもとで現場に関わり、ミュージシャンに接し、日々

17　直接の原因は経営難から老朽化まで様々だが、２０１３年には渋谷屋根裏、２０１５年には新宿ＵＲＧＡや下北沢屋根裏が閉店。また、２０１７年には新宿ＪＡＭの閉店が決まった。

18　みずほ銀行産業調査部２０１２年、98頁。

を送っているのかはイベントに足を運んでも分かり得ないのだ。

彼らは独自のブッキングイベントを企画し、ミュージシャンと直接交渉して出演者を集め、終了後には各出演者と「精算」を行い、ライブの感想や活動に関するアドバイスを与える。一日の興収に対し責任を負っているという点で彼らは「マネージャー」に他ならない。通常は一公演あたり1人が担当しているが、中規模店舗は少なくとも2〜3人のブッキングマネージャーを抱えている。彼らは「ブッキングスタッフ」「制作担当」など多様な呼称を持ち、各店のブッキング担当者のリーダーに対して「ブッキングマネージャー」という呼び名が使われることもあるが、ここでは広くライブハウスのブッキングイベントを日常的に企画している担当者を「ブッキングマネージャー」あるいは「ブッカー」と呼ぶこととする。

ブッキングイベントには通例、若手や知名度の高くないミュージシャンが出演する。なぜなら、既に人気があるバンドは自分達自身でイベントを企画したりワンマンライブを開催したりできるからである。よって、ブッキングイベントは若手のミュージシャンへの「支援」や「育成」といった意味合いを含んでいる。若手ミュージシャンたちにとっては実力を試す場、あるいは似た趣向を持つ仲間やライバルと出会う場でありうる。また、来場者にとっては未知の音楽や才能を発見するチャンスでもある。特にCDバブルの崩壊後はレコード業界が新人育成に力を注げなくなった分、バンドを育成しムーブメントを醸成する場としてのライブハウスの役割は強まりつつある。

したがって、イベントの立役者であるブッキングマネージャーは当然ながらミュージシャンを「支援」または「育成」するという役割の一端を担っている。そのためライブハウス店員のなかでも最もミュージシャンと距離が近い立場の人間であることは間違いない。もちろんイベントとして赤字を出さないようにするというマネージメントの手腕は必要だが、音響や照明のように分かりやすい形での専門的技量が問われるわけでもなく、基本的に自らの感性でミュージシャンを発見し、新鮮なイベントを構成するというきわめて感覚的な編集テクニックが必要とされる点において特異な職業だといえる。また、確かに来場者からは「目に見えない」存在ではあるものの、時には彼らがイベントを通して仕掛けたムーブメントがやがてライブハウスを飛び出し、メインストリームにも伝染していく可能性さえあるという点で、音楽シーン全体のなかでも決して無視できない存在なのである。

　今回取材したブッキングマネージャーは計4名である。選定にあたっては、まず東京都内のなかでもライブハウスの店舗数が最も多い激戦区である「下北沢」「新宿」「渋谷」に着目した。この3地域から、とりわけ東京のライブハウスシーンの変貌を見守ってきたベテランであり、人気店の敏腕ブッカーとして名を馳せる人物に取材を申し込んだ。加えて、東京の中心エリアから少し離れ、かなり盛んとまではいえないものの着実にバンドシーンが育まれてきた郊外「立川」で近年注目を浴びている店舗でも取材を行った。本稿では実際に取材を行った4名のうち、下北沢CLUB Que[19]の二位徳裕、新宿ロフト[20]の樋口寛子、そして立川BABEL[21]の星野純一の3名の発言を取り上げることとする。[22]

　彼らのバックボーンはそれぞれ異なっている。下北沢CLUB Queの二位は佐賀県出身の元バンドマンであり、１９８５年に上京して以来、大規模店舗の先駆であるインクスティック芝浦や、「伝説」として名高い下北沢屋根裏でブッキングを歴任した。その後Queの店長兼ブッカーとしてTHEE MICHELLE GUN ELEPHANTなどの大物バンドを数多く見守ってきた。また、40年以上もの歴史を持つ東京を代表する老舗・新宿ロフトの樋口は、バンド経験を持たず純粋にリスナーとしての視点で勝負している。１９９９年にブッキング担当を任されて以来、フジファブリックなどの「歌もの」バンドを数多く発掘してきた。そして２０１３年から立川BABELの店長とブッキングを兼任する星野は、現役バンドマンでありつつも過去

19 １９９４年、インディーレーベル「UKプロジェクト」系列のライブハウス1号店としてオープン。キャパシティは約２５０人。

20 １９７２年オープンの烏山ロフトなどの前身を経て、１９７６年にオープン。１９９９年に西新宿から歌舞伎町へと移転した。各年代を代表するバンドが多数出演し「ロックの殿堂」と呼ばれてきた。キャパシティは約５００人。

21 ２００８年にオープンしたライブハウスで、約４００人という立川エリアでは最大のキャパシティを持つ。

22 残念ながら1名のインタビューは諸般の事情により本稿での掲載の許可を得られなかった。

にはサラリーマンとして勤務していた経験を持つ。郊外の店舗にもかかわらず、遊び心溢れるブッキングやバンドへのサポート事業、地域とのかかわりなどにも力を入れて近年注目を集めている。

共通項

さて、彼らの語りからは、以下の五つの共通項を見出すことができた。

第一の共通項としては、全員が「サービス」への高い意識を持っていることが挙げられる。三者ともライブハウスの閉鎖的なイメージを払拭し、来場者を楽しませるために尽力し、ライブハウス人口を増やしていこうという展望を抱いていた。バンドブームが過ぎ去った直後にQueを開店した二位は以下のように語った。

> 意識的に思ったのはね、ライブハウスって汚かったし、すごい間口の狭い限定された人が楽しむ、ちょっとおっかない場所っていうのがあった。それを、例えばチラシの貼り方とか並べ方だとかトイレだとか楽屋をきれいにするとな

二位徳裕
(2016年8月21日、東京都世田谷区にて、筆者撮影)

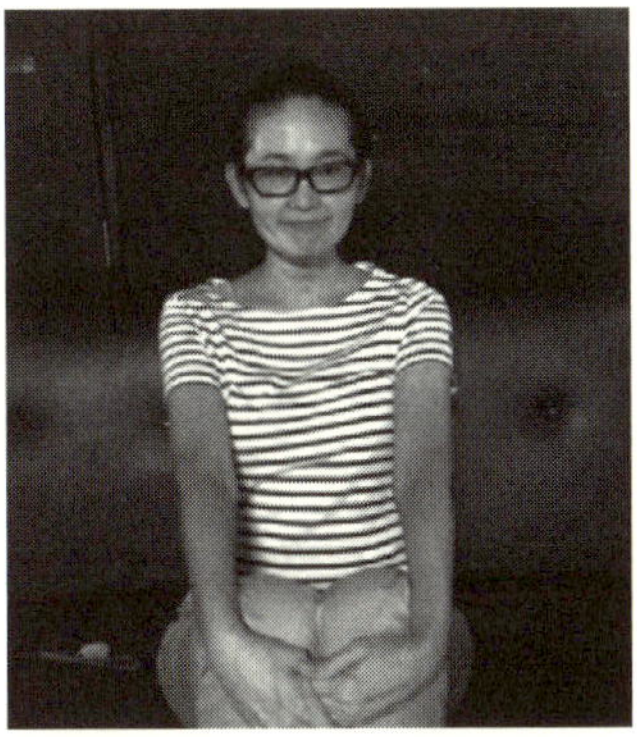
樋口寛子
(2016年9月9日、東京都新宿区にて、筆者撮影)

星野純一（写真右）
(2016年7月6日、東京都立川市にて、写真左は筆者)

んか変わるんじゃないかって思ってね。そこらへんはすごく意識しましたね。絶対落書きをさせないようにするとか。[23]

「絶対落書きをさせない」という方針は、かつての「アンダーグラウンドの美徳」からは遠く離れた視点である。しかしこのように「居心地のいいライブハウス」を目指す傾向は、CLUB Queだけでなく現在の数多くのライブハウスに顕著に表れている。新宿ロフトの樋口も、ライブハウスは他の飲食店や娯楽施設と同じく「立派なサービス業」だと捉えている。自分の考える「良いイベント」とは「お客さんのことをちゃんと考えてるイベント」であり、「もちろん出演者のことも含めて、同じくらいお客さんのことも思ってるイベントはすごい」とした上で、樋口はつぎのように言う。

［お客さんは］色々衣食住とかのなかでお金をかけなきゃいけないのに、その余った部分で私たちにお商売させてもらってるわけだから、本当に最高のサービスを提供しないと続かないというか。［……］「ライブハウスだからこんなもんでいいんだよ」みたいなのはダメだと思う、私は。[24]

このような「サービス志向」は具体的には、親切丁寧なスタッフの対応、細部にまで掃除の行き届いた店内、ハイレベルな音響・照明設備、きれいな空気、ゆったりとしたラウンジスペース、酒類・フードの充実、再入場の許可、最初から最後までイベントを見ても疲れない公演時間・ラインナップなどが特徴として挙げられる。最近では完全禁煙または分煙のライブハウスも少なくない。その他、ライブハウスによってはイベントのタイムテーブルを全て公開し、一人でも多くの来場者が気軽に足を運べるよう便宜を図る例もある。また、来場者だけでなくミュージシャンに対しても、楽屋や機材の整備などを通して良いサービスを提供しようという視点も含まれている。

次に、第二の共通項として、ライブハウスに関

23　インタビュー（二位徳裕：下北沢CLUB Que初代店長・現ブッキング）、２０１６年８月21日、東京都世田谷区にて。

24　インタビュー（樋口寛子：新宿ロフト企画・制作・ブッキング）、２０１６年９月９日、東京都新宿区にて。

わる者たちが店の外部の文化とも広く繋がっているということが挙げられる。つまり、ライブハウスで起こっている出来事は閉鎖的な「地下室」で限定された人だけが経験していると思われがちだが、実際は音楽シーン全体の影響を否応なしに受けているのだ。そして日々のイベント制作に携わるブッカーたちも〝外〟の音楽シーンを常に意識せざるを得ない。その最たる例の一つはクラブ文化からの影響である。CLUB Queでは、1994年の開店当時に勃興していたクラブから得たヒントをイベントの環境づくりに活かした。二位によれば、同時代のバンドシーンはブームの崩壊後どのように新しいムーブメントを作り上げていくかという難題を突き付けられていた。

Queができたときはバンド［側］の、「お客さん少ないけど、何とかしよう」という熱量が、多分今までの日本の歴史で一番ピークだったたんだと思うんですよ。「何とかお客さん集めたろう」みたいな。［その］ピークが95年くらいだったと思います。[25]

この時代から既存のライブハウスのあり方は大きく変わっていった。1999年にブッキングマネージャーとなった樋口もこの転換期に新たな可能性を探っていた多くのブッカーのうちの一人だったといえる。

そして、ライブハウスは〝外〟の音楽シーン全体の影響を受けると同時に、〝外〟に対しても新たなムーブメントを発信する役割も担っている。ブッキングマネージャーの仕事は不安定でありかつハードワークだが、それでもあえてこの仕事を続ける意義をここに見出す者は多いようだ。店長になることに興味すら抱かずブッカーの仕事を貫き続ける樋口はこう話す。

なんか自分の「いいな」とか自分の「好き」が、誰かの「いいね」になるって、すごいことだなあって。それはもう20［歳］の頃から、今40［歳］ですけど、今でも思ってますね。それがやっぱ

25 前掲インタビュー（二位）。

り楽しくてやってるんだろうな、私は。[26]

ライブハウスから巣立っていったバンドが成功し、大きなステージに立つという「物語」を紡ぐことはブッカーにとって大きな意味を持っている。また、シーンが盛り上がることで店としても評判が高まり、さらに人が集まりやすくなることは言うまでもない。

続いて、第三の共通項として挙げられるのは、ライブハウス文化にはどこまで変容しても変わらない一定の「枠組み」があるという見方である。これはいわば、ライブハウスのアイデンティティに関わる議論と捉えても良いだろう。特に、ライブハウスは「生演奏」を提供する場であるという観点は重要である。星野は以下のように言う。

バンドってこの21世紀に未だに弦張り替えて、自分でアンプの音のつまみとかやって。まあ今でこそ…… 俺はああいうのあんまり好きじゃないけど…… デジタルなものが出てきてるけど、未だにこうやって生演奏で、でそれに需要があるっていうのをもっともっと大事にしたいっていうのはあるかな。[27]

ポピュラー音楽の「生演奏」は日本のライブハウスと他のスペースを隔てる大きな要素として常に存在してきた、いわば「存在意義」の一つであり、大きな強みだといえるだろう。

その他、ライブハウスは未知の才能と出会える「最先端」の場であるべきだという視点も挙がった。いずれにせよ、時代を経ても変わらない、ライブハウスにしかできないことがあるはずだという信念が、ブッカーたちの間では少なからず共有されているようだ。

続いて、第四の共通項として挙げられるのは、ミュージシャンとの健全な関係への努力が見られることである。例えば、厳しいノルマ制を中心とする、ミュージシャンに対する押しつけがましい経営に対しては三者とも懐疑の念を抱いていた。ライブハウスという場を面白くするためには、目

26 前掲インタビュー（樋口）。
27 インタビュー（星野純一：立川 BABEL 店長兼ブッキング）、2016年7月6日、東京都立川市にて。

先の数字だけを追った経営や以前のような「殿様商売」では成り立たないというのが彼らの視点である。また、個々のブッカーの裁量によるスタッフとミュージシャンとの関係性は、ライブハウスイベントの命運を左右する。このような「ヒト要因」の大きさはどうしても看過できない。ブッカーの高齢化問題を問題視する樋口は以下のように述べている。

> 私が突然、例えば病気で倒れてちょっと仕事を継続不能になったとき……　例えばですよ、こういう私が一生懸命やっている、歌ものやポップスだったりっていうシーンは一回そこで、止まっちゃいますからね、やっぱり。ブッキングはけっこう〝顔〟だったりするから。その内容の〝顔〟、カラーがあるのでね。人が変わると全く変わるんで。[28]

ここでの「人が変わると全く変わる」という樋口の発言は核心をついている。どんなシーンであれ、ブッキングマネージャーが果たしている役割は非常に大きく、一人が欠けただけでムーブメントが止まってしまう可能性すらあるのだ。

　そして最後に、第五の共通項として挙げられるのは、ブッカーたちがライブハウスの「オーナー」あるいは「親会社」といった上層部からの影響を少なからず受けていることである。オーナーとしては、安定した収入が得られればそれに越したことはない。しかし、ライブハウスの現場においては、若手バンドをブッキングしながらも高い売り上げをキープするのは容易なことではない。オーナー側がその点に理解を示し、経営面で大きな制約を与えないようにしなければ、そのライブハウスの未来はないだろう。

　このことは親会社が大きな資金を持っていれば良いというわけではない。かつてバンドブーム期を彩った新宿の日清パワーステーション[29]が閉店を迎えたこともその一例である。その一方で、CLUB Que の母体となっているUKプロジェクトは、オープン当初にも二位に大きな自由を与えて

28　前掲インタビュー（樋口）。

29　１９８８年にオープンした９００人収容の大規模ライブハウス。日清食品が運営を行い、「Rockin' Restaurant」のコンセプトのもと食事もできる店だった。１９９８年に日清食品の経営合理化の一環で閉店。（大槻２０１６年、１８７〜１８９頁）

いた。そして二位のブッキングにおけるポリシーは「奇想天外な人に自由にやってもらう[30]」ことだという。

新宿ロフトの母体、ロフトプロジェクトも長きにわたって自主性を重んじるインディーズのスピリットを体現してきた。樋口はブッカーの仕事を始めたきっかけを振り返ってつぎのように言う。

「樋口の好きなジャンルをもうどんどん入れてくれ」って言って、「好き勝手やっていい」っていう風に背中を押されたことがけっこう大きかったですね。「じゃあちょっとやってみたいです」みたいな。数字とかいろんなことを考えずに、「好きだからやる」「やってみたいからやる」みたいな気持ちだけで始めたのがスタートですね。[31]

このようにオーナーや親会社との信頼関係のなかで自由なイベント運営を行えることは、ブッカーたちのモチベーションを維持するために欠かせない要素だといえる。

対立項

今回取材した三人のインタビューを通じて、共通項だけではなく、以下の二つの対立項も見出すことができた。

まず一つ目は、バンドへのオファーの手法である。昨今ではインターネットの普及により無名なバンドであっても「発掘」がしやすくなった。星野らはこの強みを積極的に活かし、インターネットでの情報収集に日々意欲的である。近年ではネット上でのバンドコンテストなどの増加により、真剣に音楽活動をしているバンドが「調べればどこでも載っている状況[32]」だと星野は指摘する。

しかし一方で有名店の場合は基本的に「募集」だけに頼り、自分からバンドを発掘することには消極的な場合もみられる。確かに「この店に出たい」というバンド側の積極的な姿勢が感じられれば、イベントの運営もしやすくなるだろう。

30　前掲インタビュー（二位）。
31　前掲インタビュー（樋口）。
32　前掲インタビュー（星野）。

もう一つの対立項は、出演者へのチケットノルマの捉え方である。一律のノルマ制に依存した経営や、「目先の数字だけを追う」経営に関しては三者ともに否定的な考え方をしていたが、一方でノルマ制自体を完全に否定する者はいなかった。基本的にノルマという言葉を使わず、バンドに「集客の目標」だけ伝えるという樋口もこのような手法に依っているが、当然ながら売り上げは流動的であり、集客に対して意識の低いバンドには頭を悩まされるのも事実である。また、二位の場合はノルマを「集客目標」として課すという考え方を持つ。

> 理想はバンドなり劇団が自分で自分にノルマを課していれば、お店側がわざわざノルマをかける必要はないから、一番ハッピーな形。でもバンドがどうしていいかわかんないとかだと、あったほうがいいと。これは本当に難しくて……。[33]

元々二位はQueを開店した当初ノルマを課さない方針を採っていたが、現状では全てのバンドに同じ対応をすることは難しいと考えている。一方でアメリカ・シカゴに留学した経験を持つ星野は、ノルマのない海外に比べて日本のライブハウスはその分環境が整っており、いわば民主的に、楽器さえあれば誰もが演奏できると指摘する。そのため、会場での演奏の費用としてのノルマは「理に適っている[34]」と捉えていた。

以上、近年のライブハウスシーンに対する現在活躍するブッキングマネージャーたちの視点をまとめたが、彼らはそれぞれ非常に個性的な人物でありながら、誰もが音楽文化や社会の変容に極めて敏感で、日々イベントの運営のあり方について深く考えをめぐらせていることが伝わってきた。

そして、彼らの語りから確認できたのは、現在のシーンは多かれ少なかれ、「ポスト・バンドブーム期」を機に緩やかに広がっていった意識改革の延長線上にあるということだ。既存のライブハウス像に挑戦し、ライブハウス文化を新たに構築

33　前掲インタビュー（二位）。
34　前掲インタビュー（星野）。

しようとする、いわばパラダイムシフトに近いこの変革は結果として何を生み出したのか。その影響は多岐にわたるため、一言に「変化」を考察しようとしても、多様な切り口が考えられる。そこで、本稿では今回取り上げたブッキングマネージャーたちの語りから生じた五つの共通項と二つの対立項の議論の根をさらに突き詰めて、彼らの意識が特に集中している方角に注目したい。それらはつまり、「参加者」「産業」「テクノロジー」「隣接文化」の四つの対象との関係性に他ならない。

5　新しいライブハウス文化の様相

「参加者」との関わり

本節では初めに、ライブイベントにおける「参加者」とライブハウスの関わりについて考える。ライブハウスのイベントでは、会場主である「ライブハウススタッフ」、出演者である「ミュージシャン」、そして来場者である「オーディエンス」という三つのタイプの「参加者」が存在する。ライブハウスとはいわば、この三者間の交渉空間なのだ。なかでも今回は、スタッフが他の二者とどのように関わっているのかに着目したい。

まずはミュージシャンとスタッフの関わりについて考えると、ライブハウスが音楽の演奏会場として成立する以上、両者間の信頼関係は死活問題といえるほど重要だ。そして近年、両者の関係性においてミュージシャンは以前よりも多くの自由を手にしている。その上、ライブハウスの現場に携わっている者のなかのミュージシャン比率はかなり高い。ライブ活動を経験したことがある者なら、その経済的な厳しさを重々承知しているだろう。また、ブッキングマネージャーが音楽活動の良き理解者であればあるほど、店自体への信頼も厚くなるに違いない。ブッカーがミュージシャンではないにせよ、「ミュージシャン目線のマインド」を持つことはもはや必要不可欠である。昨今はミュージシャンが「店を選ぶ時代」であると同時に、もはや「店を作る時代」に突入しつつあると言っても過言ではないだろう。

次に、オーディエンスとスタッフの関わりにおいて最も重要な潮流は「サービス志向、あるいはエンターテイメント・スポットとしての意識の高まり」である。近年この点を突き詰めて成功を収めているライブハウスの例は枚挙にいとまがない。[35] オーディエンスが過ごしやすいライブハウスであればあるほど、ミュージシャンも集客しやすいのだから人気を集めるのも当然だ。しかしながら、一つの「店」として営業している以上は、ライブハウスに元々サービス志向が全くなかったわけではない。あくまでその度合いが大きく強まっているということだ。

では、「参加者」三者間のコミュニケーションについてはどうか。元々ライブハウス文化には音楽が好きな者が集い、繋がり、交流し合う「コミュニティ・スポット」としての要素が存在している。そして近年では「居心地の良さ」の追求とも重なり、改めて「居酒屋」要素を打ち出す店舗も増加した。[36] しかし、中規模ライブハウスの構造上の制約や公演形態により、親密なコミュニティの形成はなかなかハードルが高いのも事実だ。

「産業」との関わり

続いて、ライブハウスと産業との関係性における今日的な傾向について考察する。ライブハウスは音楽を楽しむ場であるが、何よりもまず、「お店」である。元々はカウンターカルチャーから生まれた文化だとしても、ライブハウスに商業主義的な思考が持ち込まれるのは不可避の現象だったと言っても過言ではないだろう。それは、ライブハウスという店の形態が時代を跨いで生き残るためには必要なことだったのだ。

ライブハウスシーンにおいて、1980年代以降の「システム」志向から、1990年代以降の「サービス」志向への価値観の移行は、資本主義の経済体制の枠組みに例えると「フォーディズム」から「ポスト・フォーディズム」への移行に対応す

35 本稿で取り上げた店舗以外にも、2009年オープンの新代田FEVER、2010年オープンの下北沢ReGなどは特に顕著な例として挙げられる。

36 なかでも新代田FEVERや、2009年オープンの下北沢THREE、2015年オープンの下北沢ろくでもない夜などの新興ライブハウスは本格的な飲食店営業との両立に成功し人気を集めている。

ると言ってもいいだろう。画一的な運営から流動的な運営への変化、政治性の薄れ、そしてサービス業としての意識の高まりといった面で重なる部分は少なくない。しかし、歴史上「フォーディズム」の時代は１９７０年代半ばで終焉していることを考慮すると、１９８０年代後半の時点で、例えば出演者に対して厳しく一律のノルマを課すといった画一的な運営に頼ることは既にいわば「時代遅れ」の考え方だったし、時を経るにつれて人々の価値観とはますますずれたシステムになってきたといえるだろう。[37]このように考えると、１９９０年代以降のビジネス志向の修正は、ライブハウスの運営手法が「時代に追い付いた」結果だった。言い換えれば、より一層「一般的なお店」に近づいたともいえる。

　また、近年のビジネス志向を特徴付ける傾向としてもう一つ挙げておきたい事実は、多角的経営の増加である。現在、東京の中規模以上の店舗では姉妹店や他分野の事業を全く持たない形での個人経営に代わり、多角的運営を行う会社の成功がますます目立つようになった。系列店ライブハウスの他に、クラブやライブバー、リハーサルスタジオ、レコードレーベルなど音楽系だけでなく、レストランや出版、映像制作などの事業を含む場合も珍しくない。このような経営によって、複数店舗間のサーキットイベントやリハーサルスタジオとの共催企画、レギュラーバンドのＣＤ制作などの可能性も広がる。また、バンド形式のライブだけでなくクラブイベントや結婚式の披露宴などの各種イベントにも対応できる多面的なイベントスペースとしてライブハウスを設計する例も増えている。さらに、なかには日本だけでなく海外にもビジネスチャンスを見出しているライブハウスも存在している。[38]

　多角的経営の増大によって、純粋にいち音楽ファンとしてライブハウスのビジネスに参入し、人気店と張り合うことは徐々に困難になりつつあるといえる。一方で、うまく多角化に成功すれば、各店舗のイベントのブッキングにおける可能性は広がる。親会社の後ろ盾のもとで、現場のスタッ

37　実際にノルマ制を否定するライブハウスも少なくない。フリーパーティーの開催や居酒屋としての営業、自主レーベルの成功、独自の料金プランの導入などで近年注目を集めている下北沢THREEが２０１６年10月に「ブッキングライブでのチケットノルマ制完全廃止」を宣言したことも記憶に新しい。(「下北沢THREEにてイベントをお考えの皆様へ」下北沢THREE <http://www.toos.co.jp/3/index.html> ２０１７年7月30日閲覧)

38　例えば青山のライブハウス、月見ル君思フは近年インディーズシーンが盛り上がりを見せる台湾にも支店を持っている。

フが目先の数字だけに捉われずに、のびのびと運営を行えるようになるチャンスもあるだろう。しかも、今日の音楽業界は「ライブ産業の時代」だ。このような機運の高まりに乗じて、ライブハウス業界に新たに参入する企業は後を絶たない[39]。

　このような多角的経営やライブハウス業界への参入が活発に行われていた時代は以前にもあった。１９８０年代後半のバンドブーム期がそうだ。しかし、この時代に生まれた店舗はその後、現場と親会社との溝を生んでしまった事例が少なくない。親会社側が現場の状況を把握し、現在のシーンに見合った指針の下で運営できなければ、店は短命に終わってしまうだろう。

「テクノロジー」との関わり

　次に、ライブハウスとテクノロジーとの関わりを巡る近年の傾向を考察する。テクノロジーの発展は、ライブハウスシーンにも多大な影響を与えてきた。この点に関して最もわかりやすい事例は、音響設備の進化[40]であろう。ライブハウスにとって「生演奏」こそが最大のコンテンツとして考えられている以上、その質を向上させようとするのは自然なことだ。確かに、インターネット上でのライブ配信などが発達した現在では、ライブの「一回性」という側面は薄れてきたのかも知れない。しかし、ライブ体験を完全に複製することはできない。例えばライブハウスでは、出演バンドについて何の知識もなくライブを初めて観るというオーディエンスも少なからずいるし、小さなライブ会場だからこそ、その場の空気感や演者と観客の間の相互関係がライブの内容に影響を及ぼす可能性は否定できない。いわば予測不可能性、ハプニング性といったものが常に存在しているのだ。それはライブハウスが今日まで生き残ってきた要因の一つといえるだろう。ロフトの樋口はこう指摘する。

　なんだかんだ今も当時もライブハウスにライブを観に来るお客さんの層っていうのは絶対い

39　とりわけ、ケーブルテレビやレーベル事業で知られる株式会社スペースシャワーネットワークが２０１０年に渋谷スペイン坂にオープンしたライブハウス、ＷＷＷの成功は特筆すべきである。

40　初期のライブハウスではボーカルアンプしかなかったが、やがて卓やモニターが導入され、チャンネル数も12から24へ、そして近年ではデジタル卓の導入など進化が続いている。（吉田 ２００７年、16頁）

つもいるから。［……］今でも、ちゃんと生の音を体感するお客さんっていうのがいるんだなっていうのがなんか安心するというか。そういうお客さんは情報過多になっても、やっぱり結局好きなものは観に行くんだなっていうのがわかる。[41]

一部の人々が決してライブ映像を見るだけでは飽き足らないのは、いわば生演奏に「唯一性」――その場所でその瞬間でしか得られない、「アウラ」のような何かを見出しているからかも知れない。

もちろん、メディアの発達によってライブハウスが失ったものも少なくない。例えば先述の通り、インターネットの普及によって、無名のバンドを知ることができる「情報の場」としてのライブハウスの役割は矮小化した。

しかし一方で、イベントのブッキング面ではメディアの発達を有効活用することも可能だ。また、チケットの販売という側面でも、今まではバンド側の手売りや店頭販売が多かったのに対し、インターネット上でチケット予約を受け付けることが可能になった。

将来的にも、ライブハウスイベントがインターネットメディアとリンクしていく余地はまだまだあるだろう。２０１５年10月には、日本初の定額制ライブ行き放題サービス「sonar-u」が発足した。既にアメリカでは同様のサブスクリプション・サービスを提供する「Jukely Unlimited」が成功を収めている。利用者の約65％が「今まで知らなかったアーティストのライブに足を運んだ[42]」と回答するなど、イベントの集客面で注目を浴びているという現状がある。このようなサービスが果たして日本で根付くかどうか興味深いところではあるが、いずれにせよインターネットがライブハウスシーンに与える影響は今後も無視できないだろう。

「隣接文化」との関わり

最後に、本節では東京のライブハウス文化と「隣

41 前掲インタビュー（樋口）。

42 “Jukely Adds $8 Million In Funding To Expand $25/Mo. Concert Subscription Service” Hypebot.com (2015/04/28) <http://www.hypebot.com/hypebot/2015/04/jukely-adds-8-million-in-funding-to-expand-25mo-concert-subscription-service.html> ２０１６年11月20日閲覧。

接文化」との関わりについて論じる。ライブハウス文化は、その起源をロック喫茶やジャズ喫茶に持つということからも分かるように、時には外のシーンから大きな影響を受け、異種混淆を繰り返しながら育まれてきたのである。なかでも最も重要な事例として、ここではクラブ文化とフェス文化の二つを挙げたい。

　クラブとライブハウスには、基本的な施設の構造や収容規模の面で様々な共通点があり、ライブシーン全体のなかでも最も近しい存在だ。クラブ文化が興隆し始めた時期は、本研究で着目しているライブハウスシーンの転換期とも重なる。そしてその時期、両者はともに１９８０年代のバブル期で一つの頂点を極めた既存の文化からの脱却を図ろうと試みていた点で共通している。というのも、クラブはディスコの大衆化に抵抗する流れで登場したのである。[43] しかし、長時間滞在しやすいよう設備に工夫を凝らしている面で、クラブはライブハウスの先を行っていた。そのため多くのライブハウスがクラブから学び、その手法を取り入れるようになった。ＤＪブースやスタンディングテーブルは今ではほとんどの中規模ライブハウスの「基本設備」になっているし、現在ではロックバンドのイベントでＤＪタイムを設けることも珍しくなくなった。そして、ゆったりとした広い「クラブ的」なラウンジスペースを持つライブハウスもますます増えている。さらに近年では、ライブハウスイベントとクラブイベントの双方に対応可能な会場も増えてきた。

　２０１６年には風営法が改正され、夜12時以降も許可を得れば遊興営業が合法化したことで、ライブハウスも深夜イベントの増加へ向けて動き出している。[44] クラブシーンへの接近は、今後さらに進んでいくかも知れない。

　続いて、近年ライブハウスに影響を与えているもう一つの潮流として、フェス文化を挙げることができる。現在の日本におけるフェス文化の起源は１９９７年の第一回フジロックフェスティバルに遡るが、とりわけ邦楽を中心に据えたフェスが急増した２０００年代後半以降、音楽フェス市場

43　宮入・佐藤２０１１年、69頁。

44　夜間のエンターテイメントを活性化させることを目的に掲げ、２０１６年6月にライブハウス事業者の団体「一般社団法人ライブハウス・コミッション」が発足した。本団体は東京を拠点としてライブハウスなどの多角的経営を行う7社で構成されており、渋谷WWWの運営を行うスペースシャワーネットワークの取締役、近藤正司が代表理事を務めている。（神庭亮介「風営法改正を経て、ライブハウス団体が発足　深夜のエンタメ促進へ」withnews（2016/06/23付）<http://withnews.jp/article/f0160623001qq000000000000W01110101qq000013597A>２０１６年11月20日閲覧）

の拡大は急速に広がった。もはや日本における「ライブ産業の時代」を特徴付ける文化の一つと言っても過言ではないだろう。こと「人を集める」という点に関して苦戦を強いられがちなライブハウスが、ここまで多くの音楽ファンを惹きつけるフェス文化から学ぼうとしないわけがない。もちろん開放的な野外のイベントとは違い、ライブハウスは規模の面でも限界はあるが、「音楽」だけでなく「雰囲気」を楽しむライブのあり方もあるのだという視点が、広い範囲でライブシーンに影響を及ぼしているのである。

2000年代後半からは、複数ライブハウス間で繰り広げられるサーキット型イベントが急激に増加した。店舗を飛び出して、大会場でフェス形式のイベントを打つという事例も増えつつある。また、サーキット型でなく、1店舗で数日間にわたり長時間ライブを行うことを「フェス」と銘打つことも珍しくない。さらには、通常のブッキングライブでもフードを充実させたり、ライブペインティングを取り入れたり、お笑い芸人やマジシャン、ダンサーなどのパフォーマーが出演したりする傾向は多くのライブハウスで見受けられるようになった。

とはいえ、クラブ文化との深い関わりに比べれば、フェス文化との関わりはやはり一時的な流行としての側面が拭いきれない。あくまでライブハウスが最新の音楽シーンの動向と無縁ではない根拠の一つとして、フェス文化との関係性を捉えるべきだろう。

6　おわりに

本稿ではこれまで、現在のライブハウスにおける日々のイベントがどのように営まれているのか、またその文化が歴史的・社会的にどのような意味を持っているのかについて、現場のブッキングマネージャーの語りから引き出された視点を踏まえつつ論じてきた。その結果、東京の中規模店舗のシーンに限ってみても実に多様な展開が見られ、現場が抱える問題の根も様々な領域に及ぶという事実が確認できた。

そして、現在のライブハウス文化は特に、バンドブーム終焉後の1990年代半ばからCDバブルが崩壊を迎える2000年代前半の「ポスト・バンドブーム期」を転換点として、現場で広がった意識改革の影響下にある。この変革には既存のライブハウスのあり方に疑問を呈し、文化をもう一度構築し直そうという指向性が見られた。それは、バンドブームが過ぎ去り、「ライブ産業の時代」を迎える以前のこの時代に、ライブハウスの地位が相対的に大きく低下するなか、何とか熱気を取り戻そうという試みだったのである。具体例としては、第一に、初期ライブハウスから根付いていた「アンダーグラウンドの美徳」が後退し、充実したサービスを提供するエンターテイメント・スポットとしてのライブハウスが目指されている点が挙げられる。環境やスタッフ対応の改善により、イベントのクオリティーは底上げされたと言って良いだろう。その過程でライブハウスは「怖さ」や「汚さ」といった従来のイメージを脱ぎ去り、「居心地の良さ」を念頭に置くようになった。そしてもう一つの例として、行き過ぎた既存のライブハウスシステムへの反省から、運営手法が多様化している点が挙げられる。店舗数が増加し、「ミュージシャンが店を選ぶ時代」となった現在では、もはや厳しいノルマ制などに頼りきりの殿様商売は成り立たなくなり、数多くの老舗が閉店に追い込まれた。このような背景により、よりミュージシャン目線に立ったイベント運営を行う店舗が人気を集めるようになった。幅広いジャンルの公演や、事業の多角化などで利益を上げる手法も多く見受けられる。

このような試みはまだ発展途上にあり、現在もライブハウスシーンは移り変わりながら、新たなスタイルを生み続けている。今後も、東京のライブハウス文化が変貌を遂げていくことは間違いないだろう。ライブハウス文化は決して「閉じた文化」ではない。イベントの成立には外の様々な文化や社会的・経済的要因、また時代の変化に伴う価値観の変容が影響を及ぼしている。さらに、個人の力、つまり「ヒト要因」が決定的な重要性を持つ。携わる一人一人の「ヒト」の価値観、生き様、バックグラウンド、感情などがイベントに多大な影響を及ぼすのだ。したがって、ライブハウス文化は一定の枠組みはあっても固定化しない、流動的な文化だといえる。そしてだからこそ、当面の間はライブハウス文化が「絶滅」するとも考えにくい。

近年の「サービス志向」によって、ライブハウスはいわば、より合理的で、より常識的で、過ごしやすく、信頼の置ける「ちゃんとした」店に成長したといえよう。しかし筆者が危惧するのは、このように生真面目な路線を突き詰めることによって逆に不寛容が生まれたり、現場の人々の自由や個性を過度に制約したりする可能性だ。確かに一般の人々が訪れやすい環境をつくることは大事だが、それによってライブハウスに集う「面白いヘンな人たち」の居場所が奪われてはならないし、今後はライブハウススタッフのバランス感覚がますます問われるだろう。また、ライブハウスは決して生産性が高かったり、儲かりやすかったりする事業ではないからこそ、「集客はあまりないだろうけど面白そうだからやってみよう！」と、思い切った企画を打ちやすいという魅力も確実にあるはずだ。[45] サービス化や多様化といった時代の波のなかで、今後のライブハウス文化がこのような視点を疎かにせず、〈人間味〉と〈音楽〉の豊かさをどこまで尊重できるのか注視していく必要があるだろう。

筆者自身のライブハウスでの演奏風景
(2016年5月15日、新宿レッドクロスにて、サクマシュンペイ撮影)

45 この点では、本稿で取り上げた中規模店舗だけでなく、より柔軟性に富む小規模店舗が秘める可能性は注目に値する。実際に、キャパシティ200人未満の下北沢THREE、池袋Admといったライブハウスが近年独自の路線で成功を収めている事実は看過できない。

参考文献

井上貴子 編『日本でロックが熱かったころ』青弓社、２００９年

円堂都司昭『ソーシャル化する音楽：「聴取」から「遊び」へ』青土社、２０１３年

太田健二「クラブイベントの文化社会学的考察――メディア利用と空間利用という観点から――」『大阪大学大学院人間研究科紀要 35』２００９年

大槻ケンヂ『ライブハウスの散歩者』交通新聞社、２０１６年

柴田修平 編『ロック・クロニクル・ジャパン Vol.1』音楽出版社、１９９９年

柴田修平 編『ロック・クロニクル・ジャパン Vol.2』音楽出版社、１９９９年

高橋正幸 編『AGAINST 90年代パンク／ミクスチャー共闘篇』インターナショナル・ラグジュアリー・メディア、２０１１年

田村公人『都市の舞台俳優たち――アーバニズムの下位文化理論の検証に向かって』ハーベスト社、２０１５年

永井純一『ロックフェスの社会学――個人化社会における祝祭をめぐって――』ミネルヴァ書房、２０１６年

新村出 編『広辞苑』第六版、岩波書店、２００８年

平野悠『ライブハウス「ロフト」青春記』講談社、２０１２年

みずほ銀行 産業調査部『みずほ動向調査／48 コンテンツ産業の展望――コンテンツ産業のさらなる発展のために――』２０１２年

三井徹『ロックの美学』ブロンズ社、１９６８年

宮入恭平『ライブハウス文化論』青弓社、２００８年

宮入恭平・佐藤生実『ライブシーンよ、どこへいく』青弓社、２０１１年

宮入恭平 編『発表会文化論』青弓社、２０１５年

南田勝也『ロックミュージックの社会学』青弓社、２００１年

南田勝也『オルタナティブロックの社会学』花伝社、２０１４年

モラスキー，マイク『ジャズ喫茶論』筑摩書房、２０１０年

吉田幸司「ライブハウス最新事情総論」『音楽主義』日本音楽制作者連盟、２００７年７月号（No.12）

Auslander, Philip. 2008. *Liveness: Performance in a Mediatized Culture*. New York: Routledge.

第6章 アニソンクラブイベントの集団性

――SNS時代における〈界隈〉

浅野裕貴

はじめに

「とんでもないところに来てしまった…」

これは筆者がアニソンクラブイベントに足を運んで最初に抱いた印象だ。クラブ特有の重い防音扉を開いて中に入ると、そこには異空間が広がっていた。そこではもはや、クラブならではの巨大なスピーカーやフロアを彩るはずのミラーボールは申し訳程度の存在感しか示していない。代わりにその空間を彩っているのは、壁に大きく映し出されたアニメの映像、観客達が持つカラフルなサイリウム、フロアを闊歩するコスプレイヤー達が身に纏う色とりどりの衣装、しれっとバーカウンターに飾られている美少女フィギュアなどだ。

DJは次々にアニソンを流し、曲が変わる度に図太い歓声が上がるフロアは熱気に包まれている。「はーいはーいはいはいはい!」と掛け声をかける者もいれば、お気に入りの曲に感極まってフロアの最前列へ駆け込む者もいる。そんな熱気をよそに、フロアの片隅では、2~3人が何故か携帯ゲーム機に夢中になっている。かと思えば、フロアのあちこちではTwitterを開いているのだろうか、黙々とiPhoneを片手に踊っている者もいる。まさに混沌とした空間がそこには広がっていたのだ。

確かにこの場がクラブであることは間違いない。ターンテーブルとミキサー、巨大なスピーカー、ミラーボール、そして何よりダンスフロアがある。アニソンクラブイベントという名称からも、クラブイベントであることは疑いない。しかし、クラブの亜流として片付けてしまうにはあまりにも混沌としている。この目の前に広がる空間は何なのだろうか。この場に集まる彼らはどういった人々なのだろうか。

本論文の目的は、アニソンやアニメ作品に重きを置くクラブイベント、アニソンクラブイベントにおける諸実践の分析を通して、今日における音楽文化やサブカルチャーの特徴的な一側面について考察することである。特に、アニソンクラブイベントが形成する集団や空間について焦点を当てる。こうした文化実践を分析するため、雑誌やweb上のインタビュー記事、SNSの投稿、イベントの現場でのフィールドワーク、筆者自身が行うインタビューなどを中心に調査を進めた。

アニソンで盛り上がるフロア
(2015年8月15日 新大久保ユニークラボラトリーにて)

用語の整理

本節では、本論文で扱う用語について整理する。まず、アニソンの定義について整理する。アニソンは、アニメソングの略で、アニメ作品の主題歌やサウンドトラックを指す。「宇宙戦艦ヤマト」の主題歌のように、作中の固有名詞が歌詞に登場し、アニメ作品の舞台や世界観を意識して作られる曲もあれば、「るろうに剣心」の主題歌のように、世界観とは無関係なタイアップとして楽曲が採用される場合もある。また、声優が登場キャラクターになりきって歌う「キャラクターソング」が主題歌になる場合もある。このように、一言でアニソンと言っても様々だが、共通しているのは、アニメ作品に使われているという点である。

つまり、アニソンという呼称はアニメに使われている音楽の総称であって、逆に言えば、「ロック」や「パンク」のように音楽性を表す名称ではない。本論文では、アニソンを単純にアニメ作品に使用されている音楽と定義する。

次に、クラブミュージックの定義について整理する。一言でクラブミュージックと言っても、テクノやハウス、ヒップホップなど様々な音楽ジャンルが内包されている。本論文ではひとまず、クラブで再生されることを想定して作られている音楽、と定義しておく。つまり、踊るために作られた音楽ということだ。そのため、クラブミュージックは、踊りやすいようにビートが強調されたり、リズムやメロディが反復されたりしている。

本節では、それぞれ用語について整理してきた。次節では先行研究について検討する。

先行研究

アニソンクラブイベントはこれまで研究対象として扱われてこなかった。とはいえ、「クラブカルチャー」や「オタク系文化」にまで視野を広げるとさまざまな先行研究が存在し、蓄積がある。それらの研究の中でもアニソンクラブイベントを論じる足がかりになりそうなものを整理し、主要な概念を抽出していく。

クラブカルチャー研究

まず、クラブカルチャーを扱った代表的な研究がサラ・ソーントンの『Club Cultures』[1]だ。彼女は、クラブやレイヴでのフィールドワークを通じて、サブカルチャー内における価値体系や権力構造について論じている。特に注目したいのはピエール・ブルデューの文化資本の理論を援用しながら、「サブカルチャー資本（Subcultural Capital）」という概念を用いている点である。

ソーントンによると、サブカルチャー資本は、サブカルチャーのメンバーによって取得された知識や商品のことで、彼らの地位を高めたり、他のグループのメンバーとの差別化を助けたりするものである。サブカルチャー資本は、流行の髪型やよく集められたレコードのコレクションといった形で対象化される。また、「内情に詳しい」ことや、流行しているスラングや最新のダンススタイルに

1 Thornton, Sarah. 1995. *Club Cultures: Music, Media, and Subcultural Capital*. Cambridge: Polity.

通じていることなどに具体化される。

また、上野俊哉[2]やグラハム・ジョン[3]などによるポスト・サブカルチャー論も、レイヴシーンを研究対象として取り上げており、フィールドワークや実践を通じながら理論的な枠組との間を往来している。彼らは、「トライブ」あるいは「ネオ・トライブ」という概念を用いてユースカルチャーを論じている。

「トライブ」は、社会学者のミシェル・マフェゾリによって提唱された概念である[4]。階級やジェンダーといった伝統的な区分ではなく、個人の消費行動や実践によって形成されていく複数的、流動的、一次的な集団を指す。上野が指摘するように、トライブという言葉自体は、サブカルチャーに携わる集団の中で実際に流通・使用されている言葉でもある。特に、レイヴなどの1990年代以降のサブカルチャー研究においては、サブカルチャーを構成する集団の分散、DiY文化や新しい社会運動などとの結びつき、祝祭的抵抗などが指摘されている。それらを論じるにあたって、ネオ・トライブ、アーバン・トライブという概念が頻繁に用いられている。

サブカルチャー資本、トライブといった概念はそれぞれクラブに集まる集団を論じる際に有効といえよう。サブカルチャー資本という概念を踏まえて、アニソンクラブイベント内における価値体系や小さな文化競争について論じることができるだろうし、トライブ概念を踏まえて、集団の流動性を再確認することができるだろう。

オタク研究

さて、これまでクラブカルチャーに関する研究を中心に先行研究を整理してきたが、オタク系文化に関する研究についてもまとめておきたい。

まず取り上げたいのは、二次創作をめぐるファンたちの営みを対象としている研究だ。スタートレックなどのファンダムを参与観察したヘンリー・ジェンキンスは、ミシェル・ド・セルトーに依拠しながら、ファン・カルチャーを「テクスト

2 上野俊哉『アーバン・トライバル・スタディーズ』東京：月曜社、2005年。

3 St John, Graham. 2003 "Post-Rave Technotribalism and the Carnival of Protest". David Muggleton, Rupert Weinzierl (Eds), *Post-Subcultures Reader.* Oxford: Berg.

4 ミシェル・マフェゾリ『小集団の時代——大衆社会における個人主義の衰退』(Maffesoli, Michel. 1988. *Le Temps Des Tribus: Le Déclin de L'individualisme dans les Sociétés de Masse.* Paris) 吉田幸男訳、東京：法政大学出版局、1997年。

密猟（Textual Poaching）」と位置づけた。[5] ド・セルトーによると、テクスト密猟とは能動的なテクストの読みであり、テクストの専有やその意味のコントロールのために争う書き手と読み手の関係に特徴づけられる。既存のメディア資源を利用したブリコラージュや、メディア資源の非制度的な利用・流用がテクスト密猟なのだ。例えば、アニメやマンガを元にして作られたパロディものや「やおい」などの同人誌がそれに当たる。特に、読み手にとって有用で愉快なものだけを取り入れていく行為が密猟の特徴の一つである。

最後に、クラブカルチャーやオタク系文化に直接の関係があるわけではないが、オーディエンス論について触れておく。オーディエンス研究において欠かせないのが、アバクロンビーとロングハーストによる「スペクタクル／パフォーマンス」という概念だ。[6] アバクロンビーらによると、社会的、文化的な変容と連動してオーディエンスは移り変わっていくものであり、その研究動向は行動的（behavioural）パラダイム、包摂／抵抗（incorporation/resistance）パラダイム、スペクタクル／パフォーマンス（spectacle/performance）パラダイムへと展開していったという。スペクタクル／パフォーマンスパラダイムにおいては、旧来のメディア研究者のようにテレビやラジオ、雑誌などのテクストに着目するのではなく、オーディエンスのパフォーマンスそのものに着目することで、オーディエンスを消費者や参加者としても捉えることができるようになると指摘している。

また、彼らによると、オーディエンスが日常的に行なっているパフォーマンスはアイデンティティの形成と密接に関係している。メディアが普及し日常の構成要素になっている現代社会は、「パフォーマティブな社会」であり、自らがどのように他者に見られているかを想像する過程においてアイデンティティが形成され、自らのパフォーマンスによってそれが提示されるのである。

さて、本節では、クラブカルチャー研究とオタク研究の双方を整理した。とりわけオーディエンスを対象としているものを取り上げた。本論文も

5 Henry Jenkins, 2013. *Textual Poachers : Television Fans and Participatory Culture*, London : Routledge, p. 24.

6 Abercrombie, Nicholas and Brian J Longhurst, 1998. *Audiences: A Sociological Theory of Performance and Imagination*. London: Sage

このようなオーディエンスの働きについて着目していく。とはいえ、これらの理論が必ずしもそのまま適用できるとは限らないということを念頭に置く必要があるだろう。例えば、トライブという概念よりももっと適切に集団性を表す言葉があるかもしれない。本論文では、アニソンクラブイベントのオーディエンスに着目し、彼らの所作がどのようにしてクラブという空間を形成しているのかを明らかにする。

1　アニソンクラブイベントの現在

アニソンクラブイベントと一言で言っても様々なタイプがあるため、一概に語ることは難しい。本章では、異なるタイプの2つのイベントを取り上げ、その一部始終をフィールドノートという形で記述する。最初に取り上げるのは、新木場ａｇｅＨａで開催されているオールジャンルのクラブイベントだ。必ずしもアニソンクラブイベントとはいえないが、メインストリームのクラブにおいて、アニソンやＪＰＯＰがどのように受容されているかを捉えるには良い例だ。その次に取り上げるのは、秋葉原で開催されているアニソン原曲中心のクラブイベントだ。こちらは逆にアニソンクラブイベントの主流であり、原曲系のアニソンクラブイベント特有の振る舞いが数多く見受けられた。この２つの事例を取り上げることで、アニソンクラブイベントの現在がより立体的にはっきりと見えてくることだろう。

2015/5/22
ＴＪＯとワイパと愉快な仲間たち
新木場ａｇｅＨａ

秋葉系と呼ばれるクラブシーンは今やクラブのメインストリームにまで進出している。このフィールドノートはそんなシーンの一夜を描写したものである。

２０１５年5月22日の深夜、私は新木場ａｇｅ

ＨａへＨ足を運んだ。ａｇｅＨａは国内有数の大規模なクラブで、それぞれ性格の異なるフロアが４つあり、全体で２０００人以上のキャパシティを誇る。その日開催されるイベントは「ＴＪＯとワイパと愉快な仲間たち」だ。ＴＪＯとDJ WILDPARTYという今最も勢いがあるとされる二人のＤＪを中心としたブッキングで、ａｇｅＨａで定期的に開催されている。特にDJ WILDPARTYは秋葉系のシーンに関わりの深い人物でもある。そのこともあって、今回のイベントでは秋葉原のクラブ「ＭＯＧＲＡ」が新木場ａｇｅＨａのＢＯＸフロアをまるまる担当するほか、Google ChromeのＣＭで初音ミクの楽曲が注目を浴びたｋｚなどが出演した。

　新木場に降り立ち、ａｇｅＨａに向かって歩いて行くと、少しずつ音楽が聞こえてきた。受付を済ませて入場すると、すぐ目の前はａｇｅＨａの中で最大の規模であるＡＲＥＮＡフロアだ。天井からはオクタゴンと呼ばれる赤いスピーカーが円を描くように吊り下げられており、身体に響くような大音量を鳴らしていた。規模が大きいだけでなく、音響や照明にも力を入れていて、メリハリの有る派手なＥＤＭなどが似合うフロアである。プレイしていたのはＭＯＧＲＡの店長であるＤ－ＹＡＭＡだが、まだ早い時間帯でお客さんもまばらだったためゆったりとフロアを温めるような選曲をしていた。

　一番奥にあるＢＯＸフロアに足を運ぶと、秋葉原ＭＯＧＲＡのＤＪ達が出演し、インターネットで盛り上がりを見せているクラブチューンからアニソンまで縦横無尽にプレイされていた。放送中のアニメ「血界戦線」のエンディング曲「シュガーソングとビターステップ」がかかるとフロアから大きな歓声があがり、エンディング映像でキャラクターによって繰り広げられるラインダンスを再現するかのように、各々が周囲の人と肩を組み足を振り上げて踊った。映像の動きを真似して盛り上がることはアニソンクラブイベントでよく見られる光景だ。楽曲を契機に、彼らの頭のなかで映像が再生されているかのような一体感が生まれていた。

ＡＲＥＮＡフロアに戻ると、本日の主役の1人、ＴＪＯがゴリゴリのＥＤＭサウンドを放っていた。ＤＪがｋｚ、そしてWILDPARTYに変わると、プレイされる楽曲もＥＤＭからハウスミュージック、そしてＪＰＯＰへと徐々にスライドしていく。ｋｚは、初音ミクやアニメの主題歌となっている自身の楽曲とＥＤＭを交互にプレイしていた。ｋｚの作る曲はきらびやかなエレクトロハウス調でクラブとの親和性は高い。実際にＡＲＥＮＡフロアの音響で体感すると、初音ミクやアニソンであるにもかかわらず踊れることに変わりはなく、観客たちも夢中になってその足を止めることはなかった。

フロアに目を移すと、ＭＯＧＲＡやアニソン系のクラブイベントの常連客が数多く見受けられた。フロアの最前列で飛んだり跳ねたりしながらＤＪのプレイに夢中になっている人もいれば、フロアの後方の空いたスペースでのびのびとステップを踏んで踊っている人もいた。その一方で、ａｇｅＨａならではと思われる観客も半分くらいいた。茶髪でダボッとしたＢ系ファッションに身を包み、いかにもナンパしに来たような男性3人組が騒いでいたり、蛍光色で派手なレイヴァーのようなファッションでぐるぐる回りながら踊っている男性がいたり、外国人のカップルがフロアの後方で抱き合ったりしていた。イベントの出演者自体は秋葉系のものと遜色ないにも関わらず箱が違うだけで、客層や雰囲気に大きな変化が見られた。

ＡＲＥＮＡフロアの後方で踊っていると、知り合いの女性ＤＪであるＭに声をかけられた。世間話をしていると、Ｍと一緒に来ていた友人を紹介された。「はじめまして」と挨拶して、私はTwitterでのハンドルネームを名乗り、iPhoneを取り出しお互いにフォローし合った。ＤＪやクラブに遊びに来る人同士のコミュニケーションツールとしてTwitterは重宝されている。イベントの告知や実況のために利用するのはもちろん、初対面の相手に名刺代わりにTwitterのプロフィール画面を見せてフォローし合うのは珍しいことではない。

朝方になると、ＡＲＥＮＡフロアはＤＪ達によるＢ２Ｂ[7]が始まった。ＳＭＡＰや槇原敬之、久保田利伸などのＪＰＯＰの名曲が次々にプレイされ、フロアに多幸感と一体感が生まれた。ＪＰＯＰといえども、もともとハウス調にアレンジされている曲だったため、クラブで鳴らしても違和感がないのが驚きだ。クラブでＪＰＯＰで踊ることは、クラブミュージックで黙々と踊るのとは違った楽しみがある。サウンドに身を委ねて個々が身体を動かし踊るのではなく、大勢が知っている曲で一体感を味わうことが重要視される。しかも、ＪＰＯＰは同世代の中で共有されている曲が多く、そのため多様なオーディエンスを結びつけてしまうのだ。ａｇｅＨａという都内最大規模のクラブで非クラブミュージックであるＪＰＯＰやアニソンを楽しめる状況が定着し始めていることは、秋葉系ＤＪシーンの広がりだけでなく、クラブそのものの在り方が変容していることも示している。

2015/10/11
Xi-lium vol.56　秋葉原ＭＯＧＲＡ

２０１５年10月11日、曇り空が続きじめじめした空気のなか、私は1人で秋葉原へ向かった。日曜夕方の秋葉原は多くの人々で賑わっていた。そんな喧騒から離れるかのように、昭和通り沿いのオフィスビルの合間を進んでいくと、お目当ての場所が見えてきた。クラブ「ＭＯＧＲＡ」だ。

この日は、Xi-lium というイベントが15時から開催されていた。Xi-lium は、今年で5年目に突入したアニソン原曲系の人気イベントだ。通常、クラブイベントといえば深夜に開催されることが多いが、アニソンクラブイベントは日中に開催されることが多い。そのため深夜のイベントを敬遠していたような層や未成年などが足を運ぶことができる。

店の前でＩＤチェックを受け、エントランスで入場料を払って中に入ると、１Ｆのラウンジは既に談笑する声で賑わっていた。コスプレイヤー向

7　ＤＪが交代しながら一曲づつプレイすること。Back to Back の略。

けに更衣室が設置され、普段より手狭になっているラウンジでは、女性のコスプレイヤー3人組がセルフィーを撮ろうとスマートフォンを構えていた。アニソンクラブイベントの多くはコスプレを推奨しており、更衣室など着替えるためのスペースを確保していることが多い。この日もアニメキャラクターに扮した人々が十数名ほど見受けられた。

メインフロアに続く階段を下ると扉越しに大音量の音楽が聞こえてくる。扉を開けるとそこには、熱気に包まれた空間が広がっていた。１００人以上の収容人数を持つメインフロアが手狭に感じられるほど観客が集まっている。イベント開始から2時間しか経っていないとは思えないほどの盛況だ。

客層は、20代が中心だろうか、20代前半の自分と同じくらいか、それより少し上の人が多いように感じる。男性の割合が多いが、女性の多くがコスプレをしているため存在感がある。逆にコスプレをしている男性は極僅かで、数人しか見あたらなかった。

フロアの後方に降り立って周囲を観察していると、クラブのノリと異なることが一目瞭然である。最初に気づいたことは、曲が変わる度に歓声が上がることだ。ずっと観察していると、さらに曲によって歓声の上がり方が違うことに気づく。いわゆる人気曲がかかると歓声も大きくなるし、女性向け作品の曲がかかると、「キャー！！」という甲高い歓声が上がる。人によっては曲が混ざり始めたイントロのところで反応している。近くにいた友人は、気に入っている曲がかかると「わかる！」「やったー！」などと声をあげていた。何のアニメ作品の曲なのかが重要であることは間違いない。

曲中では、歌い出しと共に手拍子やクラップが入ったり、ＰＰＰＨ[8]と呼ばれる合いの手やコールが繰り出されたりする。サビではカラオケのように、歌っている者もいる。歌に合わせて手を前方に仰いだり、流れている楽曲のカラーに応じてサイリウムを点灯して振ったりするなど、ある意味

8　パンパパンヒューの略。主に曲のBメロで行われ、パン、パ、パンという手拍子のあとにヒューという掛け声がかかる。

思い思いの楽しみ方をしている。クラブ的な踊る振る舞いとはかけ離れていて、手拍子をしたり手を上げたりするライブ的な振る舞いが中心だ。

その一方で、観客の振る舞いを注意深く観察していると、必ずしもすべての観客が同じ動きをしているわけではないことがわかる。曲に対して反応している人もころころ変わるし、中には所在なさ気に棒立ちしている人もいることから、知っている曲が流れるかどうかによってアクションが変わってくると思われる。

流れている曲に耳を傾けてみると、アニソンの多様性に気付かされる。いわゆる電波ソングからロックやヒップホップ、EDM、ジャズなど、音楽的なスタイルは多種多様だ。しかも、DJたちはループやカットインを駆使しながら短いスパンで曲を次々に繋いでいく。そのため展開がめまぐるしい。さらに、DJ1人あたりの持ち時間も40分と、通常のクラブDJと比較すれば短めである。

さて、パーティを盛り上げているのはDJだけではない。VJもまた、重要な役割を担っている。イベント中、フロアの壁に投影されている映像は、すべてVJによるものだ。このイベントでは、VJがDJのプレイする曲に応じて、アニメ作品のオープニングやエンディング映像を流している。しかも、流れている曲にぴったりシンクロするように、映像の再生位置や速度、切り替えが調節されている。この映像の効果は絶大で、流れている曲と相まって、そのアニメ作品を見ていた体験や感情が呼び起こされるのだ。実際、殆どのDJは曲の一番だけをかけて次の曲に繋いでいるため、まるでアニメのオープニングやエンディング映像が次々に流れてくるような体験となる。

イベントも後半に差し掛かってきたとき、突然フロアがオレンジ色の光で満たされた。フロアの殆どの観客たちがオレンジ色に光るサイリウムを掲げているのだ。このイベントでは入場者に大量のサイリウムを無料配布している。オレンジ色に染まるフロアはこのイベントの定番の光景となっていて、その時にかかるのが、TVアニメ「とらドラ」のエンディング曲「オレンジ」だ。「オレンジ色に　早く　なりたい果実　キミの光を浴びて」という歌詞とともに今まで薄暗かったフロアが一気に明るくなる様子は、アニメそのものの内容と相まって感動的であった。

早速、この光景を写真に撮ってTwitterにアップロードしようとすると、既に同じような画像付きツイートがタイムラインに流れていた。さらにタイムラインを眺めていると、同じフロアで楽しんでいる友人たちによるツイートが続々と流れてくる。今やクラブで遊びながらその状況をSNSで実況することは当たり前になっている。当然、このイベントでもイベントのハッシュタグを使った実況ツイートがいくつも流れていた。その上、イベントをUstreamでライブ中継しており、視聴者からのコメントも流れていた。実況の内容も、「この曲高まる！」「今の流れ良い！」といったものから、「遊びに来ましたよ〜」「今日はこのコスプレでいます！」というものもあり、さらに主催者や出演者による告知や案内の場にもなっている。また、混雑と大音量によって会話しづらいクラブにおいては、Twitterを用いた即時的なコミュニケーションが好まれており、すぐ隣にいるのに直接喋らずあえてTwitterでやりとりをするといったことも珍しくない。

2　クラブという空間を巡って

前章のフィールドノートからわかるように、アニソンクラブイベントの特徴は以下のとおりといえる。

・掛け声、合いの手の多用
・曲に合わせて歌うこと
・アニメを踏まえたDJ、VJのスタイル

前章では、アニソンクラブイベントの実態を浮き彫りにするためにフィールドノートを通じてオーディエンスの所作について記述してきた。本章では、アニソンクラブイベントの諸要素を整理・検討していく。DJやクラブがどのように流用されているのか、クラブの規範やイデオロギーがどのようにして脱構築されているのか、それとも保持され続けているのか。

アニソンクラブイベントにおける規範

ここでは、アニソンクラブイベントにおけるクラブ感の欠如がいったい何を意味しているのか明らかにしていく。

まず、アニソンクラブイベントでみられる振舞いの中で、特徴的なもののなかに「掛け声や合いの手の多用」と「曲に合わせて歌うこと」がある。これはイベントの中で流れる楽曲が非クラブミュージックであることと密接に関係している。

アニソンクラブイベントで聴こえてくる音に着目してみると、その多様な音楽ジャンルに驚かされる。ロック、ジャズ、ヒップホップといった曲調はもちろん、中には、電波ソングのように極端なものやEDMのような最新の音楽の流行を取り入れたものまである。そしてその多くが歌モノ（ボーカル曲）である。

アニソンDJのWANはインタビューの中で「アニソンはジャンルではなく〝タグ〟である」と述べている。[9] アニソンは特定の音楽ジャンルを指すのではなくて、アニメに使われたかどうかというタグの一つなのだと。実際に、アニソンクラブイベントでプレイされる楽曲は、アニメ作品の中で使用されたかどうかが基準の一つになっている。そのため、音楽的に様々なジャンルが内包されるのは当然のことだ。しかも、それらの楽曲はアニメのために作られているため、クラブで再生されることは全く想定されていない。ここにクラブミュージックとの大きな違いがある。

当然、クラブでの機能性を考慮していない楽曲が流れると、クラブで見られるようなダンスは機能しない。前章で記述したように、アニソンクラブイベントでの振る舞いは、クラブ的なダンスとは程遠い。アニソンクラブイベントでは反復しつ

9　『秋葉系DJガイド』東京：株式会社リットーミュージック、2013年、8頁。

づけるビートに身体を委ねて踊ることができないのだ。その代わり、浮上してくるのが、掛け声や合いの手だったり、歌うことだったり、共通した身体所作だ。

　フィールドノートで取り上げたように、ＤＪは何のアニメ作品の曲なのかを意識しながら選曲している。そのなかで音楽的ジャンルがバラバラなアニソンでの選曲術に、文脈繋ぎというものがある。

　例えば、アニソンクラブイベントのシーンを紹介するムック本『秋葉系ＤＪの教科書』には、現役アニソンＤＪによる選曲例が掲載されている。[10]それによると、「ロボットアニメ繋ぎ」「ジャンプ系アニメ繋ぎ」「京都アニメーション作品繋ぎ」など、楽曲そのものの要素だけではなく、何のアニメ作品の曲なのかといった背景や知識を手がかりに選曲するやり方が半数以上を占めている。作編曲者、アニメ制作会社、監督、アニメのジャンル、年代、世界観など、アニメそのものを見ていないとわからないような細かい情報や文脈をもとに選曲がなされることも多い。

　先述したように、アニソンクラブイベントでプレイされる楽曲は、アニメ作品の中で使用されたかどうかが基準の一つになっている。これは、何よりも楽曲を契機としたイメージや体験の共有が重要視されているからに他ならない。例えば、先述した「オレンジ」が流れれば、とらドラを視聴した時の記憶や感情などが呼び起こされる。フロアにいる様々な人々が音楽を契機に同じシーンや映像を思い起こしていることが、全体の一体感や共有感を醸成しているのである。そしてそれはＶＪが曲の映像を流すことによってさらに増幅される。それ故に、一般的なクラブと異なり、アニソンクラブイベントでは楽曲はもちろんアニメの作品を知っているという知識の有無がイベントを楽しめるかどうかの分水嶺となっている。だからこそ、曲が変わる度に歓声があがるし、時には感極まって頭を抱えたり、その場でうずくまったり、キャラクターの名前を叫んだりするといった特異な現象が見られるのだ。

10　『秋葉系ＤＪの教科書』東京：株式会社リットーミュージック、２０１４年、35〜48頁。

クラブという空間を巡って

本節では、アニソンクラブイベントに集まる人々がクラブという空間をどのような場として捉えているのかを明らかにしていく。前節で明らかになったように、アニソンクラブイベントでは楽曲を契機とした体験やイメージの共有が重要な要素となっている。すると、当然クラブという場の役割も一般的なクラブのそれと変わってくる。

a）過ごし方を強制されない場としてのクラブ

アニソンクラブイベントでは、掛け声や合いの手などによって一体感がもたらされている。彼らにとってクラブは必ずしも踊る場所であるとは限らない。むしろ、クラブ特有の自由な振る舞いを逆手にとって戦略的に流用していると考えられる。

T「カラオケは待ってる間とかしゃべるのも面倒くさいし。ゲーム音楽のオーケストラとかも、座ってるのが性に合ってなくて。クラブは自由じゃん。座っててもいいし、ナンパしててもいいし、高まってもいいし、曲聴いててもいいし、途中で帰ってもいいし。そういう自由度の高さが合ってたかな。[11]」

S「（アニソンクラブイベントの面白さについて、）俺が感じてるのは騒げる場所ということ。大声出せて。[12]」

N「カラオケとかは歌わされるから嫌だったし。クラブだとどう騒いでもいいのが良かった。[13]」

クラブは観客が比較的自由に振る舞うことのできる空間である。ライブハウスのように、演奏しているバンドの方を向き続ける必要もなければ、共通の振り付けを周りと合わせて踊る必要もない。ましてや、コンサートホールでクラシック音楽を聴くときのように、咳払い一つせず椅子におとなしく座り続けなければいけないということもない。

11　筆者によるインタビュー。２０１５年8月4日。

12　筆者によるインタビュー。２０１５年10月16日。

13　同上。

かといって、誰かと喋り続けたりする必要があるわけでもなく、好きにフロアを回遊できる。クラブは思い思いの過ごし方が許される空間なのである。

b）オフ会の延長として

アニソンクラブイベントは、クラブイベントと称しながらも内実はオフ会的な要素が大きい。オフ会とは、オフラインミーティングの略で、ＢＢＳやＳＮＳなどオンライン上で知り合った者同士が現実世界で実際に会って親睦を深めることを指す。アニソンクラブイベントでは、まさにオンライン上での知り合った者同士の交流の場としてクラブが利用されている。

例えば、アニソンクラブイベントの主な告知ツールにTweetvite[14]やtwipla[15]といったｗｅｂサービスがある。これらはTwitterと紐づけてイベントの告知・出欠管理ができるサイトだ。ｗｅｂサイトを作る要領でイベントのページを作ることができるのだが、そのページ上でイベントへの参加／不参加を表明することができる。Twitterでログインし、イベントページの参加もしくは不参加をクリックすることで、ページ上に自身のTwitterアイコンが表示され他のユーザーからも誰が参加するのかがわかるようになっている。イベントによっては、１００名を超える参加表明がなされることもある。

フィールドノートでも記述したように、アニソンクラブイベントでは告知・交流のツールとしてTwitterが頻繁に利用されている。告知ページやイベントの実況はもちろん日々のツイートもタイムライン上を流れていく。日常的にオンライン上で繋がりながら、週末になるとクラブで一堂に会するという構造はオフ会そのものである。

c）ライブの代替として

クラブイベントとして開催されていながらも、アニソンクラブイベントはライブで見られるような振る舞いや楽しみ方がされている。そもそもクラブやその前身であるディスコは、バンドの生演

Tweetviteを用いたイベント告知ページ

14 Tweetvite :: Find & Create Tweetups and other Events on Twitter http://Tweetvite.com/（２０１５年12月16日アクセス）

15 TwiPla - イベント告知・出欠管理・日程調整しよう http://twipla.jp/（２０１５年12月16日アクセス）

奏で踊っていた形式から、バンドの代わりにレコードを再生して踊るというように成立したという背景があり、もともとライブの代替であったとも言える。しかし、それとは違った形でのライブの代替という機能をアニソンクラブイベントは持っている。それが顕著に表れているのは、フィールドノートで見てきたような掛け声や合いの手においてである。

曲に合わせた掛け声や合いの手、あるいはサイリウムを振ることは、実際に声優などのライブで行われている所作が流入している。声優やアイドルなどのライブやコンサートでは、コールと呼ばれる掛け声がなされる。コールは応援的な意味合いが強く、一致団結して会場を盛り上げようというファンの意識が働いている。しかし、一部の過激なファンによって、過度なオタ芸は運営側から規制されるようになってしまう。

ライブ会場でのレギュレーションが厳しくなる一方、アニソンクラブイベントは比較的自由が効く空間である。ライブイベントほど注意事項が厳しいことはほとんどなく、お店や他の客に迷惑をかけることがなければ咎められることはない。実際に、何度もイベントに足を運んでいると、フロア後方の空いているスペースで対面打ちをしている様子をみることができるし、ヲタ芸が打てることを売りとしたイベントも数多く存在している。[16]

また、音源を流して実際に歌う本人がいるかのように盛り上がるエアライブ、あるいはバーチャルライブ的な楽しみ方もされている。筆者が足を運んだクラブイベントは、「AIR LIVE PARTY」と銘打っていた。実際、ライブで行われているように楽曲に合わせてコールがされたり、歌詞に合わせて一斉にサイリウムの色を変えたりといった光景が見られた。観客の多くが推しキャラクターのTシャツや法被、グッズを身に着けていて、さながらライブ会場そのものだった。

そのイベントでは、DJのうち何名かが予め曲同士を繋げておいた音源を流しっぱなしにしていた。フライヤーには「DJ／選曲プロデューサー」と記載されており、彼らが交代する度に、一

16 対面打ちとは、向い合ってオタ芸を打つこと。このようなイベントに足を運び、オタ芸を打つ人々は打ち勢と呼ばれている。

旦音を止めてMCが入り、告知や紹介がされていた。DJのプレイを楽しむというよりは、曲に合わせたコールを楽しむことや好きな曲がかかるかどうかに重きが置かれているといえよう。クラブで開催しながらも、クラブの文脈には則らず、ライブの代替としての機能を持っているのだ。

d）発表会化するアニソンクラブイベント

クラブ感の無さは運営形態と密接に結びついている。アニソンクラブイベントが開催されるクラブの殆どが2、30〜100名規模の小箱や中箱と呼ばれる店舗だ。小箱の多くは、自身でイベントを企画する以外に、他のイベントオーガナイザーに箱を貸すことで収益を得ている。いわゆる箱貸しという制度だ。また、箱によってはブースレンタルという制度がある。平日などのイベントの入らない時間帯にDJブースを開放して、利用者から使用料を徴収するという制度だ。どちらの制度もレンタル料さえ支払えば、思い通りのイベントを開催することができるし、自由にDJプレイを楽しむことができる。

料金を支払ってイベントを開催する、あるいはDJブースに立つという状況は、ノルマ制度を採用するライブハウスにも見られる。ノルマ制度とは、出演者がライブハウスから課されたチケット枚数分の金額を支払う制度だ。もちろん、事前に与えられたチケットを売り捌くことができれば損失を被ることはなく、ノルマ以上の集客ができれば利益を出すこともできる。つまり、出演者はノルマ代さえ払えば出演できるのだ。

このノルマ制度が普及していくにつれ、ライブハウスを取り巻く環境は変化していく。ライブハウスは利益を上げるために厳しい審査を取りやめて出演者を増やしていった。その結果、ライブハウスは安定した運営が保証されるようになり、出演者は気軽にステージで演奏する機会が増大していく。ライブハウス研究で知られる宮入恭平は、このようなノルマ制度が「ライブハウスの発表会化」を促していると指摘している。[17]

ここでいう発表会とは、「日頃の練習成果を披

17　宮入恭平編『発表会文化論』東京：青弓社、2015年。

露するために、おもにアマチュアの出演者自らが出資して出演する、興行として成立しない公演」としている。ライブハウスにおいては、レジャー目的のアマチュアが出演し、それを目当てに観客が訪れるとき発表会化しやすいという。ノルマを達成しようと知人や友人などを呼び、顔見知りのオーディエンスに向かって彼らにしか通じない身内話を交えながら演奏する。これがライブハウスの発表会化である。

アニソンクラブイベントにおいても、同じような発表会化が見られることがある。箱貸しやブースレンタルのような仕組みはお金を払ってパフォーマンスするという点でノルマ制度と共通している。また、イベントの告知手段がＳＮＳ中心であることから、必然的に知人や友人が主なオーディエンスとなる。すると、仲間内にしか通じないような話やパフォーマンスをすることで身内感が醸成され、ライブハウスの発表会化と同じような状況が生まれる。さらに、安価で手軽に始められるＰＣＤＪの普及によって、誰でもＤＪブースに立つ機会が担保され、発表会化がさらに促進されている。

宮入は、ライブハウスの発表会化には、ライブハウス・イデオロギーの欠如が伴っていると指摘している。同じように、クラブにおいても、クラブ・イデオロギーの希薄化とともにレンタルスペース化は進行しており、そのことの例証の一つにアニソンクラブイベントがあるといえよう。

トランスやAll MixでのＤＪの経験があるＴ・Ｓ氏は、クラブの敷居が下がってきた２０１１年ごろのことを次のように振り返っている。

> （２０１１年ごろは）ライブハウスにもＣＤＪが置いてあったりとか、クラブイベントも打てますよってのが増え始めた時期。ＤＪバーとかも増えたし。タイミング的にそういう小さいイベントや身内イベを簡単に打ちやすくなった時期なのかな。（ＣＤＪは）前まではほんとにクラブしかなかった。敷居も高かったし。（中略）当時のＡＴＯＭ[18]の日曜日の個人集客目標が

18　東京、渋谷の人気クラブ。

50人とか、それくらい。最初はスタッフから入って、集客できるようになったらＤＪやっていいよ、みたいなのが通過儀礼じゃないけど。いまはもっと簡単に始められるようになった。[19]

アニソンクラブイベントの開催されている場所として、クラブの他にもライブハウスが一定数見受けられる。その場合、ライブハウスで開催しているにも関わらず、その名称はやはりアニソン〝クラブ〟イベントなのだ。イベントの開催にはもはやクラブである必要はなく、ＤＪ機材と大音量を出せる環境、集客数に応じた広さのフロアがあれば十分なのだ。実際に、イベントの主催者はクラブで開催することに必ずしも強いこだわりを持っているわけではない。オフ会がきっかけでアニソンクラブイベントに足を踏み入れたT氏はこのように語る。

（クラブＤＪの上下関係や規範とか知ってるけど）こっちは身内を集めたパーティだから。mixiとかＳＮＳとかで同じ趣味の友達集めやすいし、今もう自分は結構オフ会っぽくやってるかな。あんまりクラブの中に入ってきている感じはない。[20]

さらに、クラブで開催しているのはたまたまその環境が良かったからだったという声もある。

W「クラブカルチャーを意識したことは全く無いですね。（中略）やり始めた時点でクラブカルチャーっていうものの影響は微塵も受けていない段階でのスタートだったので。」

筆者「にもかかわらずクラブで開催している？」

W「ええそうですね。場所がないんです。もともと区民館とかレクリエーションホールとか借りてやってたんですよ。そこに一発１１０キロあるＪＢＬを4発持ち込んだりして。そういうことをやっていたらクラブには最初から全部置

19 筆者によるインタビュー。２０１５年８月４日。
20 筆者によるインタビュー。２０１５年８月４日。

いてある、すごい！っていう。[21]」

このように、クラブという場をある種イベントスペースとして利用していることがわかる。クラブの持っているバックグラウンドとはまったく無関係にクラブを利用しているのだ。クラブイベントとして開催されているにもかかわらず、必ずしもクラブでなければならない理由はまったくないのがアニソンクラブイベントの大きな特徴であるのだ。こうした事態は、クラブの非クラブ的な流用とでも言えよう。

e）脱文脈化されたクラブ

前節で述べてきたようにアニソンクラブイベントの会場は必ずしもクラブでなければならない理由はまったくない。そこには、クラブという空間を換骨奪胎して自らにとって有用な場にしようとする力が働いている。このような力はジェンキンスの「テクスト密猟」を思い起こさせる。つまり、ジェンキンスが言及している同人誌やファンジンなどにみられる密猟行為のように、クラブという空間を密猟しているのだ。

はじめにで触れたように、テクスト密猟は既存のメディア資源を利用したブリコラージュや、メディア資源の非制度的な利用・流用を指す。ジェンキンスはファンが受動的に商品を消費するだけの存在ではなく、実は能動的で創造的な存在であると論じたのだ。

〝テクスト〟密猟とあるように、ジェンキンスが念頭に置いているのは、テクストの能動的な読みである。ドラマやアニメなどのテレビ番組、マンガ、小説、映画、ラジオなど様々な制度的なメディアのテクストの流用を想定している。ここで特徴的なのは、ファンたちは自分たちにとって有用だったり愉快だったりする要素だけを取り入れる点である。これを踏まえると、アニソンクラブイベントにおけるＤＪやＶＪは、まさにＴＶアニメの音楽という制度的なメディアの有用なところだけ流用しているといえる。

しかし、アニソンクラブイベントにおいては、

21 筆者企画によるトークイベントより。２０１５年3月8日。月刊リアニメーション 第2号 若手ＤＪ企画！これからのリアニとシーンを考えるパネルトーク＆交流会スペシャル 於 渋谷nagomix

DJが単純にアニソンを流用しているだけではない。むしろ、アニメファン達によって、DJやVJ、さらにクラブといった空間までもが流用されているのだ。これまで述べてきたように、アニソンクラブイベントは、クラブイベントと銘打っているにも関わらず、必ずしもクラブカルチャーに準拠しているわけではない。DJのプレイをみてわかるように、アニソンクラブイベントにおける音楽のありようは、クラブDJの選曲や繋ぎとはかけ離れている。また、オフ会の延長やライブの代替など、踊り場としてのクラブというよりアニメファンの交流の場としての側面が強い。クラブとしての空間が脱文脈化され、アニメファン達にとって都合の良いように再構築されているのだ。

実際に、特定のアニメ作品をテーマに据えたアニソンクラブイベントは一定数存在する。このようなイベントでは、クラブイベントというよりファンイベントとしての性格が色濃く出ている。例えば、そのアニメ作品をテーマとしたDJの選曲はもちろん、世界観を再現するかのようなフロアのデコレーション、作中のキャラクターのコスプレやそれをイメージしたカクテル、フードなど、各々が得意なやり方で参加している。イベントそのものが二次創作の集積のようになっているのだ。そして、こうした場が成立しているのも、アニメファン達によって、クラブという空間が流用されているからだ。

さて、これまでクラブ感の無さをアニソンクラブイベントにおける振る舞いや空間の捉え方を紐解くことで明らかにしてきた。その結果、あたかもテクスト密猟のようにクラブという空間をアニメファンたちが流用しているという一面が見えてきた。必ずしもクラブイベントである必要はないのである。では、クラブという空間を流用するアニソンクラブイベントにおいては、どのような集団性を持ち得るのだろうか。少なくとも、クラブのそれとは大きく異なるはずである。次章では、これらを踏まえ、アニソンクラブイベントにおける集団性について考察を行う。これまでアニソンクラブイベントにおける所作を具体的にみてきたが、抽象的な視点から論じることでより立体的にアニソンクラブイベントの全体像をつかむことができるだろう。

3　考察

これまで見てきたアニソンクラブイベントにおける集団性は、クラブカルチャー研究が使用してきたシーンやトライブという概念で捉えることも難しいにちがいない。ではアニソンクラブイベントの集団性とは、いったいどんな性質を持ちえているのだろうか。そしてそれはどのような概念によって把握することがふさわしいのであろうか。本章では、アニソンクラブイベントにおける集団について論じる。特に、彼らが度々口にする「界隈」という言葉に着目することで、その特性を明らかにしていく。

「界隈」の現在

これまで述べてきたように、アニソンクラブイベントはクラブカルチャーとオタク系文化の融合という単純な図式によって理解できるわけではない。さまざまな嗜好性を持った集団がイベントや箱ごとに形成され、時には対立しながら互いに影響しあっている。そして、人々はＳＮＳで日常的にゆるく繋がりながらクラブに集う。このようなアニソンクラブイベントに集う人々をどう定義づければよいだろうか。

本章では、アニソンクラブイベントに集う集団に適用する概念として、「界隈」を提示したい。「界隈」はアニソンクラブイベントに通う中で、何度も耳にしてきた言葉で、特定の集団を指すのに使われている。サブカルチャー研究において、サブカルチャーを形成する集団はしばしば特定の概念によって説明されてきた。本章では、シーンやトライブなどの概念を大まかに整理しながら、それらに代わるものとして「界隈」という概念の提示を試みる。

まず、ウィル・ストローの「シーン」概念を整理する。ストローは「シーン」という概念を用いて、オルタナティブロックとクラブミュージックの分析を行った。ストローによると、シーンとは、特定の場所に根付いて動かない「コミュニティ」という考え方とは対照的に、より流動的で不安定なものだという。シーンは「さまざまな音楽実践が共生する文化空間のことであり、その音楽実践は、多様な差異化のプロセスの中でそれぞれの描くさらに多様な変化と相互交配の軌道に応じて互いに関連している」[22]のだ。さらに、特定のシーンの人々による実践は単に音楽産業によって形成されているわけではなく、積極的に形成し、維持していかないかぎり潰れてしまういくつもの「連帯関係」や「仲間意識」の中から生まれてくるものであるとしている。

　確かに、ストローが示した「シーン」は集団を流動的なものとしてみなしている点で、アニソンクラブイベントを分析する上では適している。産業とのかかわり合いや、「仲間意識」について論じている点も有効だろう。しかし、アニソンクラブイベントにおける産業との結びつきはやや特殊だ。さらに、シーンの内部におけるもっとミクロな個々の集団に目を向けるには他の概念の方が適している。

　流動的な小集団を論じるには「トライブ」という概念が有用である。先行研究で触れたように、ポストサブカルチャー研究においては、トライブやネオ・トライブといった概念を導入し、ローカライズされた音楽実践やそのフィールドに適応させている。トライブは、階級やジェンダーといった伝統的な区分ではなく、個人の消費行動や実践によって形成されていく複数的、流動的、一次的な集団を指す。トライブの連帯感や一体感は、情動に基づいている。このトライブ概念は、レイヴやクラブにおける集団性を論じる際に頻繁に用いられてきた。

　これまでのポストサブカルチャー研究に則って、アニソンクラブイベントに集う人々を「トライブ」と括ることはもちろん可能だろう。しかし、その

22 Straw, Will. 1991. "Systems of Articulation, Logics of Change: Communities and Scenes in Popular Music". *Cultural Studies* 5(3). London: Taylor and Francis p.273. p.273.

ままトライブ概念を適用するには二点ほど留意しなければならないことがある。一点目は、ポストサブカルチャーの研究者が論じてきた「新しい政治運動」のような、マクロな政治性との結びつきがアニソンクラブイベントでは希薄であるということである。二点目は、近年のソーシャルメディアの普及とそれが生みだすネットワークについて踏まえなければならないということである。

特に、ソーシャルメディア以後の集団について論じるには、「クラスタ」という概念がより適切である。クラスタとはコンピューター用語の一つで、複数台のコンピューターが相互接続されている総体を指す。今日では、ＳＮＳにおいて、共通の趣味趣向を表明する言葉として使われている。クラスタの構成員はさまざまな地域に分散していても、オンライン上でゆるい繋がりを維持することができる。また、個人が複数のクラスタに同時に属することも特徴の一つだ。

クラスタ的な繋がりは特にTwitterでみられる。例えば、Twitterのプロフィール文で、自身の所属や趣味趣向を「／（スラッシュ）」で区切って羅列するような書き方はクラスタを考える上で重要だ。羅列された趣味趣向はタグとしての役割を持ち、限られた文字数の中で自身の趣向性を表明するには最適である。そして、このタグに基づいてそれぞれ形成されるような集団がいわばクラスタなのである。そのため、トライブのような情動に基づく一体感や連帯感が必ずしもあるわけではない。クラスタは流動的で複数的なマクロな集団については有効だが、ミクロな視点が欠け落ちており、アニソンクラブイベントの集団を正確に論じるにはやや不適切だ。

ここで「界隈」概念の提示を試みる。マフェゾリは、小集団の近接性について論じる際に、コミュニケーションの文化的要素と自然的要素の２つを説明するには、「界隈（カルチェ quartier）という言葉の古い空間的観念や、その情緒的なコノテーションを援用すべきかもしれない」[23]としている。この「界隈」という言葉は、それが指し示す内容はじつに幅広く、また意味を変容することができ、

23 マフェゾリ、１９９７年。

街路の全体によって限定されることもあるし、リビドーが充実した場所（売春地区、悪徳の街など）を指し示すこともあるし、商業的集合地、公共交通路線の交差地点を指示することもある。いずれにせよ、問題となっているのは、ある種の機能性と、否定しがたい象徴能力を結び合わせた公共空間のことであるとマフェゾリは論じている。このマフェゾリの指摘を踏まえながら論を進めたい。

さて、広辞苑 第六版によると、界隈はそもそも、「そのあたり一帯。あたり近所」を指し示し、「浅草界隈」などのように使う言葉である。もともと空間を指し示す「界隈」は、今日では、クラスタと同じように、SNS上における趣味趣向を表明する言葉としても使われている。「コスプレ界隈」「アニクラ界隈」「同人界隈」など、SNS上における特定の集団を指し示す言葉として使われている場合が散見されるのだ。特に、「そのあたりの集団」といった意味合いを持つ。

実際にアニソンクラブイベントに足を運んでいると、界隈という言葉は頻繁に使われていることがわかる。例えば、特定のクラブやイベントの関係者や、頻繁に出入りしている常連の観客、SNSなどネット上で仲の良い人々を指し示すのに、箱名やイベント名を入れて「○○界隈」と呼ぶことがある。クラスタと同じく趣味趣向の表明として使われもするが、どちらかというと、ある特定の趣味趣向を持つ集団の一員であることを表明したり指し示したりする。特に、その集団を形成する人間関係を対象に含める場合が多い。

つまり、「界隈」は、クラスタのように、特定の趣味趣向を持つマクロな集団を指す場合と、もっとミクロな人間関係を指す場合の2通りの使われ方がされている。どちらにしろ、「界隈」が指し示すのは、その集団を形成する空間や人間関係である。特に後者の場合、集団の構成員は、共通した趣味趣向があることだけではなく、彼ら自身の人間関係によっても規定される。こうした人間関係は、SNSによって可視化される。あたかも地理的な特定の空間を指し示すかのように、SNSによって形成されるネットワークを空間的に捉えて指し示すのが「界隈」なのだ。

「界隈」の特徴は、このようなSNSを通じた関係性と切っても切れない点にある。例えば、Twitterは、フォローする相手を一方的に選択できるため、非対称なネットワークが形成され、フォロワーの多いアカウントはネットワークのハブとなる。しかし、「界隈」が指すのは、こうしたハブとして機能するアカウントではなくて、相互フォローによって形成されるより緊密な個々の集団だ。Twitterの特徴として、タイムライン上には、フォローしているアカウント同士のリプライは表示されるが、フォローしていないアカウントとのリプライは表示されない点がある。特定の趣味趣向やイベント、箱などをある種のハブとしながら形成されるネットワークが「界隈」といえる。

アニソンクラブイベントにおいては、シーンやトライブ、クラスタという言葉は使われず、界隈という言葉によって、個々の集団が示される。それが意味するのは、アマチュアならではの謙遜や自虐の意である。たとえば、クラブという空間そのものを流用するという、クラブカルチャー側へのある種の引け目や、プロではなくアマチュアによる実践であり、趣味以上のものではないといったものだ。それは、ニコニコ動画において「歌ってみた」「踊ってみた」という言い回しを用いることで、アマチュアであることを免罪符のように利用する振る舞いと近しい。

それだけでなく、「界隈」には、ある種の「身内」という意味合いが含まれている。例えば、先述したように、アニソンクラブイベントでは、Twitterと紐づけたイベントページでの告知が主流である。それは、裏を返せば、自分たちの「界隈」を囲い込まなければイベントとして成立しないということでもある。また、イベントの身内化、発表会化も、「界隈」という集団性と密接に結びついていると考えられる。

本章では、アニソンクラブイベントにおける集団について、「界隈」という概念を提示した。SNSの強い影響下のもと、さまざまな小集団が衝突しながらも互いに影響を受けている現状はひとまず「界隈」を軸に考えることができるだろう。特に、「界隈」がクラブの流用に繋がるような脱文脈化の意味合いで使われていることは重要である。もちろん「界隈」概念が他の領域や分野において有用とは限らない。とはいえ、シーンやトライブといった概念では捉えきれないような、特定の音楽実践に限らないさまざまなミクロな実践を射程に捉えている。「界隈」は、そうした今日的な集団を解釈するために用いることができるだろう。

おわりに

本論文の元となった修士論文を執筆してから１年半が経った。アニソンクラブイベントを巡る状況は変わり続けている。

例えば、「２　クラブという空間を巡って」で取り上げたTweetviteは２０１６年６月にサービスを停止し、Twitterを中心に集客していたアニソンクラブイベント界隈に衝撃を与えた。イベントの多くが類似の告知ツールに乗り換えていったが、ここで改めてＳＮＳが重要な役割を担っていることが確認できた。

また、この間、３年ほど参与し続けていたイベントが幕を閉じた。それに伴い周囲の「界隈」が離散している印象を受けている。「界隈」を「界隈」たらしめるのは、もちろんＳＮＳも重要だが、人々が集う空間が必要不可欠なのではないか、と感じる。

音楽だけでなく、メディアをめぐる状況がめまぐるしく変わる昨今、アニソンクラブイベントはそうした状況を象徴するかのような存在である。本論文が今日的な音楽文化の核心に少しでも迫ることができていたら幸いである。

第Ⅳ部　旅する音楽

第7章
日本におけるダブステップ
――シーンとジャンルについて

アルニ・クリスチャンソン

はじめに

２００８年５月、木曜日の夜。東京、渋谷。長時間労働を終えたサラリーマンが家へと急ぐ中、町はさまざまな世代の人々で活気付いている。雑踏には、家とは逆に渋谷のクラブへ向かう人も少なからずいる。私の向かう先はラブホテル街の中心地に位置するクラブ・エイジア（Club Asia）。23時から翌朝5時までバック・トゥー・チル（Back To Chill）というイベントが行われる場所である。

午前0時近くに、私はクラブに到着し、ボディーチェックを受け終わり、入場した。入場料は１５００円。バーで飲み物と交換するドリンクチケットを受け取る。薄暗いラウンジに入ると飲み物を手にした人々がまばらに談笑している。そこに来ている人の多くは20代から30代で男女が半々くらい。ほとんどが日本人だが１割程度、外国人もいる。片隅には今夜パフォーマンスをする予定のミュージシャンのＣＤやＴシャツを売るコーナーもある。

ラウンジでプレイしているＤＪは決して大きすぎない心地よいボリュームを保ちながらダンスミュージックを流している。メインフロアからは空気を震わすようなベースの音が漏れ聞こえる。

ゆっくりとメインフロアに入る。天井の高さは６メートル、キャパシティは３００人と大きなスペースであるが、ダンスフロアは人がまだまばらだ。キャパシティの4分の１程度の人がＤＪの方を向いて踊っている。ステージのＤＪであるスケ（ＳＫＥ）とケーパー（Kper）による割れんばかりの重低音の音楽がスピーカーを激しく揺らす。ステージの上には大きなスクリーンがあり、ビデオクリップやアニメーションが細切れに編集された映像が流れている。映像に時折映されるのはイベントのロゴ、そしてキャッチフレーズである「ダブステップ－トーキョウ－マッド・レイヴ（Dubstep－Tokyo－Madrave）」だ。

ドッケビ・キュー（Dokkebi Q）のパフォーマンスになるとオーディエンスが増え、フロアが沸き始める。ダブステップ界の大御所、ゴス・トラッド（Goth Trad）のＤＪプレイでオーディエンスは盛り上がり、今夜のハイライトに突入する。エキサイティングな夜も朝5時になると終わりを迎え、満足しきったオーディエンスは家路につく。

これが日本におけるクラブミュージックの一つダブステップのパフォーマンスであり、それが楽しまれている光景である。本研究が始まってから、今年２０１７年までは、このクラブイベントの形式がほとんど変わっていない。これは渋谷、新宿、またそれ以外でも東京のいたるところで、小さなカフェから大きなクラブまで、特定の場所に限定せずとも見られるものだ。そして、この現象は東京のみならず、大阪、福岡、岡山などでも起きている。ジャマイカのダブ・ミュージックからアップテンポのクラブミュージックまで幅広い影響を受けたユニークな音楽であるダブステップを体験するために、ＤＪ、アーティスト、そして音楽ファンが一堂に会す。

ダブステップは日本で生まれたものではなく、南ロンドンのクロイドンに住むＤＪやアーティストの小さなコミュニティにルーツを持つものである。ダブステップのような新しいジャンルの音楽が日本に入ってくるという状況において二つの重要な問いがある。いかにして日本に入ってきたのか、そしていかにして日本の土壌でローカル化していったかということである。

研究手法と目的

本論文の目的は、日本におけるクラブミュージック文化の様相に焦点を当てようとするものである。また、この論文は、日本においてクラブミュージック文化がどのように適合化され、翻訳されているかを見ていく。

近年の多様なジャンルの在り様と、それらの文化的領域としての多様性を明らかにしていくことによって、クラブ文化の学術的見解を拡げていくことが本論の目指すべきところである。

日本の文脈にダブステップがどのようにローカ

Goth Trad

ル化されているかを見るために、あるいは、日本においてそれらがどのように形成されているのかを描くために、私は「シーン」という概念を用いたい。この「シーン」とは、ウィル・ストローが文化空間を表象するために用いたものであり、これまでの音楽コミュニティへの見方が、土地的な、固有の場と結びついた音楽的遺産をめぐるものであったのに対して、常に変化していく場として音楽の諸実践を見ようとするためのものである。[1]

本論のアプローチはまた、イアン・コンドリーによる日本のヒップホップ・シーンに関する研究が示した「現場(Genba)」(Condry 2006による用語)という概念――すなわち「グローバルとローカルのあいだで、交差し、交渉する場として現れる」パフォーマティヴなイベントや、アーティストの営みを表現するための場としての「現場」という概念を用いていく。

但し、本研究においては、オーディエンスに対する検証、および言及については限定的なものとなるだろう。それは本論の研究の対象が、シーンの形成の過程に焦点を当てるものであるがゆえ、ＤＪ、音楽家、プロモーター、およびレコードショップなど、「アクティヴ」な役割を果たしている「オーディエンス」については扱うものの、音楽を単に消費し、あるいはイベントに参加するだけの「パッシヴ」な参加者としてのオーディエンスについては触れないからである。

また、本研究では、方法論として民族誌的なフィールドワークとインタビューという質的調査を主に用いる。筆者は、２００８年４月から２０１０年１月にかけて東京および大阪における種々のクラブイベントにおいて参与観察を実施し、また２００８年11月から２０１０年８月にかけて、ＤＪ、アーティスト、レコードショップのオーナー、レコード・レーベルのオーナーを対象としたインタビューを実施し、質問票を用いた調査も実施した。

なお、本論執筆に当たっては、ダブステップ音楽のセールスやプロモーションに直接的に関わるレコードショップにおける、「一ファンとしての」

1 Straw 1997, p.494

観察も、重要な示唆を与えてくれていることを付記しておきたい。

本論では、日本のクラブミュージックのシーンに関する議論を通じて、筆者は、「いかにして新たなシーンが形成されるか」、そして「どのように音楽シーンが成り立っており、あるいはそこにはどのような過程が含まれているか」を考えていく。この問いの検証に入る前にダブステップという音楽について簡単に説明したい。

ダブステップとは何か？

ダブステップとは２０００年代の初頭に南ロンドンで生まれたクラブミュージックの一形態である。この音楽の一番の特徴は、ジャマイカのダブ・ミュージックを土台にした、低音を強調したベースラインにあり、ハウスやテクノといった他の形態のクラブミュージックよりもさらに強いベースラインを持っている。その重さは聴く者の衣服を揺らすほどで、単純に聴くという部分的な体験を超え、肉体的体験ともいえるほどである。第二の特徴としてはその構成にある。シンコペーションの効いたリズム・パターン、シャッフルされたパーカッション、そして平均ＢＰＭ１４０という比較的速いテンポなどを併せ持つものを基本とする。さらに特徴の三つ目としては、リバーブやディレイを使用することにより生まれる空間の広がりが重要視されることが挙げられる。[2]

ダブステップの音楽としてのスタイルは、そのルーツを２０００年の幕開けと共にイギリスで人気を博していったＵＫガラージやツー・ステップ（2-Step）に持つものである。ポップチャートの外側では、イギリスのプロデューサーであるオリス・ジェイ（Oris Jay）、ゼド・バイアス（Zed Bias）、エル・ビー（El-B）、ホースパワー・プロダクションズ（Horsepower Productions）によって確立されていった「ダーク・ガラージ」として知られるスタイルが、ダブステップの初期段階を形成するのに重要な位置を占めた。このダーク・ガ

2　本研究を開始して以降、ダブステップは細分化され、他のジャンルと合成し特徴が変わってきたが、本論文ではダブステップが日本に導入された時期にあった音楽的な特徴を参考にする。

ラージというジャンルは、主に海賊ラジオやフォワード（Forward>>）と銘打たれたクラブイベントで先駆的に再生され、またプロモートされていった。２００３年以降の数年間、このジャンルの中心地は南ロンドンの町クロイドンであった。このころ、スクリーム（Skream）、ベンガ（Benga）、ディーワン（Ｄ１）やデジタル・ミスティクズ（Digital Mystikz）などといったプロデューサーが台頭し始めた。と同時に、ジャンルにおけるサウンドがその強調された重低音とジャマイカのダブ、そして再生環境の文化としてのサウンドシステムの影響が不可欠であるという認識が再度なされた数年間でもあった。２００４年には実験的なエレクトロニックミュージックのレーベルであるリフレックス（Rephlex）による「グライム（Grime）」、「グライム・ツー（Grime ２）」というダブステップのコンピレーションアルバムが、世界中で新たなダブステップファンを獲得することに一役買った。続く２００５年には、ダブステップは最初のヒット曲を得ることになる。スクリームの〈ミッドナイト・リクエスト・ライン（Midnight Request Line）〉である。２００６年にはスクリームとブリアル（Burial）による、それぞれのデビューアルバムがリリースされ、さまざまなメディアで取り上げられ、インターネット上でも話題となった。ブリアルのデビューアルバムは雑誌「ワイアー（The Wire）」誌の２００６年のベストアルバムに選定され、彼の音楽、そして同じダブステップのジャンルからコード・ナイン（Kode ９）とスペースエイプ（Spaceape）の音楽が、映画「トゥモロー・ワールド（Children of Men）」のサウンドトラックとして使用されたのも同年である。

続く２００６年１月９日、イギリスの国営ラジオＢＢＣレディオ・ワン（BBC Radio １）のマリー・アン・ホッブス（Mary Anne Hobbs）がＤＪを務める番組において「ダブステップ・ワーズ（Dubstep Warz）」という名の下、ダブステップの特集が放送された。ここでダブステップというジャンルの立役者が、ほとんど全て、国営放送で紹介されたことになる。この番組は、この新たなジャンルが世界中に知られることになった一つのきっかけとなり、イギリス以外に住む音楽ファンも、この放送をインターネットで視聴し、ネット上の音楽ファンのフォーラムや掲示板、チャットサービスなどで活発な議論を巻き起こすようになった。

　さらに２００６年から２００７年にかけてダブステップは、爆発的な成長を遂げ、ヨーロッパ各地やアメリカ合衆国でアーティストが生まれ、同時にクラブ・イベントやレーベルが発足された。これらの活動の情報は主にインターネット上で発表され、各都市のダブステップ・シーンの状況がファンの間で同時的に共有されていった。２００８年以降、ダブステップが他のクラブミュージックのジャンルと融合し、細分化されてきた。それによって、現在は定義するのは困難になったため、本論文は初期のダブステップ、もしくはダブステップが日本に導入してきた頃の音楽の特徴をもつ定義を扱う。さて、次に日本にどのようにダブステップが受容されてきたのかを、日本人アーティストのインタビューをふまえつつ、いかに日本にダブステップがローカル化されていったのかを詳述していく。

日本におけるダブステップ

「俺は音楽的に『ウァー、なんだこれ！』って、それまではテクノとか、いろんなものをミックスやっていたけど、ジャングルを聴いた時に、そのエナジーを感じて、というものをもう一回感じたのはダブステップだった。[3]」

　ダブステップが最初に日本のメディアに現れたのは２００４年の事である。これは、「Dubstep Allstars Vol. 1」（Tempa）や「Grime」（Planet Mu）といったコンピレーションアルバムが輸入された事に関連したコメントであった。その二つのＣＤ、そして続く「instrumental grime」は収録曲にダブステップを含んでおり、後にＣＤタイトル自体が「ダブステップ」と改名された。これらのコンピ

3　２０１０年８月２日、桜ヶ丘にてKAJI PEACEへのインタビュー

レーションはそれほど注目を集める事はなかったが、日本中のアーティストには確実に影響を及ぼしていた。アーティストの一人、100madoは次のように語る。

「あのコンピレーション2枚（引用者注：Dubstep Allstars Vol. 1とGrime）はすごいショックだった。あと、インターネットにフリーであるDigital MystikzのMalaのミックスはすごいフレッシュだった。[4]」

様々な音楽的背景をもつ多くのミュージシャンがこの新しいジャンルに集まるようになってきた。この研究を通じ、私はノイズ・ミュージック、アブストラクト・ヒップホップ、ドラムンベース、インダストリアル・ミュージック、ブレイクコア、テクノなどといった様々な音楽的背景をもつミュージシャンにインタビューを行った。ブレイクコア、インダストリアル・ミュージックの人気イベントのオーガナイザーで、Murder Channelというレーベルを主催する人物は、こう語る。

「当時はインストゥルメンタル・グライムのことをダブステップと言い出したぐらいの時で皆が注目してて、グライムに反応した人は皆クリエイターだったんですよね。…（中略）自分もすぐはまったし。…（中略）僕のまわりのクリエイターは全員はまっていて、２００５～２００６年には。…（中略）クリエイターが一気に反応しだしたのはグライムだった。[5]」

様々なジャンル出身のアーティストたちが、それぞれ異なる興味深い点をこの音楽に自然と見出した。彼らはその全てをダブステップのサウンドの特徴として捉えるだろう。奈良を拠点とするT2Rと東京を拠点とするゴス・トラッドは、ダブステップに音楽的関心を持った経緯について次のように述べる。

「黒澤明の『七人の侍』の音や、クラフトワー

4 ２００９年７月24日、渋谷にて100mado氏へのインタビュー

5 ２０１０年２月９日、上野にてYuta Umegatani氏へのインタビュー

クをサンプリングしたKode ９の音楽を聴いて、クラフトワークも好きだったから『あっ、クラフトワークつかっとんなぁ』とかね。曲の作りこみ方がすごい。それが僕が好きな作りこみ方だったのは、決定的だった。[6]」

「初期のレイヴを思い出したんですよ。好きだった頃のプロディジーやＳＬ２とどこか似ていると思って。[7]」

一部のアーティストがこの音楽に最初に感じた魅力は、一見したところ音楽が演奏される上で特定の階層的秩序が存在しない、ということであった。一定のクオリティの基準を満たしていれば、無名のアーティストであっても非常に有名なアーティストと一緒に演奏することができた。アーティスト二人、ＥＮＡ（エナ）とスケはこう語る。

「２００４年頃、有名、無名に関わらず海賊ラジオで楽曲がプレイされて、トラックのみで評価されている環境が素敵だと思いました。[8]」

「よく無名でかっこいい音楽を作っていると、無名ということで評価されないんだけど、そのラジオの中では、有名なやつ、MJ Coleとかの次にまだ無名のBengaとかミックスされたりとか。音楽単位で皆聴いてる。[9]」

ダブステップ界で興味深いのは、「音楽は売れるかどうかではなくその価値によって評価される」という空気が漂っている点である。この考え方は、海賊ラジオでダブステップがプレイされる方法に反映された。大御所アーティストにはいかなる優遇措置もなく、大御所のアーティストも新人のアーティストも同じ持ち時間を与えられ、順不同でプレイするのである。この民主主義的な感覚は、音楽の現場についてのゴス・トラッドの考えにも表れている。

「俺は今まで日本のシーンでは上の人と交流し

6 ２０１０年1月30日、大阪にてT2R氏へのインタビュー

7 三田格「GOTH-TRAD日本のダブ・ステップ・オリジネイター！」『Studio Voice』２００８年1月、１２１頁

8 ２０１０年11月19日、ENA氏へのE-mailインタビュー

9 ２０１０年7月25日、五反田にてＳＫＥ氏へのインタビュー

て、同じステージにあがってというのは今まではなかなか見てないから、ダブステップではそういう風なものを作って行きたいなと思う。[10]」

初期のダブステップは実に好意的に受け入れられ、様々なジャンルのアーティストたちが自分のダブステップを作りはじめた。無名のアーティストさえも海賊ラジオで自分の曲をかけることできる環境と相まって、ダブステップという音楽自体への関心が、その人気を高める要因となった。

２００４年より早い時期のローカルでの音楽リリースについて見てみたい。大阪の男性二人組バンドであるCycheouts Ghost（サイケアウツ・ゴースト）は、ダブステップのアーティストに影響を受け、最初のアルバム《Vikalpa》を２００４年にリリースした。このアルバムにはダブステップとブレークステップに触発されたトラックが含まれている。翌年、POPGROUPというレーベルがゴス・トラッドのサード・アルバム《Mad Ravers Dance Floor》をリリースし、２００６年には二枚の12インチシングルを発表した。ゴス・トラッドによるソロの12インチシングルと、サイケアウツ・ゴーストとゴス・トラッドがコラボレーションし互いのトラックをリミックスした12インチシングルである。同年、イギリスのアーティストスクリームとブリアルの二枚のデビューアルバムの日本版がリリースされたのも特筆すべき事項である。[11]これによりダブステップのレコードはメジャーなレコード店で手に入れられるようになり、音楽関係の記者によってダブステップに関する報道がなされるようになった。２００７年に、サイケアウト・ゴーストは彼らのセカンド・アルバム《Sim Stim》をリリースした。このアルバムは様々なスタイルを混ぜ合わせているが、特にダブステップに焦点を合わせている。２００８年には、国際的なダブステップのアーティストたちのアルバムの日本版のリリースが続き、ダブステップ専門レーベルのSteppin' Aheadが設立され、地方のアーティストのＯＱＴＯによって最初のアルバムがリリースされた。これに加えて、アーティスト

10　２００８年11月１日、渋谷にてゴス・トラッド氏へのインタビュー

11　Skream. Skream! 東京：Universal Japan, 2006., Burial. Burial. 東京：Rough Trade Japan, 2006.

のＡＸによって運営された奈良発のレーベルTerminal Explosion!!から発表されたミニアルバムとコンピレーション[12]のような、自主制作作品が現れるようになった。２００９年には、ダブステップが世間により知られるようになったしるしとして、ダブステップのメジャー・レコードのプロデューサーでありポップグループm-floのメンバーのタク・タカハシは、自身がダブステップに感じている魅力について語り、ファッション・ブランドのＸＧのウェブサイトのために、彼がダブステップのスタイルでトラックを作ったと公表した。これらのリリースは予期せぬ出来事であったが、ナイトクラブの現場は一層活発になり、クラブイベントは数を増した。さらに、近年はダブステップの影響がメジャーなアーティストの楽曲に現れ、その例としては２０１１年にリリースされた三浦大知の《Black Hole》や２０１２年にリリースされたモーニング娘の《恋愛ハンター》を挙げられるだろう。

　日本初のオール・ダブステップのイベント、「バック・トゥ・チル（Back To Chill）」が東京の代官山ＵＮＩＴから始まり、ローカル・シーンが根付く最初の徴候が見られた２００６年９月まで時をさかのぼろう。中心となったのは、ゴス・トラッド、スケ、カジ・ピース（Kaji Peace）、100madoといったＤＪやアーティストたちと、映像のプロジェクションを手がけるＶＪダイアグラム（VJ Diagram）など。その第一夜は、東京の代官山ＵＮＩＴのSaloon（サルーン）と名付けられたサブ・フロアーを借りて開催された。木曜の夜に19時から深夜までかけて行われたこの企画は、巨大なサウンド・システムでダブステップ音楽を楽しむことをねらっていたが、翌日に仕事がある人々も参加できるように時間を配慮して実施された。ゴス・トラッドが述べるように、同時に開催されている沢山のイベントとは異なるものとして行うことが重要だったのだ。

　「あえてDubstep、Grimeオンリーでやろうと思った。はじめはやっぱりメンバーの中でもド

12 V/A. sai-lent. 奈良：Terminal Explosion!!, 2008. T2R. 6 Tunes Dub. 奈良：Terminal Explosion!!, 2008.

ラムンベースとダブステップ、ヒップホップとダブステップ、エレクトロニカとダブステップとかと融合させた方がいいんじゃないのという声もあったんだけど、それを今日本でやっているパーティが沢山ある。……(中略)俺はあえてジャンルを一つにこだわって、この音をプッシュして行こうというところで、はじめは人は集まらないかもしれないけどこれでやってみようという。[13]」

実際に、当初から一つの音楽ジャンルにフォーカスを絞ったことは、極めて重要なことであった。ローカルな活動が確立される際の第一歩は、たとえそれが集客を狭めることにつながるとしても、あえてイベントの焦点を一つの音楽ジャンルに制限することから始まる。

このように特異な個性を持つ新たなジャンルは、その長所を理想的な聴取体験によってプロモートし、それは全ての周波数の音を聴き取れるように作られたクラブの良質なサウンド・システムによって伝えられるものだった。スケは、最初のイベントを開催したときのことを以下のように振り返っている。

「最初は、ブログとかで宣伝したんだけど、新しい音楽でサブベースが強力だからヘッドフォーンかネットで聴いてもわからない。だから絶対に現場に来てねみたいな。[14]」

ここでは現場で音楽を体験することの重みが強調されている。ダブステップのオーセンティックな体験はイベントにおいてのみ実現するものであり、この種の音楽の醍醐味を得るには巨大なサウンド・システムが必要不可欠となる。つまり、現場に足を運んで音楽を聴くことの重要性は、DJにとってオーセンティックで好ましい聴取の手段を整える観念的な理由だけでなく、とりわけサブ・ベースの低音部を聴くためにはクラブに来て自身の体で音を浴びるしかないという、楽曲全体を聴くための極めて実践的な理由によって裏付け

13　2008年11月1日、渋谷にてゴス・トラッド氏へのインタビュー

14　2010年7月25日、五反田にてSKE氏へのインタビュー

られるのだ。
ゴス・トラッドは、日本のローカルなダブステップ・シーンに関する自身の考え方を、２００８年１月に発売された『STUDIO VOICE』誌によるインタヴューにてあきらかにしている。

「だから、日本国内でももっと曲をつくる人が増えて、売られているレコードを集めてＤＪをするのではなくて、自分たちでつくったダブ・プレート（引用者注：リリースされていない曲）を交換し合ってＤＪができるようになれればいいなと。[15]」

この発言に続けて、彼は自らダブステップのトラックを作っているＤＪたちに向けて、自由にイベントに参加してプレイしてほしいと付け加えている。よって、彼の企画はダブステップと呼ばれる新たな音楽を的確に紹介するためだけの場ではなく、日本のダブステップの周辺でカルチャーを作ろうとしている人々を集めることになったのだ。

ほどなくして、２００７年3月にＤＪタトル（DJ Tuttle）は大阪でダブステップ・ルード（Dubstep Rude）というレギュラー・パーティを立ち上げ、さらにダブステップを中心とした活動を関東から関西にまで拡大させていった。２００６年以降は、大阪のデプス（Depth）や岡山のダボ（Dabo）など、ダブステップを大々的にフィーチャーした多くのレギュラー企画が組まれるようになる。さらに、既にイベントとして確立されていた東京のドラムンベース・セッションズ（Drum&Bass Sessions）やマーダー・チャンネル（Murder Channel）なども、国際的に活躍するダブステップのアーティストに注目するようになり、ダブステップのための特別企画を主催した。２００７年、ダブステップの盛り上がりは『STUDIO VOICE』誌の記事で取り上げられ、ダブステップへのローカルな関心が高まっていることが明らかとなった。

「ダブステップシーンはにわかに浮上し、いま現在、さらに大きなインパクトをもたらす期待

15 三田格「GOTH-TRAD 日本のダブ・ステップ・オリジネイター!」『Studio Voice』２００８年1月、１２１頁

感に満ちている。[16]」

２００８年から、代官山ＵＮＩＴのドラムンベースｖｓダブステップ・ウォーズ（Drum'n'Bass vs. Dubstep Warz）や、渋谷moduleのアルマデラ（Almadella）といったハイブリッドなイベントを通じて、海外の重要なダブステップのアーティストたちが定期的に日本に足を運ぶようになった。

また、２００９年にはバック・トゥ・チルが大阪を拠点とする「バック・トゥ・チル大阪 Back To Chill Osaka」をスタートさせ、さらに２０１０年には、東京のラグナ・ベース（Laguna Bass）やベースメント・リミテッド（Basement Ltd.）、横浜FAMBLYのダブステップ・ナイト（Dubstep Night）、奈良のデス・ミックス（Death Mix）、福岡のダブステップ・エリア（Dubstep Area）といったパーティが開催されている。本稿を執筆している現時点では、ダブステップや近年にできた関連したジャンルBassline House（ベースライン・ハウス）や、アメリカで生まれ、一部の人には嘲笑的な意味を込めてBrostep（ブローステップ）と呼ばれるものが流行するなど、ダブステップのスタイルへの関心は最高潮に達しているように思われる。

次に、こういったクラブミュージックに関する学術的研究を引用しながら、日本におけるダブステップの実践を「シーン」と「ジャンル」といった二つの枠組みのなかに位置づけすることを試みたい。

クラブミュージックとサブカルチャー

１９８０年代後半に起こったアシッド・ハウスの流行後すぐに、クラブミュージックやクラブ・カルチャーへの社会的側面に対する一般的興味が急速に増加することとなった。レイヴやレイヴ文化が前面に押し出され、その文化が持つモラルパニックを引き起こす潜在性は、サラ・ソーントンのような学者にとって興味深い研究対象となった。

16 一色こうき「ダブステップそろいぶみ ネクスト・ムーヴメント躍動」、『Studio Voice』２００７年２号、１０４頁彼女の著書である『クラブカルチャー』（Thornton 1996）において、「テイストの文化（taste culture）」としてのクラブカルチャー、また人々が特定の趣味や音楽を共有する文化的空間が描かれている。さらに彼女の1990年代初期レイヴ文化の調査において、彼女は、ヘブディジと同様の用語を多用し、クラブカルチャーが参加者に与える意味を説明するためにブルデューの「文化資本」概念を用い、新たに「サブカルチャー資本」という概念を再構成している。サブカルチャー資本ではブルデューの構想に欠けているメディアの役割を重視しており、またそれは文化的知識と、サブカルチャー内で得られた商品から構成されている。サブカルチャー資本は、自身のステイタスを向上させ、また他のグループから自身を差異化するのに役立つ。例えばクラブカルチャーにおけるサブカルチャー資本というのは、あるレコードについて知識があることであったり、あるDJやアーティストと親しいことであったり、またターンテーブルを持っているということですらあったりする。

ソーントンはバーミンガム学派のサブカルチャーに対する手法を、メディアを重視することにより改訂した。クラブカルチャーは、フライヤーやレコード批評といった小さくニッチなメディアから、マスメディアといった大きなメディアまで多くのメディアから影響を受けている。彼女の提言したより大きなフレームワークは、メディアというものにより多くの余地を与え、またメディアとサブカルチャーが、イデオロギー的な点を除いてはそれぞれ相反しないものであることを示している。さらに初期の頃から、メディアはあるムーブメントを単にダイジェストとして伝えるというより、それらの確認を通じて、むしろサブカルチャー創造の助力となってきたのである。

ただし、彼女の理論におけるサブカルチャーとメディアの関係というのは変化してきているように感じられる。例えば次のような一文がある。

サブカルチャーは、両親の無理解やネガティブな新聞記事、またBBCによる禁止に喜びを感じるのである。[17]

もはやアンダーグラウンドな場においても、ネガティブな新聞記事やＢＢＣによる禁止は歓迎されているとは感じられない。先にも述べたように、事実としてダブステップはＢＢＣの放送によって世界的に広がったのである。クラブカルチャーがポピュラー化を嫌うムードの中の、あらゆる音楽ジャンルやシーンの内的価値の結果ということであると言えよう。ブログやラジオなどの表現手段が多様化したことにより、新たな聴衆を獲得することが非常に困難になってきている。アンダーグラウンドにおけるメディアに対するスタンスも変化してきており、単にマスメディアに反対するのではなく、それを有効に利用しようという潮流が見られる。

ソーントンの著書はクラブに行く経験について最良のフレームワークを提示し、クラブミュージックにおけるジャンルについて「文化的に些細なこと」であると述べている。

クラブカルチャーは気まぐれで断片化している。その音楽、服装などは世界的にマーケティングされているが、客はローカルであり分離され、文化的に些細な差異に支配されている。[18]

ソーントンの研究が行われてから30年も経ち、その「些細な差異」が様々なニッチな音楽ジャンルに関して重要視されるようになっていると指摘したい。日本で初めて行ったダブステップのクラブイベント「バック・トゥ・チル」では、あえて一つのジャンルにフォーカスを絞ったことが示唆する通り、細分化されてきたクラブミュージックのなかで、ソーントンのフレームワークを日本におけるダブステップの実践に関しては、応用することがかなり難しい。

アンディー・ベネットのアプローチでは、ソーントンのサブカルチャーモデルに賛同しながらも、彼は「サブカルチャー」という用語を使うのは適切でないと指摘する。[19]「サブカルチャー」という

17 Thornton 1996, p. 117
18 Ibid., p.98-99
19 Bennett 1999

用語は若者を含んだ文化実践について述べる際に安易に使用されがちであると論じる。彼は、明らかにサブカルチャーとされるような若者の趣味的集団を「ネオ・トライブ」として再考し、「流動的な境界とメンバーによって性格づけられた一時的な集まり」としたほうがより良く理解できると主張している。彼の「ネオ・トライブ」の概念は、集団固有の流動性を理解するのに役立つが、その主眼は一時性ということに向けられている。しかし筆者は、一時にただ一つのアイデンティティというのではなく、同時に複数のアイデンティティを持つことが可能であると主張したい。インタビューした中には、Ｊ-ｐｏｐの仕事に関わっていたり、ダブステップとはまったく関係のないシーンに参加していたりと、ネオ・トライブに所属していることが意外と思えるアーティストも多く存在した。

　サブカルチャーとしてクラブミュージックの文化を理解し、その後にメディアで起こった変化を適応させて考察することは、必要不可欠なことである。本論文では、「ネオ・トライブ」などの用語を使用する代わりに、「ジャンル」や「シーン」というものについて考察してゆく。

シーン

　出発点に「シーン」という言葉を用いることで、音楽文化の本質に関して極めて有用な分析をすることができる。音楽が極度に断片化され、人々の人為的つながりの多元化と加速が進む現代社会においては、「シーン」という概念のような、音楽文化がどのように実践されているのかをより良く理解するための有効なツールを用いることが必要となる。ストローは、１９９１年に発表した“Communities and Scenes in Popular Music”において、初めて学術的に「シーン」という語を用いている。この小論で、彼は「オルタナティヴ・ロック」と「ダンスミュージック」の音楽的地勢を比較することによって音楽シーンの本質を見出し、音楽コミュニティに対する概念として音楽シーンの定義を試みている。

ストローは、音楽「シーン」を、多様な区分化の内部で起こる相互作用と、様変わりする変化の軌道と交配によって導かれる音楽的実践が共存する領域であると定義している。彼は、一定数の参加者と特定の歴史的遺産に基づく区域を示す「コミュニティ」という言葉と、「シーン」を対照的にしているのだ[20]。地理的なロケーションに根差す歴史性があるためコミュニティは安定した構造を持つのだが、一方でシーンは音楽的な行為を世界化（cosmopolitanize）／相対化させるためにコミュニティの持つ安定感を揺さぶる。本質的に、シーンは音楽的な言語と様々な地域的環境の相互関係を再生産することによって機能するのだ。

ダンスミュージック文化は、安定した社会的な地理空間、人種または民族的コミュニティ、そして文化のインフラストラクチャーによる一時的なプロセスとの関係性において育まれたものであると主張される。対照的に、オルタナティヴ・ロックは、排除される「外部」の音楽言語（ソウルフルな歌声、シンセサイザーのサウンドなど）と文化全体の間に線を引く。

オルタナティヴ・ロック文化と異なり、ダンスミュージックは様々な地域に根差して拡散する非常に多中心主義的な音楽スタイルを持つ。ストローは、ダンスミュージックの指向性を二段階に分けて説明している。第一段階では、ローカルな音楽スタイルがその地域内で支持を得る。そしてその次には、そのスタイルが中心となるような他の地域へ流れていくのだ。この作用には、常に異なる段階で影響する地域的かつ局所的なスタイルが持つ一時的な効果があり、音楽コミュニティが持つ安定した多様性に達することはほとんどない。

サラ・コーエンは、ストローによるシーンという語の用法を取り上げて、それが頻繁に代用可能な「サブカルチャー」と「コミュニティ」という言葉と共に使われてきたことを指摘している[21]。問題の原因は、「サブカルチャー」という言葉の用法が、サブカルチャーが逸脱したものとなり得る

20 Straw 1991, p. 469
21 Cohen 1999, p. 239

ような一つの共通した文化を持った社会を想定していることにある。また、この用法はサブカルチャー的なスタンダードによって規定されているサブカルチャーのメンバーが起こす行動も想定しているのだが、近年では多くの人々が沢山のシーンに関わっているため、ほとんどの参与者がシーンのアイデンティティに加わったり離れたりする。[22]しかし、コーエンは「シーン」という語を、特定の地理的なロケーションに根差す社会的構造を説明するために用いている。オースティン、シアトル、リヴァプールで確立されたロック・シーンなどがその例である。コーエンの狙いは、包括的にシーンを取り囲む「ロック」のような用語と関係している音楽的実践領域の周囲に、地理的な境界線を引くことで、[23]これらが1990年代においていかに口語的に用いられるようになったのかを反映している。

ストローとコーエンによる「シーン」の用法には、音楽言語がある文化から別の文化へと旅をしてローカル化する際のプロセスが含まれていない。

ここで我々が直面している主な問題は、ストローの定義にも、コーエンの解読にも、ミュージシャンをオーディエンスとして捉えるという視点が欠けている、ということだ。ミュージシャンは音楽言語を応用したり再生産したりする存在ではなく、オリジネイターであると見なされている。ある音楽が生まれた（もしくは再発明された）場所を離れ、異なる文化を持つ地域でローカル化するとき、そのエリアにおけるミュージシャンはまず初めに必ずオーディエンスの一人として現れ、その音楽言語を解釈して再構築するために、いち早く外部から得た音楽を耳にしなければならない。さらに言えば、両者の定義は、様々な音楽ジャンルを包括する「ダンス」や「ロック」といった言葉に注目したもので、特定のシーンや狭義でのジャンルに焦点を当てたものではない。日本でローカル化した音楽を説明する上で「シーン」は役に立つ言葉であるが、様々な軌道によって導かれる音楽的実践が共存し変化する文化的空間を説明していたストローの定義では、最も重要なその実践が無視

22　Bennett & Peterson (eds.). 2004, p. 3

23　Cohen 1999, p. 239-250

されていたことを指摘したい。

　ストローの言葉を借りるならば、このアプローチは「リダイレクションのミクロ社会学」[24]、もしくはシーンをとりまく新たな特定の音楽ジャンル（または我々がサブジャンルと呼ぶもの）の形成を定義するプロセスであると考えられるだろう。このアプローチでは、一つの特定のジャンルに注目し、そのローカル化のプロセスが如何に軽視されてきたのかを追いかける上で、役に立つものだ。「シーン」を定義するためには、「ジャンル」がどのようにアカデミックな言説の中で定義されていたのかを見ることが重要となるだろう。

ジャンル

　クラブミュージックが生まれて以来、数多のジャンルが続々と現れては消えていった。１９８０年代後半にアシッド・ハウスが始まってテクノとなり、その後もクラブミュージックは絶えず自らを作りかえ続けており、断片化され、ますます多くが消えている。クラブミュージックは、ジャンルでラベリングをして地図を描くことが最も困難な地形を生み出した。ハウスから、テクノ、ジャングル、そしてアンビエント、多くのジャンルが混成と変化の様々な軌道を通じて形成されてきた。新たな音楽ジャンルの確立に関するアイディアについては高度な議論が可能で、新たなジャンルの目印を協力して生み出す音楽ファンとメディアだけでなく、アカデミックな立脚点から意味を論じることもできる。では一体何がジャンルを構成し、どのように我々はそれを定義しているのだろうか？

　音楽学者のフランコ・ファブリは、ジャンルを「社会的に受けいれられたルールによってルートが支配された（現実的もしくは実現可能性のある）音楽的イベントの集合」であると定義している[25]。サイモン・フリスは、ミュージシャン、リスナー、そして単純な広告やマーケティングの結果と同様の仲介作用を持つイデオローグとの間にあ

24 Straw 1999, p.496
25 Fabbri 1981, p.52

る複雑な社会的交流を考慮して生み出した「ジャンル世界」という言葉によって、ファブリの定義を洗練させている。キース・ニーガスもこの論点を支持しているが、ジャンルの形成において音楽産業が果たす役割をより重視している（Negus 1999）。これらの定義は、いずれもジャンルの定義の社会的側面を強調しているという点で共通しており、音楽的イベントの集合の周囲にある特定のジャンルを示す要素を用いることによって徐々に合意を形成することを社会的アクターの手に委ねている。

　ファビアン・ホルト（Fabian Holt）は、２００３年に発表した"Genre Formation in Popular Music"の中でこれをさらに研鑽し、サイモン・フリス、キース・ニーガス、フランコ・ファブリらの研究の上に、分離した文脈の中にあるエンコードとデコードという、二段階の理論的なプロセスを用いたジャンルを決定する理論的枠組をつくった。彼は双方向の解釈を持つ「コード」という言葉を用いており、コードが他者によってデコードされ、文化的なコンテクストにもとづく解釈の対象となる。本質的に、「ジャンルとは解釈的コンテクストとして機能する文化的なシステムなのだ[26]」。彼は、ほとんどの音楽学者は以下の10個のジャンル区分について同意できるだろうと提案している。「ティン・パン・アレー、ジャズ、R&B、カントリー、ロック／ポップ、ソウル、レゲエ、ディスコ、ヒップホップ、そしてコンテンポラリー・ダンスミュージック（テクノとハウス）」である[27]。さらに彼は続けて、コンテンポラリー・ダンスミュージックの特定のジャンルを、あまり多くの学者が気にかけようとしない理由について示唆し、その主な原因が音楽的コンセプトにある可変性にあると述べている。多くのスタイルには「そのジャンルに典型的な文体の特質がある[28]」のだが、それらに極めてユニークな美的特質が備わっていない限り、明確に区別することは困難である。

　彼の論理的枠組みは、特定のジャンルにあるコード、価値、実践を流通させるコアとしてソーシャル・ネットワークを「中心的コミュニティ」と

26　Holt 2003, p.86
27　Ibid., p. 82
28　Ibid., p.88

同一視する。次の枠組みで、彼はリスナーを特定の嗜好を持つ消費者集団として定義し、そして音楽が届けられるメディア・チャンネルを認識する。ジャンルと結びつけられる地理的なハブについて指摘し、最後にメディアの経路の存在を証明している。

彼の論理的枠組みをダブステップに応用すると、ダブステップは、スクリーム（Skream）、ベリアル（Burial）、ベンガ（Benga）といったキー・パーソンによって、ロンドンの中心部からの生産と流通によって始まったジャンルだと捉えることができるだろう。リスナーのネットワークは主として（メインストリームの対立項としての）アンダーグラウンド・ミュージックを海賊ラジオやインターネットなどの非公式メディアで楽しんでいるファンによって構成される。メインの地域的なハブは、大部分の中心的なアーティストが住んでいるクロイドンやブリストルだ。数え切れないほどの新聞や雑誌の記事と、いくつかのドキュメンタリー映像が、それを証明している。

ジャンルを定義することによりダブステップという概念を定義することができたがそれはそれぞれのシーンでの実践により形を変えていく。ここで日本での実践をみることでそのシーンの構成過程を考察していきたい。

日本におけるシーンとは？

日本でどのように音楽がローカル化され、周辺のシーンが生み出されてきたのかを見るためには、その音楽がどのようにして日本にやってきて、実践されるようになったのか、観察する必要がある。「シーン」という概念は音楽活動の場を描写するのに便利だが、日常会話で使われる用語という点で非常に疑わしい。語の本当に意味するものに対し、各々が別々の意味を与えるだろう。例えば、ある種の音楽的実践を中心に展開する情緒的な関係に加わるアーティストやＤＪは、自分たちの活動がシーンの一部にあると見なすだろうが、その音楽を聞いたこともない音楽会社の経営者は異議を唱えたり、存在を否定したりするだろう。このような状況から、シーンを観察するのに異なる二つの方法に分類することが有用であることが示される。ウィル・ストローの概念によれば、まず自律的な方法でなされる音楽活動という点からシーンを説明できる。二つめに、「ローカル・ジャンル」としてジャンルが完全に文化化され、広くメディアや人々に認識されている特定の音楽ジャンルの活動になるという点が挙げられる。これから、パフォーマティヴィティと社会性という観点からどのようにシーンがつくられるのかを論じる。

はじめに、どのようにして海外の音楽文化が日本で実践されるようになったのか、音楽言語が輸入された過程に注意を払いながら説明する。音楽言語がローカル化していく過程には、三段階あると筆者は提案する。

①情報（音楽言語含む）が入る
②情報が処理され、音楽言語が再生産される
③音楽言語が成立、実践する

第一の層は、音楽流通業者による音楽の輸入のように、既存の統制された経路と、インターネットやオンライン・フォーラム、ストリーミング・ラジオなど、非公式の統制されていない手段の両方を通して、特殊な音楽ジャンルの輸入に関する情報について説明している。ジャンルのコード（音楽言語、またはその決まりやルール）は、この両方の手段を通じて、ある場所から別の地域に運ばれる。日本におけるダブステップの場合、インターネットを通じての直接の情報検索だけでなく、ダウンロードでの音楽購入や交換も含まれる。

第二の層は、当初は消費者と生産者（かつての消費者）がそれぞれ指揮していた、地域での情報の解読《デコード》について示唆している。これはこの情報を処理する一個人が、音楽のどのような構成要素が重要であるかを最初に決める。

第三の層は、音楽生産の実際のリリースやクラブの現場などの社会的な場を通じて、音楽を再び

コード化することである。異なる現場のなかにおける、このようなパフォーマティヴィティの遂行を通じてこそ、グローバルな要素とローカルな要素との接続がなされるのである。[29]そして、この過程を通じて、ローカルな音楽はグローバルな消費者、もしくは別のローカルな消費者を得ることができる。したがってこの過程は、きわめて重要な社会的側面を持っていると言えよう。

　クラブミュージック・シーンとは、アーティストとＤＪの様々なイベントにおけるプレイの中で発生し、そのようなプレイを通じて相互を認識しあう過程である。アーティストとＤＪとのこのような相互作用を通じて、イベントのラインアップは新たに組み立てられる。アーティストやＤＪ同士のこうした相互作用とラインアップの再考を繰り返すことで、シーンは活発であり続けるのである。このような相互作用の良い例として挙げられるのが、２００８年10月31日に大阪のクラブ・トライアングルで行われた「バック・トゥー・チル対ダブステップ・ルード」のイベントである。

このイベントは、東京を拠点とするＤＪである100madoやゴス・トラッドが大阪へ遠征したのを機に、関西地方でのローカルな活動に加わったことで開催に至った。したがって、前述したようなクリエイティヴな関係性を創出する過程として、このイベントは実に象徴的なものと言えるだろう。バック・トゥー・チルの公式ブログでは、このイベントに関して以下のような記述が見られる。

「個人的には、DJ TUTTLEによる３ micとの絡みが強烈でした！Ｔ２Ｒを筆頭にライブが多く、他の地域とはまた違ったシーンが形成されてて独特！関西熱い！！！！[30]」

このようなアーティストの相互作用は、アーティスト同士の関係性を築くのみならず、シーンをより活発化する。このことは、筆者が実施したアーティストやＤＪたちへのインタビューにも反映されていると言えよう。彼らは、音楽を作る上で最も問題であるのは、「クリエイター」の不足で

29　Condry 2006, p.21

30　Back To Chill blog.「DSR vs BTC レポート‥」http://dubstep.exblog.jp/8864183. ２０１７年8月22日確認

あると強調している。T2Rはインターネットの有用性に関して述べるなかで、「クリエイター」の存在が重要であると強調する。

「ダブステップ問わずアンダーグラウンドミュージックを知る機会を与えてくれるツールとしてインターネットは最高のものです。日本のダブステップシーンとインターネットの役割を考えると、この3年の間にダブステップを作る人が非常に少ない事もあって、インターネットは便利ですがその便利さが逆に創作意欲を無くすのではと思います。[31]」

新たなオーディエンスを得ようとする活動は、アウトサイダーの参加をもたらす。このような活動に対する反応は、シーンが存在する上で不可欠である。日本においてダブステップの実践に活発に参加するアーティストやDJが入れ替わり、もしくは新たに加わり続ける限り、「シーン」は存続しうる。シーンが自立する力を失ったとき、存続するためにコード化し続ける力を失った時、シーンは消失するのである。

ここまで「シーン」を明確に定義しようと試みてきたが、「シーン」から生まれる音楽実践が完全に成立されメディアでは認知される「ローカル・ジャンル」という語について他の解釈の可能性を提示するため、以降ではサブカルチャー関連用語を参照しながら、日本におけるダブステップの実践を考察していきたい。

ローカル・ジャンル

筆者が日本で研究を始めた当初、クラブカルチャー誌『remix』の編集者に取材を行う機会を得た。日本のダブステップのシーンを研究したいという目的を伝えたところ、彼は即座に「そんなシーンは日本にはない」と返答した。彼はアーティストとイベントの存在を認めつつも、それが「シーン」と呼べるものではないと指摘した。筆者が研究対

31 2010年11月8日、T2R氏へのメールインタビュー

象とするシーンというものがそもそも存在しないと断言されたことに衝撃を受けながらも、「シーン」という概念の捉え方には、筆者と彼との間で相違があると実感した。しかし、ひょっとするとダブステップは本当にローカルな音楽ジャンルとして日本で確立しなかったのだろうか。

ファビアン・ホルトのジャンル定義から、日本におけるダブステップを論じる上で役に立つ二つの教訓を得ることができる。一つは、どのように海外の音楽言語が新たなコンテクストに組み込まれローカル化していくのかを表す、コード化とデコード化のプロセスだ。そしてもう一つは、ホルトによるジャンルのフレームワークが、音楽ジャンルが文化になり、社会的な構造を作り、シーンを形成するまでの全プロセスとして読める。

「ジャンル」を定義しようとすると、次の二つの概念に限りなく接近していくことに気づくだろう。一つはパンクと初期のクラブカルチャー研究が扱った「サブカルチャー」であり[32]、それは特定のジャンルにライフスタイル全体を通じて深く関与することを意味し、もう一つの「シーン」では複数のジャンルに横断的に関与しているため、多様なライフスタイルに影響しうるものである。日本におけるダブステップの場合、本研究で取材をしたアーティストやＤＪのうち誰も、ダブステップのみをプレイしてきたわけではなく、したがってダブステップを単独のジャンルとして分類することを拒絶した。ほとんどの音楽家は多様な背景から生じており、そのうち多くの音楽家がノイズやインダストリアル・ミュージックに由来するが、その他の音楽はヒップホップやオルタナティヴ・ミュージックから発したものである。そのように、これらの音楽家は「ジャンル」というよりむしろ「シーン」と関係づけられるべきだと言えよう。

新たな音楽ジャンルが新たにローカル化された地域にもたらされると、文化化の最終段階は、ローカル・ジャンルになったという事実で表されると筆者は考える。このような区別をつけることで、「シーン」と「ジャンル」に関する新たな音楽言語が日本に導入されたとわかるだろう。第一に「シ

32 Hebdige 1979, Thornton 1996

ーン」という語であり、これはその語の導入と交渉、活動の実践によって示される。第二に、「ローカル・ジャンル」という語であり、完全な文化化を示すもので、あるジャンルとしてその存在をメディアが認知している。この「シーン」と「ローカル・ジャンル」という区分が、本節の冒頭で触れた音楽雑誌の編集者とのインタビューで、筆者が経験した誤解を解き明かす。しかし「ローカル・ジャンル」とは何を意味するのか。

ファビアン・ホルトが提唱する「ジャンル」のフレームワークを用いることで、このことが何を引き起こすかについて、より明快に説明できるだろう。ホルトはジャンルが成立する条件について、以下のように論じる。

①重要人物を擁する中心的コミュニティ
②嗜好を持つ集団としてのリスナー
③音楽を届けるメディア・チャンネル
④地理的・政治的な中継地
⑤その存在を裏付けるメディアの発信

本研究のフィールドワークを行った時期をみてその情報をホルトの枠組みに入れると、日本におけるダブステップは、多くのイベントが行われている東京にそのコミュニティの中心を置いているといえるだろう。リスナーはメインストリームの音楽のリスナーというより、主にアンダーグラウンド音楽のリスナーである。ダブステップの音楽は主に録音物の輸入や海外の特定の地域でのリリース、そしてインターネットを通じて届く音楽である。地域的な中継地は東京と大阪にある。しかしながら、これは五つ目の条件を読解する上では不足がある。本研究の一部として行った雑誌の調査では[33]、日本において音楽雑誌はダブステップのシーンの存在を肯定しておらず、ダブステップに関するほとんどの記事は外来の音楽に集中している。そのために日本においてダブステップが「ローカル・ジャンル」を表象しているとは結論づけられない。

ダブステップ以外のジャンルについて上記の条

33　2004年から2009年12月に発刊された「リミックス（re-mix）」、「フロア・ネット（Floor Net）」、「スタジオボイス（Studio Voice）」という各音楽雑誌への調査を行った。

件を適用するのは本論の射程外であるが、日本において「ローカル・ジャンル」を表象しうるヒップホップのような他のジャンルの実践に、この定義を適用することは有効であろう。海外的に日本のヒップホップは「Ｊ-Ｒａｐ」、ロックが「Ｊ-Ｒｏｃｋ」と呼ばれているのは、そのジャンルが完全にローカル化された象徴の一つと言えるだろう。

クラブミュージックの変化と研究成果

クラブミュージックの導入とそれに付随して起こる文化を示唆したセカンド・サマー・オブ・ラブから、すでに20年以上が経過した。しかしその頃からクラブカルチャーは大きな変革を通り抜け、その音楽は地球全体を交差し、次々と増加し続ける新しいジャンルをハイブリッド化し形成している。これは、音楽ジャンルがビジネス的な利益としてそのほとんどがパッケージ化され販売される、というような１９８０年代後半においては、大きな一歩である。その良い例が１９８８年、デトロイトからイギリスの聴衆へとハウス・ミュージックを紹介するために「テクノ」というジャンルの用語がバージン・レコーズ（Virgin Records）によって提起された年である。[34]

現在では、ダブステップのような、ロンドンの小さなコミュニティから生じてインターネットを通じた情報の流れが地球全体に広がったジャンルを、我々は捉えることができる。日本ではまさに２００４年にこの状況が生じていた。その波がゆるやかに２００７年初頭に駆け巡ったが、どんな大きな音楽業界も含むことなくすでに音楽をローカルに創造し始めており、イベントを立ち上げていたローカルな愛好者は世間に認められた。国際的なチャットルーム、掲示板、オンラインで流される海賊放送などを通じて、情報はリアルタイムに入ってくるのである。

本論文では、ダブステップの歴史を説明し、それがどのように世界に広がり、インターネットを

34 Thornton 1996, p.74-75

通じて作品が輸出されていったのかを端的に述べた。その上で、日本におけるダブステップの受容と発展を明らかにしながら、日本におけるダブステップの音楽的実践について、サブカルチャーとシーンの二つの側面から考察した。

この研究が試みているのは、異なる状況でどのようにクラブミュージックも含めたジャンルがローカル化されるのかを分析するための2つの異なる手法である。一つめは、ウィル・ストローの「シーン」という概念を援用し、シーンとしての自立した音楽的実践を分析できると筆者は論じている。ダブステップの実践からみるとそれは、音楽が外的な影響が不必要であるレベルに届くまでの、音楽のローカル化における3段階のプロセスを包含している。その場合、輸入された音楽に対して当てられる適切なタームは、すでに日本においてネイティブに音楽が定着している「ローカル・ジャンル」としてであろう。ジャンルは依然として、オリジナルの地域におけるルーツを維持するが、しかしその実践はローカル化された地域において作られて展開されたルールに支配されている。何が「ジャンル」を構成するのかというファビアン・ホルトのフレームワークを適用させることで、ローカル化された音楽が「ローカル・ジャンル」と呼ばれる必要があるアクティヴィティに達していると分析した。

本研究の限界と今後に向けての展望

この研究の主な着眼点はクラブミュージック文化の文化生産的側面におけるローカル化の過程であったが、クラブミュージックの受容研究によって現代日本のファン層におけるアイデンティティの政治（identity politics）問題に関する非常に興味深い洞察を得られるかもしれない。さらなる受容研究によっては、純粋な聴き手としてシーンに参加していたオーディエンスの役割にあまり注意を払わなかった本研究の結果に、大きなインパクトが与えられるだろう。

また、残念ながら日本中で開催されているイベントをめぐる機会にはめぐまれなかったため、本論では東京と大阪のみに焦点を絞った。都市部の外に住んでいるアーティストやＤＪにインタビューを行えば、インターネットの利用と情報検索の問題について、より多大な成果が得られるだろう。

「ジャンル」と「シーン」の議論は、ミュージシャンとＤＪの広い知識を用いてなお極めて困難なものだ。本研究がきっかけとなって、今日のポピュラー音楽界の地平におけるジャンルとシーンの複雑さがクリアになり、音楽のような文化がローカル化するプロセスを見る上での好例として、クラブミュージックに対して今以上にアカデミックな視線が向けられるようになれば幸いである。

参考文献

Bennett, Andy. 1999. "Subcultures or Neo-Tribes? Rethinking the Relationship Between Youth, Style and Musical Taste." in *Sociology 33/3*, 599-617.

Cohen, Sara. 1999. "Scenes" in *Key Terms in Popular Music and Culture*. Edited by Horner, B., & Swiss, T., Oxford: Wiley-Blackwel.

Condry, Ian. 2006 *Hip-Hop Japan: Rap and the Paths of Cultural Globalization*, California: Duke University Press.

Frith, Simon. ed. 2004 *Popular Music: Critical Concepts in Media and Cultural Studies (1st ed.).* New York: Routledge.

Holt, Fabian. 2003. "Genre Formation in Popular Music" in *Musik & Forskning, Vol. 28*: 77-96.

Negus, Keith. 1999. *Music Genres and Corporate Cultures (1st ed.)* New York: Routledge.

Straw, Will. 1997. "Communities and Scenes in Popular Music" in *The Subcultures Reader*, Edited by Ken Gelder, New York: Routledge, 464-478.

一色こうき「ダブステップそろいぶみ　ネクスト・ムーヴメント躍動」、『Studio Voice』　２００７年2号。

第8章
グローバル時代のインディー・ミュージック
――アンダーグラウンド音楽文化のエスノグラフィーからみるアーティスト活動の実態

平松絹子

はじめに

本稿では「インディー」と呼ばれる独立性の高いポピュラー音楽について調査を行い、エスノグラフィを記述している。インディーとはインディペンデント・ミュージックの略であり、70年代のパンクに端を発するオルタナティブで独立性の高い音楽実践の一端である。広義には大手のレコード会社に所属しない、メインストリームとは異なる文脈で発展してきた音楽だと言えるだろう。しかし、グローバル化が進んだ現在ではその方法も音楽性もハイブリッドで簡単には定義のできないものになっている。特にインターネット登場以降に急激に広がっていったグローバル化は、人やモノの移動、コミュニケーションの方法、デジタル技術の発展、オンラインでの社会的役割などに大きな変化を生み出した。それらは筆者がここで扱っているような新世代のインディー・ミュージシャンたちの活動に多大な影響を及ぼし、彼らに新たな手法とライフスタイルをもたらしている。

インディーという音楽文化について明らかにするために、筆者は調査方法としてマルチサイテッド・エスノグラフィ[1]を用いた。マルチサイテッド・エスノグラフィとは、従来のフィールドワークのように一ヶ所に長期間留まるのではなく、移動する対象や点在する対象を捉えるために複数の場所でフィールドワークを行うものである。筆者の場合は、２０１２年から２０１４年の二年間で日本、韓国、中国、アメリカ、カナダ、メキシコ、アイルランド、フランス、ドイツ、ポルトガル、チェコ、オランダの12カ国と、その中の全26都市に脚を運んだ。国外で行ったフィールドワークの回数は6回だが、調査は一ヶ所に数日間だけ留まるものもあれば、一ヶ月かけて複数都市を移動していく場合もあった。

また、筆者自身もインディー・ミュージシャンとして活動しているという背景から、実際にはこれらのフィールドワークは筆者の演奏活動を伴うものであった。そのため、調査ではオースティンのＳＸＳＷ（サウス・バイ・サウスウエスト）や

1 参考文献：藤田結子、北村文『現代エスノグラフィー：新しいフィールドワークの理論と実践』新曜社、２０１３年

ニューヨークのＣＭＪ（ＣＭＪミュージック・マラソン）をはじめとする、世界各地からインディー・ミュージックが集まる音楽フェスティバルやその他の音楽イベントへの参入も行った。また、日本にいる間も東京を拠点として調査を継続し、来日するインディー・ミュージシャンとたびたび交流した。国外で出会ったインフォーマントともＥメールやＳＮＳ[2]を通して連絡を取り合い、ミュージシャンとしてのアイデンティティや音楽業界での葛藤などについて対話を続けた。

　主な調査対象としたのは、各都市のローカルなコミュニティに属するミュージシャンや、ツアーなどのために自分の居住地以外の場所で活動中のミュージシャンである。また、ミュージシャンを取り巻くレーベル関係者やプロモーターなどの業界関係者の他、ファンや友人関係なども調査対象に含む。フィールドワーク中に関わったミュージシャンは50名以上に及ぶが、調査が進むにつれて特に重要なインフォーマントとなったのは２組のバンドのメンバー、それぞれ２名ずつの計４名である。一組目はアメリカで生まれ育ち、共にバンド活動をしていた白人男性のデイブとウィリアム、二組目はそれぞれ複雑な人種的アイデンティティを持ち、カナダで共にバンド活動をしていたアジア系カナダ人のアレンとショーンである。数多くのミュージシャンたちの中からこの４名を選んだ理由のひとつは、彼らが既に10年前後の音楽歴を積んでおり、移り変わりが激しく複雑なインディー業界に対してそれぞれ自分なりの考え方や姿勢を持っていたことである。また、音楽歴、性別、年齢という点では大きな差がない４名だが、ある者は成功し、ある者は経済的にも精神的にも苦悩するなど、対照的な状況を捉えることができたのも重要であった。彼らのライフストーリーからは「ローカルとグローバル」、「リアルとインターネット」のように、実際にはそのどちらかにはっきりと区別することができないようなアーティストたちの活動やライフスタイル、そして彼らのミュージシャンとしての自意識などが次第に明らかになってきた。

2　ＳＮＳ：ソーシャル・ネットワーキング・サービス。フェイスブックやツイッターなど、インターネット上の交流を通して社会的ネットワークを構築するサービスの総称である。

1　デイブとウィリアム

――アメリカのアンダーグラウンドにおけるミュージシャンとしての半生――

オンラインでの出会いと実際の対面

二年間に渡るフィールドワークの中で最初に出会ったのはデイブだった。２０１２年の３月、私がツアーのために生まれて初めてアメリカを訪れたときである。彼は２ｍほどある身長に、金髪碧眼、イタリア系の血を引いて鼻は高く、レイ・バンのサングラスをかけ、いつも古着のリーバイス、リー、エドウィンなどのデニムを身につけていた。当時英語をろくに話せなかった私は彼と初めて会ったときとても緊張していた。彼は友達の車でサンフランシスコの空港まで迎えに来てくれたのだが、車中で私は一言も話せず、彼も私があまりに静かなので少し戸惑っていたようだ。陽気なアメリカ人のように見えた彼だが、実はとても謙虚で、落ち着いていて、静か

初めてのアメリカツアーで訪れたあるミュージシャンのホームスタジオ 3

2013 年、ボルチモアでのハウスパーティー 4

3　２０１２年３月11日、サンフランシスコにて。多くのインディー・ミュージシャンたちは主に中古か、時には新品で購入した機材を集めて自宅で制作を行う。機材の価格は数千円から数万円まで幅広いが、数十万円を超えるものは滅多にない。録音自体はＰＣか、昔ながらの８トラック・レコーダーで行う者もいる。古い機材を使用することと、また多くのミュージシャンがカセットテープやアナログレコードをコレクションし、リリースすることはインディーの特徴と言える。

4　２０１３年10月20日。ボルチモアのミュージシャンの自宅にて。キッチンにバーを、階段の踊り場にブースを作ってＤＪをした。二度目の北米ツアーの途中である。このツアーはギリギリ黒字であったが、まだブッキングは友人や知人を頼って自分で行っていた。ショーの規模も小さいことが多く、来場者は５０人～２００人程度だった。

で、友人にもとても気を遣う性格であることはしばらく経って仲良くなったあとに初めてわかったことだった。

　デイブとは実際に対面する前からEメールで連絡を取り合っていたのだが、連絡をとりはじめたきっかけは彼のサウンドクラウド[7]からのメッセージであった。当時私は、彼がレコードを出していたところと同じ系列のレーベルからデビューしたばかりで、国内にも海外にもミュージシャンの友人がいなかった。私はもともとデイブとそのバンドメイトのウィリアムがやっている音楽が好きだったこともあって、好きなミュージシャンからメッセージをもらっただけで舞い上がっていたものである。メッセージの内容は、発売したばかりの私のレコードに対するコメントに加え、デイブとウィリアムの日本でのツアーを打診するものだった。私は喜んでツアーの手助けをしたいと返信し、それからメールのやりとりがはじまった。

　連絡を取り合ううちに、タイミングよく私が初めてのアメリカツアーへ行くことになった。きっ

2014年、オランダのナイメーヘンで出演した音楽フェスティバル 5

同じく2014年、ヨーロッパツアーで訪れたポルトガル、リスボンのレコード店 6

5　２０１４年7月14日、筆者撮影。1度目、2度目のアメリカツアーは自分でマネージメントをしてのDIYなツアーだったが、年を経るごとに規模が大きくなっていった。２０１４年に行った初めてのヨーロッパツアーではブッキング・エージェントを雇い、フェスティバル中心に演奏をした。

6　ツアーで訪れた先には必ずと言っていいほどレコード店があった。どこの国でも同じようなインディー・ミュージックの取り扱いがあることから、インディー・ミュージックのグローバル化を実感した。

7　音楽系SNS。アーティストは自分のアカウントに楽曲をアップロードし、利用者はアカウントのフォローのほか、楽曲のストリーミング、お気に入り登録、リポスト、コメントなどをすることができる。またツイッターのDM（ダイレクトメッセージ）のようにアカウント同士でメッセージのやりとりをすることができる。

かけはレーベルのオーナーが、テキサス州のオースティンで毎年3月に開催されている「SXSW」というフェスティバルに出てみないか？と誘ってくれたからである。当時英語が堪能でなく、ましてやライブツアーすらしたことがなかった私はとても迷ったが、未経験だからと自腹を切ってでもとにかく行くことを決意した。まだデビューしたばかりでお金も稼げないだろうし、向こうに知り合いも全くいないけれど、オンラインを通じてしか知らないレーベルのオーナーや、知り合ったばかりのデイブ、その他のミュージシャンたちにも直接会って話してみたい、どんな人たちなのか知りたい、と強く思ったのである。その話をデイブにすると彼は喜んで「サンフランシスコにおいでよ！ライブのブッキングを手伝うよ。」と言ってくれた。そして実際に、まだ会ったこともない私のためにショーをブッキングし、彼の家に泊まる部屋も用意してくれたのである。また、滞在中にいろいろなミュージシャンの友人たちを紹介してくれたことも貴重な経験となった。

日本での再会

2012年7月、私が初めてのアメリカツアーを終えた年の夏に、今度はデイブがバンドメンバーのウィリアムと共に日本へとやってきた。彼らはもともと実験的なスタイルのロックバンドを組んでおり、デイブはドラム、ウィリアムはギターヴォーカルを担当していた。しかし途中から音楽スタイルを変え、現在はダンス・ミュージックやエレクトロニックと言われるような音楽を2人で作っている。また2人はそれぞれソロでも音楽制作をしているため、来日ツアーでは2人で3つのプロジェクトとして公演を行った。

アメリカツアーでデイブに手助けをしてもらった私は、恩返しと言わんばかりに彼らの来日ツアーの手助けをした。ツアーが実現するまでには大小さまざまなトラブルがあったが、結局、彼らは大阪、京都、名古屋、仙台を巡り、東京ではメインのライブショーと3つの小さなショーを行い、その後韓国のソウルで2つの公演を行うことができた。私はブッキングの手伝いはもちろん、彼らのショー全てに同行し、ほとんどのショーでミュージシャンとしてサポートアクトも務めた。結果的には3人での日韓ツアーという形になり、私にとって楽しくて忘れられない二週間となった。

この来日ツアーに必要な資金はプロモーターの商業的なサポートや、ショーのギャランティによってまかなうことができた。しかし、実際のショーのブッキングや泊まる場所の手配など、本来ならばブッキングエージェントが担うべき仕事は自分たちで行った。具体的には、地方で行われるショーのブッキングやツアー全体にかかる収支の計算は私が行い、アーティストビザの取得やプロモーションは日本でデイブやウィリアムのCDのライセンスをしているレコード会社の人や、ライブ会場の責任者が担当してくれた。韓国の2ショーに関しては、デイブが昔サンフランシスコに住んでいたソウル在住の友人に頼んでブッキングしてもらったものである。インディー・ミュージシャンにとって、ツアーの実現方法は時と場合によって異なる。ミュージシャンの多くは、はじめは完全に知人を頼ってブッキングをし、自分で飛行機のチケットや宿泊先の手配をしなくてはならないが、知名度があがるにつれて次第にブッキングエージェントや招聘してくれるイベンターに全てを任せられるようになる。このツアーの際には、デイブとウィリアムはちょうどその狭間にいるような状態であった。当時デイブはまだプロとは言えないセミプロのような状態であったし、ウィリアムはソロでイギリスの有名なエレクトロニック・レーベルと契約してプロになったばかりだったのである。

しかしながら、このツアーの後はデイブもウィリアムもよりプロのミュージシャンらしいライフスタイルを送るようになっていった。特にウィリアムの活躍はめざましく、バンドメイトであったデイブとも次第に行動を別にすることが多くなっていった。ウィリアムはソロで、２０１２年中に2枚のアルバムと1枚のＥＰを発売し、１２０回の公演を行い、ヨーロッパには5回行き、全部で23カ国を巡ったという。彼は2010年までデイブと共にサンフランシスコに住んでいたのだが、2010年の終わり頃にニューヨークへ移住している。移住したばかりの頃は、音楽活動と同時にドッグ・ウォーカーという犬の散歩をさせるアルバイトをしていたが、2012年の3月には音楽だけで生活していくようになった。デイブはミュージシャンの友人がとても多いが、「僕の友達の中で、本当に音楽だけで生活できているのはウィリアムが初めてだ」と言った。私はその発言を聞いたとき、本当にウィリアムだけしかいないのだろうかと驚いた。しかしそれは嘘でも誇張でもなかった。どうやら、ほとんどのインディー・ミュージシャンたちは、例えそれなりに名前が知られていても、音楽以外にも何らかの収入を得なければ生活ができないらしい。それは私自身もミュージシャンとして経験を積むうちにわかってきた事実であった。

華やかなツアー生活と経済的不安

一方のデイブは2012年以降、ツアー中心の生活を送りながらも、経済的な不安定さとこの先の人生について悩むことが多くなっていた。2012年の4月に仕事をやめたデイブは、しばらくはツアーだけでなんとか生活を保っていたが、2012年の9月から2013年6月までの約9ヶ月の間はきちんとした自宅も持たない状況であった。仕事をやめた後のデイブは、ヨーロッパツアーと二度目のアジアツアーのあとに全ての荷物を倉庫や友人の家に預けて自宅を引き払ってしまったのである。その後、ウィリアムやその他数組のミュージシャンたちと共にアメリカ国内でのツアーを行い、デイブは再びヨーロッパツアーへと出向いた。彼の兄の一人がベルリンに、もう一人の兄がフランスの田舎に住んでいたため、数ヶ月間はヨーロッパの兄の元で生活をしながら時折ライブやDJで収入を得ていたようである。

その後、一時的に帰国してロサンゼルスへと滞在するのだが、その頃から「仕事見つけなきゃいけないかも」「僕は無職だ」などと経済的な不安を時折口にするようになった。しかしその後のアジア、オーストラリアツアーの間は再び楽しそうに過ごしており、6月にはようやく自宅なしの生活を終えて、ロサンゼルスの新居へと引っ越した。それから毎日ではないが、一時的にビデオリサーチの仕事をするようになった。しかしそれも不規則なアーティスト生活のために長くは続かなかった。

そのような生活を送っていたデイブと再び会ったのは２０１３年10月のことである。そのとき私は、アルバムの発売に合わせた北米ツアーとフィールドワークのために再びアメリカを訪れていた。そのツアーはカナダからはじまり、アメリカの東海岸を経てメキシコへ行き、アメリカの西海岸で終えるというものだった。初めて訪れたニューヨークではウィリアムに手助けをしてもらい、メキシコからカリフォルニアにかけてはデイブと行動を共にした。その際、ロサンゼルスとサンフランシスコで宿泊先を手配し、ショーのブッキングを助けてくれたのはやはりデイブであった。

私はそのとき、２０１２年に初めてアメリカでショーをしたよりも多くのギャラがもらえるようになっていて、一ヶ月におよぶツアーも黒字で終えることができた。しかし実は、ロサンゼルス滞在中に家賃が払えないというデイブにまとまった金額のお金を貸してしまっていた。頼まれたときには少し躊躇もあったが、再びツアーを助けてくれた彼への感謝の気持ちと、困窮する友人を放っておけないという気持ちを抑えることはできなかった。結果的には、約一ヶ月後に彼はライブで得た収入からきちんと全額返してくれたのだが、短期間の間でもよっぽど困っていたのだろう。以下は私がツアーを終えたばかりで、デイブにお金を貸していた11月半ばのチャットでの会話である。

デイブ：ちょっと混乱してるんだ。次第に年を取って来て、音楽や、誰かと付き合うことに対する考え方もネガティブになっていく。音楽を

やめて犬と付き合い始めたほうがいいかもね（笑）
私：なんだか今はストレスとフラストレーションが溜まってるみたいだね。ハッピーなデイブでいてほしいな。
デイブ：だって僕は貧乏だし、音楽は決して僕をサポートするために充分なお金を生み出さないってことがわかったんだ。
私：何かが革新的に変わらない限り？
デイブ：二年間くらいはなんとかなったよ、でも家もなかった、それって生活するためにはありえないことだよ。クールだったけど、永遠には続かないし。
私：わかる、わかるよ、将来私もきっと同じようになってしまう。私たちは音楽でずっとは暮らしていけないね。
デイブ：君ならできるよ。でもだめだ、僕は試してみたけど。
私：とても悲しい。
デイブ：君も試せるよ。何人かの人はうまくいくからね。
私：今のところは平気。けどうまくいっても5年間だけだろうね。
デイブ：でもうまくいってる人たちは、ファッションとかイメージとか音楽以外のことに関わってる。グライムス[8]とかね[9]。

この頃のデイブは経済的な困窮から精神的にも不安定になっているようだった。彼は本来とてもおおらかで、ジョークばかり言い、心配事などがあってもあまり気にしないような性格だった。しかし、このときばかりは、音楽と共にある自分の人生に対してとてもネガティブになっているようだった。30代になってからようやく、ミュージシャンとして一般の人々が経験できないようなライフスタイルを送ることができたが、それも2年余りで限界を迎えたように見えた。デイブより3歳年下であり、最も身近な相方であったウィリアムは成功を掴み、プロのミュージシャンとしての人生を歩み始めている。そのような対照的な状況が

8 カナダ出身の女性ソロミュージシャン。音楽だけでなく数々のファッション雑誌の表紙を飾り、アイコン的な存在として大ブレイクした。所属レーベルは4AD。

9 2013年11月14日 Facebookチャット

彼を追いつめたのかもしれない。しかし彼はまだ諦めたわけではなかった。どうやってお金を稼ぐか、どのように生きていくかを話していたチャットでの会話中、彼はこのように言った。

デイブ：僕はいつも移住することやこれから何をしていくかって考えたときには・・・何も起こらなかったんだよね。だから今は何も考えずに、物事が自然に起こっていくのを願うことにしたんだ。何も考えないというか、考えすぎないようするってことかな。でも僕はすぐに年をとるし、クールじゃないよね、アハハハ。でもさ、いつも最低限のことを考えたときに限って物事が起こるって理解したんだよ。例えば仕事を得るとか、引っ越すとかっていうのはさ、何も考えず、期待もしていなかったときに起こるんだよ。[10]

12月以降の彼は確かに、また「なんとかなるさ」というハッピーでおおらかな性格に戻った。そして音楽制作に励み、ソロとしては初となるアルバムも完成させた。また、制作を終えて、２０１４年の5月には2年ぶりに仕事を得たという報告もあった。一つは音楽学校でＤＪを教えるというもの、もう一つは結婚式場でＤＪをするというものだった。彼は両方とも笑える仕事だよね、と冗談めかしていたが、好きではない仕事に抵抗していた彼にとっては少しでも音楽に関わる仕事を得たことが良かったのかもしれない。その後も彼は社交的な性格と多くの友人との繋がりを活かしながら、時折ツアーを行っている。

　デイブの場合、ウィリアムのように年に何度もアメリカとヨーロッパを往復して生きるための充分な収入を得るということはできない。しかし現在のところ、彼は充分な収入と成功がなくても、ミュージシャンとしての特別なライフスタイルを送ることを選んでいるようだ。確かに、普通に生きていてはなかなか訪れることもないような国々へ行くことができ、社会的な責任を負うことがなく、成り行き任せの自由な生活というのはとても

10 ２０１３年11月14日Facebookチャット

ミュージシャンらしいライフスタイルである。デイブは一度しかない人生で、たとえ短い期間でもそのようなライフタイルを最大限に楽しもうとしている。しかし、その楽しく自由な生活の裏でデイブはいつも、お金や、30代の半ばへと差し掛かる自分の年齢や、人間関係に関する不安を、どこか拭い去ることが出来ないようだった。

ウィリアムの活動

一方、プロとして目まぐるしく活動しているウィリアムの音楽歴はデイブとは異なるものである。彼は１９８３年生まれで現在31歳だが、15歳のときから音楽活動をしており、今までに５つの名義で活動をしていた。最初のバンドは彼が生まれ育ったワシントンＤＣで結成したハードコアパンクバンドである。そのバンドは彼がまだ１０代のうちに２枚のアルバムを制作し、２００３年に初めてのツアーをしたという。２００７年頃からはデイブと共にサンフランシスコでバンド活動を行っていたのだが、２００９年からはそのバンドとは別のソロ・プロジェクトでドローン[11]のアルバムを２枚リリースしている。

２０１１年にニューヨークに移住した後の彼は、先ほどのドローンのプロジェクトとは異なる２つ目のソロ名義を開始している。それはサイケデリック・ハウスやエクスペリメンタル・テクノと呼ばれるダンス・ミュージックのジャンルであった。結果的に彼はそのプロジェクトで成功を摑むことになったが、それからしばらくは一年に何枚もレコードを作り、１００回以上の公演を行うという多忙な生活を送るようになった。こうして彼が関わってきた作品をまとめてみると、１９９９年から２０１４年の15年間に５つの名義で、11枚のアルバムと、それ以外の音源を10枚、全部で20枚を超える作品を制作していたことがわかる。また音楽的にはハードコアパンク、エクスペリメンタル・ロック、ドローン、サイケデリック・ハウス、テクノといったように全く異なるジャンルを横断している。ワシントンＤＣからサンフランシスコ、

11 実験的な音楽の１ジャンル。はっきりとしたリズムや拍子がなく、変化の少ない長い持続音を特徴とする。類似のジャンルにアンビエントなどがある。

ニューヨーク、といったように音楽人生の節目ごとに居住地を変えていることも興味深い。また、ウィリアムは彼自身のバックボーンであるパンクとジャンルレスな音楽活動についてある媒体でこう語ったことがある。

パンクはいつだって自分の生きる姿勢であり武器であり、そしてこれからもそうだよ。テクニックや機材やそういった何でもに対して遠慮なんてせず「なにクソ」っていう感じだったりとか、感情剥き出しのヒリヒリした痛みと、それが相まったものを引っ張りだして、飛びこんで、もうやっちまえ、みたいな感じ。（中略）誰かに媚びることなく、クレイジーな音を一生作っていくほうがどう考えたって生き生きしてられるってわかってる。わかりやすくして、なんかのジャンルにハマる音を絞り出すより、自分が向かうべき音に集中してくしかない。メタルコア、ジャズ、なんでも一緒で。[12]

私と彼は日本と韓国での共同ツアーの際に初めて出会ったが、その後は２０１３年のニューヨークと、２０１４年のチェコでの音楽フェスティバルで3回の対面を果たしている。彼は、2メートルほどの長身で、髪は暗い焦げ茶色、いつも短いマッシュルームヘアのような、行儀の良い感じにカットされている。顔は整っているが少し幼い感じで、声も高い。見た目には特に奇抜なところはないのだが、パフォーマンスをする際の彼には存在感がある。共にツアーをしたため私は彼の公演を何度も間近で見ているのだが、彼の音楽はエレクトロニックでありながら即興性があり、時にパンクのような激しさや身体がぶつかりあうような力強さも感じさせる。ギターをかき鳴らしわめき散らしていたパンクバンドの彼と、電子楽器を操作しながら激しく身体でリズムをとる彼の根底にあるのは同じアンダーグラウンドな音楽への姿勢である。それはさまざまな音楽を横断して活動してきた彼によって作り上げられた、まさにジャンルにとらわれないハイブリッドなものだ。

12 日本の音楽雑誌「ele-king」のWebインタビューより、日本語訳文そのまま引用。http://www.ele-king.net/

2　アレンとショーン
——文化移民的ライフスタイルと複雑な人種的アイデンティティ——

アジア人ミュージシャン同士の出会い

2組目のインフォーマントであるアレンとショーンは、2人組で音楽活動を行っていたカナダ出身のミュージシャンである。彼らは欧米のインディー音楽シーンの中では珍しい人種的アイデンティティを持っている。アレンは1980年台湾生まれの中国系カナダ人、ショーンは1982年カナダ生まれのインド系カナダ人である。私が2人に初めて出会ったのは2012年3月のアメリカ、テキサス州オースティンで開催された「SXSW[13]」という音楽フェスティバルだった。私も同じフェスティバルに出演していたために、空いている時間に彼らのパフォーマンスを見に行ったのだが、そのときは挨拶をした程度でまだ親しくはなかった。彼らと再会し交流を深めるようになったのは、約一年後の2013年2月に行われた彼らの来日公演以後である。それから現在までに彼らとは世界のさまざまな土地で再会を果たしている。テキサスの後、アレンとはニューヨークで1回、日本で3回。ショーンとは日本で2回、モントリオールで1回、リスボンで1回、ベルリンで1回会っている。彼らとはインディーシーンで活動するアジア人同士ということで、会話が人種のことや政治的なことに及ぶことも多かった。特にショーンとは親しくなるにつれ、自然と音楽業界での悩みや、エスニシティやジェンダーについて話すことが多くなった。

アレンの音楽遍歴とその漂流人生

アレンは台湾で中国人の両親のもとに生まれ、大学を卒業するまで主にハワイのホノルルで育った。初めてバンドを組んだのは大学時代であったが、卒業後は一度音楽を諦めて中国に戻り、上海で数年間のサラリーマン生活を送っていた。そん

13　SXSW（サウス・バイ・サウスウエスト，South By Southwest）：毎年3月にアメリカのテキサス州オースティンで開催されている音楽フェスティバル・映画フェスティバル・インタラクティブフェスティバルなどを組み合わせた大規模イベント。1987年に音楽フェスティバルとして始まり、毎年規模を拡大しているが、日本ではインタラクティブフェスティバルのほうが知られている。主催はSXSW社。〈参考URL〉http://ja.wikipedia.org/wiki/サウス・バイ・サウスウエスト（最終アクセス日2014年11月3日）

な彼がもう一度音楽を志してカナダのモントリオールに移り住んだのは２００５年、25歳のときだった。当時彼は一人で音楽活動をしていたが、なかなか多くの人に聴いてもらえず皿洗いなどのバイトをする日々が続いたようだ。

彼が本格的な成功を掴み始めたのは２０１１年になってからのことである。その頃アレンは、アメリカのインディーシーンで既に人気のあったインディペンデント・レーベルからアルバムを出さないかと持ちかけられていた。マイスペース[14]で彼の音源を聴いた運営者の一人がメールを送って来たのだという。彼が２０１１年にそのレーベルから発売したアルバムはインディーシーンの主要メディアで話題となり、彼は一気に注目されるようになった。それからしばらくはカナダやアメリカで活動していたのだが、２０１２年の9月には初めてのヨーロッパツアーを行った。そして3ヶ月後の12月にはバンドのメンバー全員でアーティストビザを取得し、ベルリンに移住をしている。それからしばらくはアジアの国々、ロシア、イスラエルなど世界各地をツアーして回る生活が続いていたが、２０１４年の2月にはベルリンからポルトガルのリスボンへと移住している。このように移住を繰り返しているアレンが今までに住んだことがある土地は、台北、上海、ホノルル、ニューヨーク、サンフランシスコ、バンクーバー、エトビコ、モントリオール、ベルリン、リスボンの5ヶ国、10都市にも及ぶ。

インディー業界での成功

２０１３年にアレンとショーンは2枚組の新しいアルバムを発売した。このアルバムは彼らが話題となった前作のアルバムを発売した後に、ツアーでさまざまな土地を転々としながら制作したものである。一ヶ所に長く留まることができなかった彼らは、時にはホテルで、時には友人のスタジオで曲の制作を行った。また、このアルバムで彼らは音楽性を大きく転換している。それまではシャウトするようなヴォーカルや哀愁漂うギターに

14
マイスペース（Myspace）：世界中に会員が存在する、音楽やエンターテイメントを中心としたＳＮＳ。後発のフェイスブックに抜かれるまでは英語圏で最も巨大で人気のあるＳＮＳ型サイトだった（Wikipedia より http://ja.wikipedia.org/wiki/Myspace 最終アクセス日 ２０１４年12月11日）。音楽のストリーミングをすることができ、ミュージシャンたちにも好んで使用されていたが、現在ではフェイスブックや音楽の販売もできるバンド・キャンプ、サウンドクラウドなどその他のＳＮＳに取って代わられている。

リバーブが深くかかり、くぐもって煙たい感じのする特徴的なバンドサウンドだったのだが、新しいアルバムはロックから離れ、更に実験的なものとなっていた。クラブミュージックが盛んなベルリンへと移住した影響からか、1枚は打ち込みによるループやシンセサイザーを使用してよりエレクトロニックなものになっており、もう1枚はまるで静かな映画のサウンドトラックのような、アンビエント色の強いものとなっていた。

　あまりに変化した音楽性に戸惑ったファンも多かったようだが、アルバム発売後のメディアによる評価は高かった。「ピッチフォーク」というインディーシーンの中でも巨大な影響力を持つインターネット・メディアのレビューで、彼らのアルバムは10点満点中8・4点という高評価を受けた。通常、このサイトにおいて8点以上はかなりの高得点となる。彼らは更に、優れた新人ミュージシャンに与えられる称号「ベスト・ニュー・ミュージック」という座も獲得した。これはまだあまり有名ではないミュージシャンにとって大きなステップアップとなる。ある日本のプロモーターから聞いた話では、ピッチフォークで「ベスト・ニュー・ミュージック」を獲得したミュージシャンの作品は日本国内でも売り上げが上がるのだという。今まで無名だったミュージシャンに対して反応の悪かったＣＤショップのバイヤーが、急に態度を変えて入荷枚数を大幅に増やすなど、そこでの評価はグローバルな流通網にまで影響しているのだ。

　彼らのアルバムがピッチフォークのようなポピュラーなメディアで絶賛されたことは、未だに欧米中心のインディーシーンにおいては非常に珍しいことであった。音楽ジャーナリズムの世界では、若くてフレッシュな新人がもてはやされるか、既に活動歴の長い有名なアーティストが贔屓されることが多い。そもそも、欧米のメディアで評価され活躍しているミュージシャンのほとんどが白人である。ヒップホップやR&B、その他一部のジャンルでは黒人ミュージシャンたちが「オーセンティック」なものとして認められているが、実験的な音楽を演奏するアジア人たちにはそのような居場所もなく一部のマニアに評価されているだけであった。そんな中、彼らは「若くもなく、白人でもなく、ポップスでもない」ミュージシャンとしてグローバルなインディー音楽業界での成功を手にしたのである。

ショーンの生い立ちと交流のはじまり

ショーンはインドからカナダへと移住してきたインド人の両親のもとに生まれ、オタワの大学で民族音楽学を専攻し、卒業後はモントリオールへ移住して音楽活動をはじめた。彼はアレンと共に成功を収めるまでは、音楽活動をしながらモントリオールでミュージックバーのスタッフや会場のPAエンジニアとして働いていた。彼の音楽歴は長いが、今までに一人で活動したことはなく、いつもギタリストとして誰かと共に演奏していた。しかしその人柄の良さと誠実さから多くのミュージシャンに信頼されており、数々のバンドやミュージシャンたちと共に多くの音楽活動を行ってきた。彼は長らくモントリオールのローカルなシーンにいたのだが、2012年にアレンのバンドに加入してからは世界各地のツアー先で出会う人々やその土地の社会情勢にも影響を受けるようになった。私とショーンが出会ったのも、彼がそのような生活を送っている最中のことだった。

ショーンと最初に仲良くなったのは、2013年の2月に彼らが初めて来日公演を行った際である。私はそのとき彼らのオープニングでDJをしていたため、彼らとは共演者として交流することができた。短い滞在期間で話せることは限られていたが、私たちは音楽業界のことやアジア人として欧米の音楽シーンで活動することなどについて話をした。その中で彼は私の考えにどこか共感する部分があったようだ。ちょうどその頃、私はインディー音楽業界におけるアーティストの扱いや自分の立場について悩んでおり、そのことをブログ上に書いていた。その内容とは、一部のプロモーターや業界人による、アーティストや音楽に対する尊敬の念が感じられない態度への疑問を投げかけるものであった。例えば、作品に対してきちんとした対価を支払わない、公演の際に音響などの環境を充分に考慮しない、その他にもブッキングの不手際や、明らかな連絡不足、雑な対応などのことである。これは、彼らが「インディー＝アマチュア」の素人にすぎない、と考えているから起こることなのだろうか、ではアーティストにとってプロになるとは一体何なのだろうか、単に有名になることとイコールなのだろうか、などと考えていたのである。ショーンは投稿を読み、日本を離れてすぐにこのようなEメールをくれた。

プロフェッショナルとアマチュアに関する君のエッセイを読んだんだけど、僕も賛成だ。世界は次第に小さな場所になって、地理はどんどん重要なことじゃなくなっている……　僕たちは、カナダでちゃんとした「業界」にはあまり理解されていなかったし、サポートされてもいなかった。アレンがアメリカとヨーロッパで認められるまで、本当に何のサポートもなかったんだ。典型的なことさ。僕たちはアーティストとしてオーディエンスに届くための道具を何でも持ってるけど、それは同時に、人々にとっても選ぶ音楽が過去にないくらい多いってことだ。挑戦はまだ続くね。女性である君にとっては、強くいることや既存のしきたりや規範に囚われずにプロのアーティストとして認められることは更に重要なんじゃないかって思う・・君には常にリスペクトを要求し、それを受け取る権利があるよ。[15]

ショーンは私の葛藤に理解を示し、「もし音楽のことや考えたことを共有できる人が周りにいなければ、いつでも、なんでも話してね」[16]と励ましてくれたのであった。それから私たちはEメールやチャットで頻繁に連絡をとるようになり、世界各地をツアーしていたショーンは行く先々で起こった興味深い出来事や考えたことなどをよく報告してくれた。

15　ショーン、２０１３年２月27日、Eメール

16　ショーン、２０１３年２月27日、Eメール

モントリオールでの再会

ショーンとは次にいつ再会できるかもわからずに連絡を取り続けていたのだが、2013年の秋になって私がツアーでカナダを訪れることになった。その時期にちょうどベルリンからオタワの実家に帰省していたショーンはそれを聞いてオタワからそう遠くないモントリオールまで遊びにきてくれたのであった。滞在中にショーンはモントリオールのことをいろいろ説明してくれたが、そのひとつはカナダの多文化政策のことであった。モントリオールでは政治的にも、経済的にも、文化的にもフランス語と英語が共存している。私がモントリオールで行った2つの公演もそのような文化の中にあり、私は最初の晩はフランス側で、次の晩は英語側のコミュニティで公演を行った。

モントリオールでの最初のショーは私と同じレーベルからレコードを発売している二人組のミュージシャンがブッキングしてくれたバーでのDJセットであった。メンバーであるマークと話した際、私は彼の英語がとてもゆっくりで、アクセントにも癖があることに気がついた。ショーンは後から彼らがフランス語圏の人々であることを私に教えてくれた。ショーンとマークは初めて会うようで、お互いミュージシャンであると自己紹介した後に周辺の音楽の状況について探り合うように話していた。「このクラブ知ってる?」「今度この会場でやるんだ、結構大きいとこみたいなんだけど、やったことある?」。彼らはモントリオールのバーやクラブについて話しているようだったが、お互いが口にする場所を全く知らず会話が嚙み合っていなかった。

DJが終わった後はショーンの友人の家で飲みながら音楽の話をした。お互いにオススメの音楽を教え合っているうちにショーンが「ソウルシークって知ってる?」と聞いてきた。ソウルシークというのは、あらゆる音楽を見つけることができる違法ダウンロードのソフトらしい。それを聞いて私が渋い顔をするとショーンは笑いながら「君の今までのリリースも検索してみなよ」と言った。そこで私が今までに発売した音源を検索してみるとすぐに見つかって、見事に全て無料でダウンロード可能となっていた。私はショックを受けて嘆いていたがショーンはまだ笑っている。私が訝しげに「あなたは気にしないの?」と聞くと、ショーンは意外にもすっきりとした顔で「僕は個人的には気にしない」と答えた。私は驚いたが、その理由を聞いて少し納得した。

僕はむしろ、あまり有名でなかった昔の作品がアップロードされてるかどうかが気になるんだ。誰かが興味を持ってくれてて、欲しいと思ってくれてるかどうかってことがね。それに僕はもうこれからは、アーティストは音源を売るだけでは生きてはいけないと思ってる。ライブをして、ツアーをして、そこにたくさんの人がきてくれることでお金を稼いでいくんだと思うんだよね。こういうアプリは音源を欲しいと思ってる人や興味のある人がアップロードして、検索して、ダウンロードする。そういう人たちはライブにきてくれると思う、だから音源をハイプ[17]（音楽業界で使われる用語で宣伝し、広めること。詳細は脚注参照。）してくれるこういうサイトやアプリは、僕はあっていいと思ってるよ。[18]

音楽業界についての見解

翌朝、コーヒーとベーグルを買って近くの公園で朝食をとりながらショーンと音楽業界の話をした。昨晩の様子から、ショーンはフランス語文化圏にいるマークとルイがアメリカやイギリス中心の音楽業界でなかなか先に進むことができないフラストレーションを抱えているのではないかと言っていた。マークとルイは、アメリカのレーベルからレコードを発売したことで音楽業界へと踏み出すきっかけを上手く摑むことができたが、英語文化圏にいるプロモーターやジャーナリストなど音楽業界の中心とうまく関われないために、その

17 ハイプ：主に音楽業界で使われる用語。「誇大に宣伝する」という本来の意味からメディアによって過剰に売り出されたミュージシャンに対し批判的な意味で使われることが多い。ここではショーンは否定的な意味ではなく、単に「広める」「ブレイクさせる」という意味で使用していると思われる。

18 ショーン、2013年10月12日、モントリオールでのフィールドノーツより

後の足がかりを掴めずにいたのだ。確かに、彼らはレーベルのおかげもあってインターネット上では少し名前も知られていたが、実際に昨晩のバーではそのようには見えなかった。バーには多くの人がいたが、ほとんどはただお酒を飲んで騒いでいるだけで数人の友人らしき人たち以外は誰もＤＪをしている彼らに注意を払っていなかった。そのため私には、彼らは有名なミュージシャンというにはほど遠く、週末のバーで音楽を担当している地元のＤＪというふうに見えた。

　当時、ショーンたちのバンドと私はニューヨークにある同じＰＲ会社に所属していたため、そのことにも話が及んだ。ＰＲ会社とは一般的にアーティストのプロモーションを専門に請け負う会社のことで、音楽雑誌やウェブサイトでのインタビュー記事、特集記事、ラジオ放送、新曲のプレミア公開などのスケジュールを組み、アーティストの知名度と音源の売り上げを向上させることを仕事としている。私たちが契約を結んでいた「レクイエム」という名前の会社は、さまざまな手段があるプロモーションの中でもファッション業界での仕事を得意としていた。ミュージシャンにプラダやミュウミュウなどのハイブランドの服を着せ、ファッション雑誌に登場させるなど、アーティストと一流のブランドを結びつけることによってブランディングを行うのである。この会社はその中でも特にグライムズという女性アーティストのプロモーションを成功させたことで知られている。アレンたちもその仕事ぶりを見て、前のＰＲ会社との契約をやめレクイエムと契約したらしい。グライムズは、元々モントリオールの「アルブタス・レコーズ」という小さなインディー・レーベル周辺のコミュニティで活動していたのだが、インディーの名門である「４ＡＤ」というレーベルと契約したのちに一躍有名となった。その際にプロモーションを行ったのがレクイエムで、彼女の個性的なルックスやファッションを活かして新たなアイコンとして大ブレイクさせたのである。数々の音楽雑誌やファッション雑誌の表紙を飾るようになったグライムズは現在[19]フェイスブックに約81万

19　2015年12月2日現在

人、ツイッターには約31万人のフォロワーを抱えており、これはインディー出身のアーティストとしては驚異的な知名度だと言える。

　ショーンと私は更にインディー音楽業界で成功するとはどういうことかについて話した。まず私たちが同意したのは、アーティストは彼らの存在をハイプする、つまり様々な方法で発売される作品を宣伝し、世の中に拡散し、売り出すことを仕事とするメディアやプロモーターのサークルの中に組み込まれない限り、成功するのは難しいということだった。しかも、ほとんどの場合、それは英語のメディアによる、インターネット上のハイプでなければならない。現在、インディー音楽業界の主な宣伝媒体は、他の多くの業界と同じようにSNSやブログ、ストリーミング、ピッチフォークのようなウェブサイトなど、オンラインが中心となっている。これらは英語さえ理解できれば、地理的制約にとらわれることなく、インディー・ミュージックのグローバルな拡散を可能とする。逆に、英語が理解できない場合には活動が不利になってしまう場合もある。英語ではなく自国の言語による新聞や雑誌などの紙媒体、地元の店舗や路上に貼られるポスター、テレビやラジオなども未だに存在するものの、それらはどちらかというとローカルなネットワークに作用するもので、グローバルなネットワークとは異なる役割を担っている。その役割とは、自国のアーティストを自国向けにプロモーションすることか、もしくは海外アーティストの輸入（まれに自国アーティストの逆輸入[20]）である。その場合、グローバルなネットワークで得た情報を自国向けに刷り直すこともローカルなメディアの役割の一つである。しかしローカルな場では、業界内での口コミやコミュニティ内の結びつきの強さなど、実際の人間関係や信頼度に左右される部分も大きい。

　グローバルなインディーシーンにおいてこれまで業界の中心となってきたのはやはりアメリカとイギリスである。インディペンデントなレーベルや音楽シーンは世界各地に存在しているのだが、実際に発売された音楽を世界中の消費者へと広め

20　2015年12月2日現在

るメディア、プロモーター、パブリッシャーなどの音楽ビジネスの中心は欧米の限られた都市にある。私はショーンに、最近ではベックのアルバムのエンジニアとして知られているアメリカのミュージシャンのコールから聞いた話をした。コールは「イギリスはトレンディであまり好きじゃない、一度行って熱狂されても次に行ったときには皆次に興味が移ってしまっていて、誰も見向きもしなくなったりする」と言っていた。ショーンもそれには同意していた。特にイギリスではジャーナリズムによる流行の操作が顕著で、未だにいくつかの音楽雑誌がとてつもない影響力を持っているらしい。

私自身、自分がいつの間にかそのような音楽業界のサークルに組み込まれていることには気付いていた。最初は小さな音楽ブログやレーベル、アーティストである友人たちと個人的に連絡を取り合うだけであったのが、次第に音楽ビジネスの中にいる人々からのコンタクトが増えていった。音楽の宣伝をするプロモーション会社、著作権を管理するJASRACなどの管理団体、企業などに曲を売り込むパブリッシャー、ショーのスケジュールを組むブッキングエージェント、ツアー先のローカルプロモーター、雑誌やウェブサイトのディレクターや音楽ライター、アーティストを総括的に管理するマネージメントなど、音楽の周りにはさまざまなビジネスが成り立っている。私にとってはわからないことだらけであった。インディー業界に組み込まれることについて、ショーンは「運やタイミングもあるとは思うけど、君の場合はいい音楽があるし、日本から来たという珍しさと、デモを送ってデビューしたっていうストーリーと、見た目やキャラクターと、いいレーベルと・・・色々な条件が揃ってそうなるんじゃないかな」と言っていた。確かに、毎日大量の新しい音楽が流通している中、実際に聴いてみるまでわからない音楽という要素だけで人々の関心を惹くのは難しい。もちろんミュージシャンを純粋に音楽だけで評価したいというファンも多くいるが、見たことも聞いたこともないミュージシャンの曲を初めて聴いてもらうには音楽以上の何かが必要である。誰かにインターネット上の再生ボタンを一度クリックしてもらうことは、おそらくインターネット上のアフィリエイト広告をクリックしてもらうくらい難しいことだろう。そしてレコードを手に取って買ってもらうとなると更にハードルは上がる。インディーの中でも特にブレイクしたミュージシャンたちには、音楽の才能があるのはもちろん、特別なルックスやキャラクター、生い立ちなどが伴っている場合が多い。これらを早くに見出し、時には更に強調し全面に押し出すなどしてアーティストを商業的に成功させるのが、良くも悪くもＰＲ会社やマネージメントの役割なのである。

違法な会場

その晩はショーンがモントリオールのミュージシャンたちに頼んでセッティングしてくれたショーだった。今度はＤＪではなくライブセットである。ショーは「The Fall」という違法に営業されている会場で行われる予定だったため、私はその場所や詳細についてインターネットにのせることができなかった。「じゃあどうやって皆イベントに来るの？」と会場のオーナーであるアメリアに問い合わせると「そうね、あなたはもし友達や誰かから聞かれたらメッセージとかで直接教えてあげて。でも誰でも見れるインターネットのページとかフェイスブックには載せちゃだめ」と言う。ショーンにも聞いてみたが「僕たちの周りの皆は場所を知ってると思うから大丈夫だよ」と言っていた。夜になってリハーサルの時間になるとショーンが会場であるビルへと連れて行ってくれた。歩いて向かう途中、ショーンはこんなことを言った。

昔、友達があの橋の下でパーティーをしていて、２００人か３００人くらい集まっていたんだけど、警察が来てできなくなっちゃったんだ。取り締まりは年々厳しくなってて、いろんな練習場所やライブ会場が取り締まられてすぐに閉まってしまう。今日の会場の The Fall も違法なんだけどね。最初は違う場所でやろうと思ってたんだ。僕たちが、他のいろんなミュージシャンたちと一緒に使ってた「ブリック」っていうロフトのスペースがあってね。すごくいい場所だったのに、そこもたった数日前に閉まっちゃったんだ。モントリオールの重要なアーティストたちがみんな練習場所にしていたのに。悲しし残念だよ。[21]

その後ショーンが案内してくれたビルに到着して中に入ろうとしたが、なぜかとても静かで、どうも様子がおかしい。本当にこの場所で合っているのか、とショーンが友達に電話してきいた。するとなんと The Fall はつい最近警察の摘発を受けたために、同じ名前のまま別の場所に移ったのだという。ショーンが言っていたように、警察の取り締まりが激しくなって最近は会場もすぐに閉まったり、引っ越したりと移り変わりが激しいようだ。新しい場所は近くにあると聞いて、すぐに向かうことにした。

なんとか到着した The Fall は収容人数50～100人くらいの小さなサロンのような場所だった。奥にソファなどが置いてあるバースペースがあり、手前の部屋にはDJブースとステージがある。全体的に赤っぽい照明で薄暗く演出されていて、壁にはプロジェクターで白黒の前衛映画のようなものが映されている。会場についたのはすでに0時頃だったが、サウンドチェックを終えて会場がオープンしても人はほとんどいなかった。ショーンは「今日はサンクスギビングデーだから、皆家族に会いに行ってて人が少ないのかもね」と言った。しかし深夜の2時を過ぎると次第に人が増えて来た。アメリアに聞くと、ここは普段ライブよりもDJの出演が多く、午前2時半にオープンするアフター向けの場所らしい。どうりで人が少なかったわけだ。今日は私を含め3組のアーティストがライブをするために特別に早く開けてくれたそうだ。

21　ショーン、2013年10月13日、モントリオールでのフィールドノーツより

The Fallのような場所はモントリオールのアンダーグラウンド・コミュニティにとって重要だが、何らかの形ですぐに警察に摘発されてしまって長くは続かない。ショーンが練習やイベントで使っていたブリックも、地元のミュージシャンたちにとっては欠かせない場所だったが無くなってしまった。私が「これからどうするの？」と聞くと、ショーンは「わからない。皆新しい場所を探したり、散らばって行くだけだ」と言った。アメリアは「警察のことは仕方ない。その度に次の場所を探すだけよ。でも一度作り上げた場所がだめになってまた一から始めるのはとてつもなく労力もお金もかかるし、やってられないわ」とストレスを隠せない様子で言った。いつ摘発されるかもわからない、警察には抵抗できないので一度見つかってしまえばどうしようもない、たった数ヶ月で見つかってしまうかもしれないし、一年続けることができるかもしれない。しかし、そのような不安定な状況の中でアメリアのように諦めずに自分たちの場所を作りつづけることが、ローカルなアンダーグラウンドシーンを守っているのだろう。

ショーンのその後

次にいつ会えるかもわからないショーンとモントリオールでお別れするのはとても寂しかったが、一年以内に日本とポルトガルのリスボンで二度も会うことができた。特にリスボンではヨーロッパツアー中の私の休暇も重なったので少しゆっくり過ごすことができた。その時アレンとショーンは同居しており、2人でベッドルームが2つ、ダイニングキッチン、バス・トイレ付きの家賃5万円ほどの家に住んでいた。ショーンいわく、リスボンはヨーロッパの都市の中でも一番家賃が安い。同じ間取りでベルリンならばもっと高いだろうし、パリなら数倍はするだろう。ベルリンの次の移住先にリスボンを選んだ理由は、寒く、暗く、長いベルリンの冬と比べて、年中明るく暖かいこと、海があること、ベルリンよりも英語話者が多く、英語で話しかけてもパリのように嫌な顔をされないことなどらしいが、実際にはアレンもショーンも「僕たちにとって新鮮で、おもしろい場所ならどこでもいい」と言っていた。

リスボンには実験音楽のシーンがあり、ショーンは人々や音楽、食べ物、環境などを含めリスボンのことを気に入っていた。しかしアレンは、リスボンがあまり好きではないらしく、しばらくしたらまたどこかへ移住したいと考えているようだ。ショーンが言うには「アレンは好き嫌いがとてもハッキリしていて、一度好きになるととことん好きだけど、嫌いになるとずっと憎んでしまってなかなか見直すことができないんだ。たぶんリスボンに来たばかりの頃に嫌なことがあったから、好きになれないいんじゃないかな」とのことである。アレンはリスボンの次はカナダに戻ることも考えているようだが、ショーンにとっては、カナダのように冬が凍えるほど寒いところに戻るなんて今となっては考えられないらしく、「この冬が決断の時かもしれない」と言っていた。これからもアレンと生活を共にするのか、アレンとは別れて自分の道を選ぶのか、という決断なのだろう。

２０１４年の後半になって実際にその時はやって来た。アレンがバンドの解散を発表したのである。アレンはこれからも音楽活動を行っていくことを示唆していたが、ショーンと2人で続けて来たプロジェクトは終わってしまう。バンドはもともとアレンのソロプロジェクトであったため、フロントマンであったアレンは知名度を保ったまま活動ができるが、ショーンにとってはこれから音楽だけで食べていくことは難しくなる。これからのことをショーンに聞くと彼はこのように言った。

僕はベルリンに戻ることにしたよ。そのほうが僕の音楽には合うし、ツアーもしやすいしね。もう一度、一からはじめるのはきっと大変だし、そこからお金を得られる保証もあまりない。たぶん働かなきゃいけないだろうし、もしくは学校に戻ることすらあるかもしれない。考えることがたくさんある。でも僕は今、自分がやりたいことを追いかけるためにすごく自由になったって感じるよ。問題は生きるための基本的な収入を得ることだけ。それはカナダから離れていると難しいことだと思う。[22]

今まではずっと誰かと共に音楽活動をしてきたショーンだったが、実はバンドが解散する少し前に初めて一人での音楽制作を開始していた。彼のソロ・プロジェクトはまだ知名度はないが、既にフランスのアンダーグラウンド・レーベルからのレコード発売も決まっている。これまでは自分が主役になることはなく、数々のミュージシャンたちを側で支えてきたショーンだったが、新しくはじめたソロ活動はこれからの人生の目標やモチベーションへと繋がるものとなるだろう。

3　ミュージシャンたちの人生から捉える「インディー」

これまでデイブ、ウィリアム、アレン、ショーンという4人のミュージシャンの音楽人生の一部を追ってきた。デイブの人生からは、インディー・ミュージシャンたちが互いに助け合い人脈を築いていく様子や、プロとアマチュアの活動のはざまで経済的・精神的に苦悩し葛藤する様子が見られた。これはデイブだけでなく多くのインディー・ミュージシャンが実際に直面する問題である。確かに「ピッチフォーク」などのメディアに取り上げられ、海外でのツアーを頻繁に行うようになると、端から見ればただ華やかで自由なミュージシャン生活を送っているように見える。しかし、実際にはその裏側で音楽とは異なる仕事を掛け持ちして収入源を確保するなど、ミュージシャンとして先行きの見えない不安定な生活を送っているのだ。

デイブの相方であったウィリアムは15年にも及ぶ音楽活動を行ってきたが、プロとして生計が音楽一本になったのはつい3年前のことである。彼は現在、毎年多数の作品を制作し、かなりの数のツアーや公演を行うことによって生活を保ってい

22　ショーン、2014年10月30日、Facebook チャット interviews/002245/（最終アクセス日：2014年12月14日）

るが、それも遠い将来まで保証されたものではないだろう。彼の場合はむしろ、長い音楽歴の中で多数の音楽ジャンルをまたぎながらもアンダーグラウンドの精神と姿勢を貫いてきたことにミュージシャンとしての誇りを感じる。引用したインタビューにもあったように、彼は自分の作る音楽のことを「クレイジー」だと言う。またここでのエスノグラフィに含めることはできなかったが、商業的な成功を目指す他のインディー・ミュージシャンのことをこき下ろし、自分の活動とは区別する様子も見られた。彼のエピソードからは、「インディー」や「アンダーグラウンド」と呼ばれる音楽が含む意味の複雑性と、それらがいかに実際のアーティスト活動によって左右されるかということが明らかになった。

二組目のアレンとショーンのエピソードからも、インディーという音楽の流動的な側面が伺える。アレンは次々に住む場所を変え、音楽性を変え、長らく続けてきた自身の活動がインディー業界で成功を収めた途端にバンドを解散してしまった。その様子からは、物理的にも音楽的にも一ヶ所に留まりたくない、周りから決めつけられたくない、という思いが伺える。彼らは欧米の、白人のポップミュージック中心となっている音楽業界で、アジア人のミュージシャンとして成功を収めた。そのことは、欧米だけでなく世界中で「ピッチフォーク」を見ているような人々に強い印象を与えたことだろう。彼のように世界中を旅しながら生活を送ること自体は昔のロックスターやポップスターにも可能だったかもしれないが、グローバル化の進んだ現代では世界各国にいる多様な消費者のおかげでアンダーグラウンドなミュージシャンにもそのような生活が送れるようになった。また現代では、そうして世界中を旅する様子や音楽業界での本音をインスタグラムやツイッターなどのＳＮＳによってアーティスト自身が発信することができるようになった。アレンの活動の仕方はそれらのことも意識してのものだと言えよう。

「インディー」とは、ブレイクする前の荒削りな音楽、または商業的な成功を目指して地道にＤ

IYな活動をする音楽と捉えられることが多いが、当のミュージシャンたちの意識は必ずしもそうではない。ショーンとの対話でもあったように、インディーというイメージの大部分を作り上げ、操っているのはPR会社やジャーナリズム、オンラインのメディアなのである。そのため、同じインディーと呼ばれる音楽の中にもさまざまな活動の仕方があり、実際にはミュージシャン一人一人によって異なる意識や哲学が存在することを忘れてはならない。また、ショーンと過ごしたモントリオールのエピソードからは、フランス人DJたちのフラストレーションや、違法な会場の現状、音楽業界のシステムに関する見解など、インターネット上だけでは伺い知ることのできない問題にも目を向けることができた。今後は、ローカルとグローバル、リアルとオンラインといったように区別して議論するよりも、両方が同時に存在しそれぞれ重要な意味を持っているということを再認識し、更に多くの事例を取り上げていく必要があるように思われる。

あとがき
——Musicking Non Stop

毛利嘉孝

本書は２０１２年から２０１６年の間に東京藝術大学大学院音楽研究科の音楽文化学専攻芸術環境創造領域（通称芸環）及び音楽学部の音楽環境創造科（通称音環）で編者である毛利嘉孝が開講していた演習や不定期に開催していた研究会に参加していた研究者の論考を「〈ミュージッキング〉の〈後〉」というコンセプトの下で集めたアンソロジーである。すでに東京藝術大学音楽学部助教（後に九州大学大学院准教授）だった中村美亜以外は、すべて芸術環境創造領域の毛利嘉孝研究室に大学院生として所属していた。*

　ミュージッキングというコンセプトにあらためて照らし合わせると、この時期の毛利研究室の活動は、狭義の〈研究〉――文献講読やフィールドワークや聞き取り調査等々を基にした研究――に還元できない多種多様なものだった。実験音楽のパフォーマーとして活動する一方でコンサートの企画を行う北條知子、クラブイベントやパーティにＤＪとして出演するアルニ・クリスチャンソン、アニソンクラブＤＪとして異才を放つ浅野裕貴、ライブハウスで独自のバンド活動を続ける中野哲、国境を越えたグローバルなインディー・シーンで活躍する平松絹子といった本書の執筆者たちは、博士課程に所属していた髙橋聡太、日高良祐とともに大学キャンパスの外側で起っているさまざまなミュージッキングの実践を、シンポジウムやコンサート、イベント、ワークショップという形で大学キャンパスの中に持ち込んだ。ジャンルも領域も多様なこうした出来事は、基本的にきわめて正統的な音楽の研究・教育の場である東京藝術大学の音楽学部／大学院の中では、異色、というか異端のアナーキーな〈音楽実践〉だったように思う。

　こうした活動は決して一つの方向性に集約できるものではない。正直なところ私自身何か明確な指針を特に持っていたわけではなく、教えることよりも若い研究者から教えられることの方がはるかに多かった。大学とは教員である私にとっても何よりも学ぶ場所だったのである。新しい音楽の世界を知ることは、私にとってもわくわくする経

＊　本書の論考の多くはこの時期に執筆されたものである。出版にあたり大幅に加筆、改稿しつつも、執筆当時のライブ感を残すためにも、リアルタイムな当時の時制はそのままあえて残してある。

験だったのだ。
この時期の研究室は、国籍も世代も文化的趣味も多種多様なカオスな状態で、とにかく活発な討論が行われていた。演習や研究会と同じくらい飲み会が多かった（かつ長かった！）ことも付け加えておくべきだろう。こうした異種混淆性とダイナミズムは、「音楽とは何か」、「芸術とは何か」という根本的な問題をあらためて考える契機を提供した。書籍という形式から残念ながら掲載できる論考は限られてしまったが、本書に収めることができなかった他の研究成果もいろいろな形でこの本の中の議論に入り込んでいる。単に学術的研究という枠組みを越えて、２０１０年代の音楽シーンを広く伝える貴重な資料集にもなっていると思う。
芸環は、新しく音楽研究科、美術研究科、映像研究科に続く藝大四番目の大学院、国際芸術創造研究科（通称ＧＡ）が設置され、私が熊倉純子さんとともに新研究科に異動し、市村作知雄さんが定年退職を迎えることによって２０１６年度を最後に新しい大学院生の募集を終了した。本書の寄稿者も研究者として職を得たり、ミュージシャンとして活動を続けたり、海外へ拠点を移したりとすでにそれぞれの道を歩み始めている。そういう意味では、本書は芸環としての毛利研究室の最後の5年間の記録でもある
本書の刊行にあたっては、東京藝術大学出版会にお世話になった。本書の企画を採択していただいた東京藝術大学出版会、特に編集と制作進行にあたって助言をいただいた成田太佑さんには感謝したい。本書の装丁は、やはり音楽に造詣の深い中島浩さんにお願いした。この多岐に渡る論考をまるで一つの〈楽曲〉のように書籍にまとめあげた中島さんにも感謝の意を表したい。そして、何よりも本書がこうした形で日の目を見たのは、この間さまざまな形で私たちのミュージッキングの実践に関わってくれた多くの人々のおかげである。この本がまた次の実践へと引き継がれるきっかけとなれば、それに勝る喜びはない。

著者プロフィール

毛利嘉孝（もうりよしたか）
東京藝術大学大学院国際芸術創造研究科教授。専門は社会学・文化研究。特に音楽や現代美術、メディアなど現代文化と都市空間の編成やポピュラー文化をテーマに批評活動を行う。最近は路上演劇の演出も手がける。主著に『ストリートの思想 増補新版』（ちくま文庫、２０２４年）、『文化＝政治』（月曜社、２００３年）、『増補ポピュラー音楽と資本主義』（せりか書房、２０１２年）。伊藤守との共著に『アフター・テレビジョン・スタディーズ』（せりか書房、２０１４年）など。

中村美亜（なかむらみあ）
九州大学大学院芸術工学研究院教授。専門は芸術社会学（文化政策・アートマネジメント研究）。芸術が人や社会に変化をもたらすプロセスや仕組みに関する研究、またそれを踏まえた社会包摂や評価に関する研究を実践的・学際的に行なっている。訳書に『芸術文化の価値とは何か』（水曜社、２０２２年）、編著に『文化事業の評価ハンドブック』（水曜社、２０２１年）、単著に『音楽をひらく』（水声社、２０１３年）など。日本文化政策学会、アートミーツケア学会理事。日本評価学会認定評価士。

北條知子（ほうじょうともこ）
実験的な音、音楽、パフォーマンスの間の流動性において活動するアーティスト。近年は、歴史的に沈黙させられてきた（女性の）声を可聴化するというテーマのもと、オノ・ヨーコや川上貞奴など、欧米にゆかりのある女性芸術家についてのプロジェクトを展開している。約８年に渡る欧米を中心とした活動を経て、２０２５年４月より九州大学大学院芸術工学研究院音響設計部門助教。

髙橋聡太（たかはしそうた）
ポピュラー音楽を中心に20世紀の環太平洋圏の文化史を研究する。現在のテーマは戦後の来日公演史。主な論文に「ＰＡ実践の文化史——循環器としてのサウンドシステムが生む「ライブ」な交歓」（南田勝也編『ライブミュージックの社会学』、２０２５年）、永冨真梨・日高良祐との編著に『クリティカル・ワード ポピュラー音楽——〈聴く〉を広げる・更新する』（フィルムアート社、２０２３年）など。２０１９年以降は忠聡太として活動。２０１６年に東京藝術大学大学院音楽研究科博士後期課程単位取得退学、同年から福岡女学院大学人文学部メディア・コミュニケーション学科専任講師。

日高良祐（ひだかりょうすけ）

京都女子大学現代社会学部准教授。東京藝術大学大学院音楽研究科博士後期課程修了。専門はメディア研究、ポピュラー音楽研究。音楽音響に関するメディア技術史、とくにデジタルメディアのフォーマットを研究。『シティ・ポップ文化論』（編著、フィルムアート社、２０２４年）、『ポストメディア・セオリーズ――メディア研究の新展開』（分担執筆、ミネルヴァ書房、２０２１年）ほか。

中野 哲（なかのてつ）

１９９３年、東京都生まれ。早稲田大学政治経済学部卒業。学部時代、東欧革命における政治と文化の関連性について研究するにつれ、文化研究に興味を抱き始める。東京藝術大学大学院音楽研究科修士課程修了、２０２５年より同学大学院国際芸術創造研究科特任助教。ミュージシャンとして活動を行うかたわら、自らの演奏拠点でもあるライブハウスの文化変容に関心を持ち、現場でのフィールドワークを行ってきた。ロックバンド「スパイシーコウヤドウフ」や「Rock'n'Roll Party People」などでボーカルや作詞作曲を担当。

浅野裕貴（あさのゆうき）

東京藝術大学大学院音楽研究科修士課程修了。在学中は都内を中心にＤＪとして活動しながら、アニソンクラブイベントやその周辺の現場でフィールドワークを行っていた。大学院修了後は芸能事務所でライブアイドルのマネジメント業務に従事。その後、VTuber 業界に飛び込み、現在はバーチャルシンガーのマネージャーとして日々奮闘中。

アルニ・クリスチャンソン

アイスランド出身アーティスト、ＤＪ、音楽ライター。アイスランド大学日本語学科卒業後、２００８年から東京藝術大学大学院音楽研究科で日本の音楽文化を研究。修士（音楽）。研究関心は外国の音楽がどのように日本でローカル化されるについて。東京の緊迫状態生活に飽きしてしまい２０１６年に帰国。現在はレイキャビクでアーティストとＤＪとして活躍している。

平松絹子（ひらまつきぬこ）

広島出身、東京在住のソロ・プロデューサー／ＤＪ。２０１１年に自宅の寝室で楽曲制作を開始して間もなく、ＬＡのアンダーグラウンド・レーベル Not Not Fun と日本の名門インディー・レーベル Big Love からデビュー。瞬く間に世界中のアンダーグラウンド・シーンから注目を集める。活動の傍ら次第に音楽研究を志すようになり、東京藝術大学大学院音楽研究科で修士号を取得。２０１５年にはパリの Red Bull Music Academy に参加、定期的に北米、ヨーロッパ、アジアツアーを行い国内外で精力的に活動を続ける。

書　名：アフターミュージッキング──実践する音楽──

発行日：平成29年11月2日　第1刷発行
令和7年6月20日　第3刷発行

著　者：毛利嘉孝［編著］　中村美亜／北條知子／高橋聡太／日高良祐
中野 哲／浅野裕貴／アルニ・クリスチャンソン
平松絹子

発　行：東京藝術大学出版会

連絡先：〒110-8714 東京都台東区上野公園12-8
TEL：050-5525-2026　FAX：03-5685-7760
URL：https://www.geidai.ac.jp/

デザイン：中島 浩

印刷製本：株式会社光邦

定価はカバーに表示してあります。

ISBN978-4-904049-56-3 C1073
乱丁・落丁本はお取り替えいたします。